Ingo Kammerer

Hitchcock – Angstgelächter in der Zelle

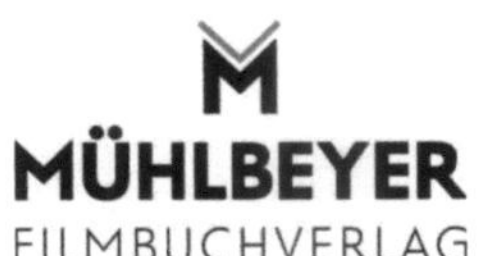

Bibliografische Information der Deutschen Nationalbibliothek:

Die Deutsche Nationalbibliothek verzeichnet diese Publikation in der Deutschen Nationalbibliografie; detaillierte bibliografische Daten sind im Internet über http://dnb.d-nb.de abrufbar.

Inh. Harald Mühlbeyer
Frankenstraße 21a
67227 Frankenthal
www.muehlbeyer-verlag.de

Lektorat, Layout: Harald Mühlbeyer

Umschlagbild:
Alfred Hitchcock im Alten Elbtunnel, Hamburg 1960
© Archiv Robert Lebeck

Umschlaggestaltung: Steven Löttgers, Löttgers-Design Birkenheide / Harald Mühlbeyer

ISBN: 978-3-945378-57-1

Druck: BoD, Norderstedt
Printed in Germany

Ingo Kammerer

Hitchcock – Angstgelächter in der Zelle

Inhaltsverzeichnis

Für Luise

I. REFERENZEN

Schöpfung des Zuschauers

Filme sind kuriose Erscheinungen.

Ihre unmittelbare Inszenierung ermöglicht eine Erlebnisgegenwart, die bereits »ganz mit historischem Edelrost überzogen« ist (Thomas Mann), also vermittelt, zeitlich (weit) rückblickend erzählt wird. Stärker als in der verwandten Literatur wird in Filmen das paradoxe Gemisch aus Vergangenheit und Gegenwärtigkeit deutlich. Intensiver wirkt hier auch der Köder des Als-ob, jener Quasi-Realität, die das Leben darstellt, ohne es zu sein. Gerade dieses Spielerische des Films, sein traumähnliches Potential, ist es, das zur Grundlage seines Erfolges wird. Dabei sieht und hört der involvierte Träumer oder ›Zuschauer‹ doch eigentlich Wirklichkeiten zu und reagiert in Echtzeit je nach Fügung der projizierten ›Realität‹. Filmbetrachter sind nie so ganz bei sich. Sie gehen auf Reisen, entfliehen dem Alltag, riskieren stellvertretend Wagnisse, die ihnen unter normalen Umständen nicht in den Sinn kämen, und transzendieren so ihr multiples Ich in Erfahrungsräume hinein, die, genau betrachtet, gar keine sind.

Man hat es also mit einer besonderen Wahrheit zu tun – mit Kunst. Als »siebte Kunst« gilt der Film manchen Arithmetikern, wenn nicht sogar mehr auszumachen ist. Sind Filme doch dem alten Verbindungsideal des Gesamtkunstwerks – einer Mixtur aus darstellender und bildender Kunst, Dichtung und Musik – am nächsten. Und doch wird man bei Ansicht einiger Beispiele an vieles, kaum aber an ein Kunstwerk denken. Das sind natürlich alles keine Alleinstellungsmerkmale des Mediums und dennoch muss man Filme ästhetisch immer ein bisschen zwischen den Stühlen vertrauter Theorien platzieren, was die Betrachtungshaltung eines Sowohl-als-auch in mehr als einer Hinsicht legitimiert.

Gefragt ist somit Toleranz. Man kann sogar sagen: Sie ist die Grundbedingung gelingender Kinoverständigung. Denn diese Texte – natürlich sind Filme auch Texte mit einer besonderen Sprache – werden noch von einem völlig anderen Feld geprägt, das die Filmgestalt, Form- und Inhaltsfragen erheblich mitbestimmt. Gemeint ist der recht hohe Kostenaufwand, der für eine Filmproduktion benötigt wird. Die hierfür notwendigen Geldgeber investieren freilich in ein Produkt, das die Vorleistungen rechtfertigen und Gewinn erzielen sollte – mit der Folge, dass in allen Herstellungsphasen an ein (sehr) großes Publikum gedacht werden muss. Filme sind teure und daher wohlkalkulierte Texte für ein Tagesgeschäft, das im Fall der Kinoauswertung oft genug zwei Publikationswochen nicht übersteigt.

Und dann? Was bleibt von diesem kostspieligen Kunstprodukt nach wahrscheinlich kurzem Leinwandleben? Nicht viel, muss man sagen. Gelingt es einigen Filmen über die Erstauswertung hinaus, einen gewissen Glanz zu bewahren, so sind nur wenige davon nach einer Dekade noch relevant. Handverlesen schließlich ist der verbleibende Rest, der entweder filmgeschichtlich von Bedeutung ist oder es geschafft hat, generationenübergreifend wirksam zu sein. Kanon und Publikumszuspruch: Die so genannten »Klassiker« sind der sichtbare Teil des Eisbergs. Und es ist nicht schwer zu erahnen, warum nur diese eine fürsorgliche Behandlung erfahren. Auch hier sind Auswahlkriterien für die Aufnahme in die filmische Backlist – d.h. digitale Publikation, Restauration des Originalfilms, Wiederaufführung im Kino und somit Zuspruch eines Erinnerungswerts – oft genug Zahlenspiele, selten künstlerische Aspekte. Dies mag man bedauern. Ändern wird man es nicht. Jedoch: Überraschungen kommen vor.

Alfred Hitchcock zum Beispiel. Denn in dieser Genese des Vergessens ist Hitchcock so etwas wie eine Rarität. Das mag im ersten Moment irritieren – sind da doch einige Texte, die das Prädikat »Klassiker« redlich verdient haben! –, wird aber zweckmäßig, wenn man sich vor Augen hält, dass nicht nur jene Filmperlen der Öffentlichkeit zugänglich sind, sondern inzwischen eine komplette Hitchcock-Werkschau auf digitalen Medien vorliegt. Er ist damit einer der wenigen noch in Stummfilmzeiten aktiven

Regisseure, dessen komplettes Werk[1] (immerhin 53 Langfilme) zu erwerben ist. Das überrascht schon. Denn besonders im Früh-, vereinzelt auch im Spätwerk des Briten sind Schwächen festzustellen, kommt es zu Schlampereien und Schludrigkeiten, weshalb eine Publikation dieser Filme unter normalen Umständen wohl ausbliebe. Die Umstände sind aber nicht normal. Der Mann ist mehr als nur ein Regisseur von erfolgreichen Filmen. Er ist ein umfangreich ausgestatteter Bedeutungsraum, ein Wahrzeichen (nicht nur) des Kinos.

Schon der Name, die Lautfolge »Hitchcock« führt ein Eigenleben. Seit gut einem dreiviertel Jahrhundert ist dieser Zweisilber ein gängiges Synonym für Spannung und Überraschung, existentielle Bedrohungen, anziehende und zugleich abstoßende Phantasmagorien, unverschuldeten Identitätsverlust und dergleichen mehr. Allein die Bezeichnungen im alltäglichen Sprachgebrauch – und da liegt vieles vor, was »à la Hitchcock« gestaltet oder im Ganzen ein »echter Hitchcock« ist – machen deutlich, dass Person und Werk nicht zu trennen sind, das eine ins andere übergeht, mit diesem verschmilzt. Und beiden – oder soll man sagen der Symbiose, der Einheit? – gelingt die vom Film versprochene und durch das mediale Speichermodul ohnehin garantierte Unsterblichkeit. Keine Filmgeschichte ohne Positionierung des Briten, keine Generation ohne (offenes oder verstecktes) Hitchcock-Bild, kaum ein Werk eines relevanten Regisseurs ohne direkte oder indirekte Auseinandersetzung mit seinem Erbe. Hitchcock ist längst zum Multiplikator, zum Superzeichen geworden: Ikonisch vielfach reproduziert und gegenwärtig ist das Zeichen auch eines mit deutlicher Verweis- sowie gesetzter Bedeutungsfunktion. Ist es demnach Index und Symbol zugleich, vielleicht sogar eine Marke, die in ihrem Stellvertreterdasein das Attraktionsprinzip des Kinos stimmig widerspiegelt. Wer über Filme schreibt, schreibt immer auch ein wenig (gelegentlich viel) über ihn. Wer sich in irgendeiner Form dem Erzählphänomen der Spannung widmet – und wer mag schon darauf verzichten? –, trägt Hitchcock im Gepäck und nicht selten als Bürde mit sich. Wer sich schließlich dem un-

1 Mit einer Ausnahme: Die zweite Regiearbeit – THE MOUNTAIN EAGLE (1926) – gilt als verschollen.

sterblichen Metagenre des Thrillers annähert, muss nach all den Jahren noch immer einen Vergleich mit ihm fürchten. Er ist nicht wirklich zu ignorieren, ist irgendwie immer mit dabei. Das hätte dem Egomanen in ihm sicherlich gefallen.

Aber nicht nur im filmischen Feld findet eine Auseinandersetzung mit dem katholischen Briten statt. Durchaus vergleichbar mit Franz Kafka, dessen Werk die Literaturwissenschaft zu immer neuen Auslegungsanstrengungen treibt, ist auch die schriftliche Auseinandersetzung mit Hitchcock inzwischen zu einer riesigen Materialfülle angewachsen und wird stetig fortgesetzt. Die Interpreten werden nicht müde, sich ihm und seinen (Film-)Ideen zu widmen. Und sie werden dabei auch immer wieder fündig. Möglicherweise liegt ja mit diesem Werk so etwas wie ein kulturelles Rätsel vor, dem auf die Schliche zu kommen nie so ganz gelingt, das zu erklären, zu deuten aber manche Anstrengung rechtfertigt. Unter der Oberflächenmaische einfach gestrickter Handlungen gärt es bei Hitchcock. Und jener angestoßene Prozess der Wandlung setzt sich nach der Filmansicht im Betrachter fort oder, wie Georg Seeßlen so schön formuliert: »Wer einmal in einem Hitchcock Film war, kommt nie ganz wieder heraus.« Endlosschleife Hitchcock? Dafür spräche auch jene Auslegung von Gerhard Bliersbach, der Hitchcockfilmen traumatisches Überwältigungspotential zuschreibt und einen Wiederholungszwang, »eine Art rituelle[n] Kinobesuch« als zwingende Folge benennt.

Nun gut. Natürlich kann man solche Perpetuum-Mobile-Tendenzen belächeln; man kann sie allerdings auch als Hinweis lesen, dass hier eine Schöpfung vorliegt, die die Menschen antreibt und beschäftigt, sie demnach wohl betrifft und angeht. Womöglich beschreibt ja diese Filmsammlung die Weltwahrnehmung der Zuschauer stimmig und löst so zwangsläufig Bestrebungen nach Erklärung und Sinndeutung aus. Ist Hitchcock mit seinen Thrillern vielleicht ein Vexierbild der Moderne gelungen? Fest steht: Unter dem allzu gefälligen Entertainment-Kostüm der Filmhandlung liegt das Unbehagen des modernen Menschenzoos – Neurosen, Ängste, Sehnsüchte, Gelüste, Möglichkeiten und zugleich Grenzen des Handelns – kaum wirklich versteckt. Auch sind die Wirkungsattribute jenes

Kosmos erstaunlich farbenfroh: neben solchen der Bedrängung wie Orientierungsverlust, Bedrohung und Verzweiflung flackern auch manche des Glücks, die man etwa mit Klarheit, Lust und Komik umschreiben kann. Soviel wird deutlich: Eine monochrome Betrachtung führt nicht zum Ziel. Aber vielleicht ist hier ein ›Ziel‹ auch nicht zu finden. Wäre das doch eine Form der Generalaussage, eine Art Weltformel, die uns Hitchcock natürlich schuldig bleibt. Hier gibt es vielmehr einen großen Deutungsraum – nicht eines, sondern viele Ziele, nicht eine Sichtweise, sondern ganz unterschiedliche Optionen des Sehens werden angeboten. Das Labyrinthische hinter den simplen Storyfassaden ist irritierend verzweigt und nicht jeder Weg darin erforscht. Ergo ist eine Auseinandersetzung mit Hitchcock auch weiterhin gefragt und die Verbindung mit dem anderen großen Angstautor des 20. Jahrhunderts, Franz Kafka, in mancher Hinsicht gerechtfertigt.

Dichtung, Wahrheit, Wahrscheinlichkeitskrämer

Denn Angst und Furcht, Orientierungsnöte und Identitätsverlust sind sowohl beim einen als auch beim anderen Schlüsselthemen des Werks. Das ist wohl kein Zufall. Wenn man also annimmt, dass eine solche Themenwahl eine Form der Ich-Spiegelung ist, dann liegt die Frage nahe, ob denn Hitchcock ein furchtsamer Mensch war. Auf jeden Fall. Ängste, Unsicherheiten bis hin zu panischen Ausfällen kannte er durchaus. Und nicht zu knapp, wenn man den Biografen[2] glauben kann oder, was noch komplizierter ist, ihm selbst. Schließlich hat sich der in mancher Hinsicht zu-

2 Zwei Biografen – John Russell Taylor und Donald Spoto – prägen hier den Blick auf das Leben des britischen Filmemachers in Art und Weise einer ›Differenz im Gleichen‹. Taylors von Hitchcock autorisierte Biografie (1978) nennt die Lebensdetails (auch die unangenehmen), die Spoto fünf Jahre später erneut aufgreifen und in speziellen Teilen erweitern wird. Dabei verschiebt sich Taylors freundliche und verständnisvolle Betrachtung der Hitchcock'schen Verschrobenheiten unter den Händen Spotos zur ohne Zweifel spannenden, aber auch reichlich spekulativen Suche nach der »dunklen Seite des Genies«.

rückhaltende Hitchcock gar nicht so selten biografisch geäußert und war gerade im Hinblick auf seine Ängste erstaunlich redselig. Allerdings waren es immer dieselben Geschichten, die, selbst im Wortlaut nahezu identisch vorgebracht, das Gefühl der Inszenierung nie ganz abwegig erscheinen ließen. Man konnte und kann sich nicht sicher sein über den Wahrheitsgehalt dieser Stories. Muss jedoch zugeben, dass sie, wenn schon, alles in allem gute Erfindungen sind und die Fantasie der Zuhörer beflügeln. Also Dichtung oder doch Wahrheit? In gewisser Weise ist das eine unstatthafte Frage. Wer könnte schon über einen Einzelgänger wie Hitchcock verlässlich Auskunft geben? Und überhaupt: Was hätte man davon, wenn man einen Selbstdarsteller der Lüge bezichtigte? Somit glaubt man den biografischen Fragmenten, wie man auch den reichlich unzuverlässigen Erzählern seiner Filme glaubt. Bedingungslos. Dies aber aus gutem Grund. Weiß man doch: Das kann amüsant werden. Und enttäuscht wird man selten.

Da ist z.B. jene Schlüsselerzählung über den wohl fünfjährigen Alfred, der, mit einem Brief seines Vaters ausstaffiert, zur örtlichen Polizeistation geschickt und vom dortigen Wachtmeister nach der Lektüre für fünf Minuten in eine Gefängniszelle gesperrt wird. Den (erzieherischen?) Hinweis des Polizisten, so mache man es mit unartigen Buben, wollte Hitchcock noch in den letzten Interviews auf seinem Grabstein geschrieben sehen: »That's what we do to naughty boys!« Ohne Zweifel ist das eine erstaunliche Geschichte. Und ein Plot, wie er sein muss: abhängiges Kind, schwarze Pädagogik, grauenhafte Pointe. Der Ich-Erzähler hat sofort unser Mitgefühl, das Publikum ist emotional involviert. Präsent sind die Richtlinien der Hitchcock'schen Vermittlung: Keine Erklärung des unerhörten Handelns stört die Wirkung der Ereigniswendung, keine Schilderung der Gefühle des Kindes behindert die individuelle Lesergestaltung. Und ganz nebenbei wird mit diesem biografischen (?) Einblick auch noch eine nachvollziehbare Ursache für die lebenslange Panik des Regisseurs vor der Polizei geliefert.

Man muss Hitchcocks Vorgehen gewissermaßen in praxi erleben und kann das mit Hilfe des Netzgedächtnisses auch, wenn man sich z.B. diese Gefängnisgeschichte im berühmten Interview mit François Truffaut anhört. Anders als in der publizierten Buchausgabe ist der Originalwortlaut weit ausführlicher, wirkungsspezifisch unmittelbarer und durch die Vergegenwärtigung der sonoren, auf Effekte bedachten Stimme Hitchcocks natürlich ein Ereignis von besonderem Unterhaltungswert. Was ist zu hören? Truffaut beginnt das Gespräch mit der Erwähnung der Gefängnisgeschichte und stellt zum Einstieg eine Frage, die ihm Hitchcock wohl nicht zugetraut hätte. Ob das denn eine wahre Geschichte sei, möchte Truffaut wissen. Und Hitchcock – gekränkt ob der Forderung eines Regiekollegen nach Wahrheit im Showbusiness – schweigt zunächst hörbar und gibt erst nach einem erneuten Anlauf Truffauts einige Hinweise zu diesem und jenem. Die unstatthafte Frage – fact or fiction? – beantwortet er selbstverständlich nicht. Zudem, so Hitchcock weiter, könne er sich nicht mehr erinnern, was er denn angestellt habe, um eine solche Behandlung zu verdienen. Im Gegenteil: Zur heiteren Verwirrung der Anwesenden trägt er im Folgenden bei, wenn er seinen Vater zitiert, der ihn doch immer als »little lamb without a spot« bezeichnet habe. Truffauts abschließender Versuch, durch die Behauptung, der Vater sei wohl sehr streng gewesen, mehr zu erfahren, verfängt wieder nicht, da Hitchcock kommentarlos bejaht und damit der Episode einen abrupten, freilich offenen Schluss erteilt.

Man kann dieses Vorgehen als ein Paradebeispiel effektiven Erzählens bezeichnen. Dem Hörer wird jenseits der pointierten Plotbasis nichts wirklich Wesentliches zur Ausschmückung und Erklärung geboten. Vielmehr sorgt das erwähnte »fleckenlose Lämmchen« für Ratlosigkeit. Zum einen ob der grausamen Strafe, zum anderen ob der Wahrhaftigkeit sowohl in Bezug auf die Storydetails als auch auf den historischen kleinen und großen Alfred. Die geradezu törichte Anschlussfrage Truffauts nach dem »strengen Vater« wird von Hitchcock beiläufig abgenickt. Wohlwissend, dass er damit alle Möglichkeiten der Zu- und Umschreibung erneut befeuert, den Spekulationen Tür und Tor öffnet, im Ganzen die Ratlosigkeit des Publikums noch steigert.

Dabei ist das Paradoxe an dieser Inszenierung, dass sie sowohl viel als auch wenig Hitchcock enthält. Das Potentielle als Unsicherheitsfaktor für den Wahrheitssucher lässt sich kaum ignorieren, das Werk als anleitende Größe ist durchweg präsent. Dagegen wird der dahinter stehende Mensch allenfalls angedeutet. Gekonnt spielt Hitchcock mit den Erwartungen Truffauts, lässt er ihn im Ungewissen und lenkt von einer möglichen Frustration ab, indem er durch eine humorvolle Bemerkung Heiterkeit auslöst. Es ist aber nicht jene Form des Humors, die einer aufbietet, der sich in die Enge getrieben fühlt und deshalb sein Heil in distanzierender Ablenkung sucht. Vielmehr dient der Spaß dem Spiel selbst, das Hitchcock hier mit Truffaut und also auch mit uns treibt: Er steigert die Unsicherheit des Wahrheitssuchenden durch das Kontrastpaar Strafe-Lämmchen so enorm, dass dieser – spät, aber nicht zu spät – einsieht, welch kuriosem Trugbild er aufgesessen ist. Ein Gespräch über Hitchcock handelt von Effekten, Manipulationen oder emotionaler Massenpsychose, niemals von der Wahrheit. »It's only a movie«, machte der Brite frustrierten Mitarbeitern immer wieder klar. Nichts wirklich Wichtiges geschieht, keine Wahrscheinlichkeit ist zu berücksichtigen, keine Wahrheit oder Wahrhaftigkeit soll verkauft werden – nur ein Film. Aber immerhin auch nicht weniger als das.

Truffaut begreift und, was bleibt ihm übrig, lässt sich im Folgenden auf die Spielregeln ein. Wenn der kleine Hitchcock nun nicht in der Gefängniszelle gesessen haben und eigentlich sein Vater auch ein ganz umgänglicher Mensch gewesen sein sollte, so ist das überhaupt nicht von Belang, da der Werk-Person-Symbiose die Gefängnisgeschichte in der vorliegenden Form dient. Truffauts Funktion ist die des Berichterstatters, nicht des zweifelnden Kritikers, denn die höhere Wahrheit, die ›Wahrheit des Werkes‹ benötigt keinen Beglaubigungsbeleg der begrenzten Realität. Und die auf Letzteres beharrenden kleingeistigen »Wahrscheinlichkeitskrämer« – eine beinahe liebevolle Aburteilung all derjenigen, die sich um das

Wirkliche hinter dem Werk, also um Unwichtiges, kümmern – sind ohnehin für Hitchcock verloren und sollen, wie Goethe einmal riet, ruhig *verdrießlich sein / Und lebenslang verdrießlich bleiben.*

Nun sind wir hoffentlich alle keine *Philister* in unserem Blick auf den Briten. Übellaunige Besserwisserei scheint kein sinnvoller Klärungsansatz zu sein beim Umgang mit einem Regisseur, der in Dramaturgien dachte und auch seine Lebensdarstellung solchen Form- und Wirkungsgesetzen komplett unterordnete. Ist also das, was wir von ihm wissen, alles Lug und Trug? Vielleicht. Und wenn schon. Spielfilme sind bunte Märchen mit mehr oder weniger Tiefgang, sind Traumgeografien für 90 Minuten, deren Unmöglichkeiten als künstlerische Freiheit bezeichnet werden können und in denen eine Anderswelt dargestellt wird, so dass ein Spiel mit der Realität beginnt ohne allzu große Rücksicht auf deren Regeln. Ein Filmemacher hat gefälligst erfinderisch zu sein, und Hitchcocks mögliche biografische Ausweitung dieser goldenen Regel macht nur deutlich, dass er immer Regisseur bleibt, auch im Leben, das das Werk spiegelt bzw. von diesem gespiegelt wird. Wen kümmern schon langweilige Wahrscheinlichkeiten? Krämerseelen eben.

Ein Kuchenstück – ein Kinderspiel

Hitchcock hat jenes Prinzip auf den Punkt gebracht: »For me, cinema is not a slice of life, but a piece of cake.« Kein Stück Leben, sondern ein Stück Kuchen wird auf die Leinwand geworfen. Einerseits! Denn die englische Wendung, *a piece of cake*, bezeichnet auch das variablen Gesetzmäßigkeiten folgende Kinderspiel. Nicht das Leben mit all seinen Routinen und langen Weilen ist wahrhaftig darzustellen, sondern das Interessante, das dramaturgisch Gebeugte und Wirkungsvolle daraus oder, wie Hitchcock meint: »Drama is life with the dull bits cut out.« Natürlich ist die Wirklichkeit im Film immer präsent, um dann allerdings als Ausgangsmaterial für allerlei Drehungen und Wendungen genutzt zu werden. Einfühlung und Teilnahme am Film sind einem Publikum ja nur dann möglich, wenn auf der Textebene Erfahrungen angesprochen werden, die dem Zuschauer vertraut sind und also zu einem persönlichen Anliegen werden können. Dann aber sind die langweiligen ›Reste des Alltags‹ (und das ist keine Kleinigkeit) zu entfernen, ist das Material zu dramatisieren, wird ein Stück Kuchen oder ein nicht allzu kompliziertes (Kinder-)Spiel produziert.

Es ist nicht ohne Reiz, beim spielerischen Teil des »Kuchenstücks« zu bleiben und sich einige Erkenntnisse der Spieltheorie ins Gedächtnis zu rufen. Wenn der Mensch nach Friedrich Schiller »nur da ganz Mensch [ist], wo er spielt« und dieser Spieltrieb eben die beiden ständig im Kampf miteinander liegenden Triebe (Stoff und Form bzw. das egoistische Gefühl und die moralische Norm) in gewisser Weise ästhetisch auflöst, dann wird die menschliche Existenz im Spiel sowohl physisch als auch moralisch in Freiheit gesetzt. Ein freier Mensch ist ein Spieler, einer, der sich in der Spielhandlung selbst verliert und zugleich findet, »denn der Mensch spielt nur, wo er in voller Bedeutung des Worts Mensch ist«. Stoff- und Formstreben des Einzelnen kooperieren hier zum Zweck der »lebenden Gestalt«, der »Schönheit« des freien Seins.

Wie hat man sich das vorzustellen? Der Erziehungswissenschaftler Hans Scheuerl benennt einige *Momenten des Spielerischen*: das von irgendeinem anderen Zweck losgelöste Handeln der Akteure (*Freiheit*), die offene zeitliche Struktur bei permanenten Wiederholungsabläufen innerhalb der Spielhandlung (*Innere Unendlichkeit*), das illusionäre Als-ob des Spiels (*Scheinhaftigkeit*), das dem Spielenden einen Ausbruch aus dem Alltagseinerlei ermöglicht, wobei bestimmte Regeln natürlich notwendig sind (*Geschlossenheit*), damit die gestaltete Zeit unmittelbar erlebt werden kann (*Gegenwärtigkeit*). Hinzu kommt noch eine besondere Motivation. Spannungsmomente des Spielens sind nämlich Folgen der offenen Handlungskonstruktion, wodurch eine anregende Kombination aus Ungewissheit und Hoffnung den Spieler erfüllt und an das Spiel bindet (*Ambivalenz*).

Man hat den Eindruck, der Spieler könnte ein Kinobesucher sein: der Besucher eines *Spiel*films. Zu deutlich ist die Korrespondenz der Phänomene, zu naheliegend die Verwandtschaft dieser Scheinwelten. Dabei ist gerade das zuletzt genannte Ambivalenzerlebnis das ›klebrige Kuchenstück‹ oder das Motiv für teilnehmende Spieleraktivität. Der Psychologe Heinz Heckhausen spricht von »Aktivierungszirkeln«, von kleinen Affekterlebnissen, die als Kippschwingungen zwischen Anspannung und Entspannung anregend wirkten, wenn sie »um einen mittleren Spannungsgrad herumpendeln«. Der Spieler suche zielstrebig diese »Anregungskonstellationen« der Erfahrungsunsicherheit auf – *Neuigkeit/Wechsel, Überraschung, Verwickeltheit, Ungewissheit/Konflikt* –, um das Angenehme der Kombination von Spannungsanstieg und -abfall erleben zu können. Wiederholungshandlungen sind zu erwarten, solange der mittlere Spannungszustand nicht zu heftig über- oder unterschritten wird. Wie immer liegt das Glück in der Mitte. Allerdings ist dieses Aktivieren nicht auf Handlungen in der Realität begrenzt und Heckhausen macht keinen Hehl daraus, wenn er bemerkt, dass »Aktivierungszirkel [...] auch für andere zweckfreie Tätigkeiten die Basismotivation dar[stellen]«. Filme sind da durchaus mitgemeint.

Nun ist nicht bekannt, dass Hitchcock ein ausgeprägtes Interesse an der Spieltheorie oder an Spielen in irgendeiner Form hatte. Und doch ist da manches Spiel in Hitchcocks Werk oder vielleicht sogar grundsätzlich viel Hitchcock im Spiel. Soll doch nach seiner Ansicht das Drama nur das Interessante, Abwechslungsreiche, eigentlich die beschriebenen lustvollen Anreger im Film präsentieren. Ein Kuchenstück halt, das nun Biss für Biss Freude beim genießenden Zuschauer freisetzt. Schon mit dem ersten Happen der Hitchcock-Torte ist dieser dem scheinhaften und geschlossenen Treiben der Filmwelt verfallen, identifiziert er sich, nimmt gegenwärtig am ambivalenten Tun der Figuren teil und wünscht sich, wenn das Filmspiel ihn ganz freisetzt (oder ausfüllt), auch die Aufhebung oder Ausdehnung der Zeit. In diesem Sinne wird eine gesetzte Inszenierung zum eigenen Spielzeug, ein flaches Projektionsgebilde zur erlebnisreichen (Quasi-)Realität und können die vorgegebenen Spielregeln angenommen werden, weil die im Film platzierten Anregungen dem Zuschauerwunsch nach innerer Aktivierung Genüge tun. Natürlich innere Aktivierung, denn eine tatsächliche Teilnahme ist ja nicht möglich. Dennoch vergisst der Zuschauer in Momenten der Hingabe den weichen Kinosessel sowie manche Verhaltensregel und ist ganz Mensch im Schiller'schen Sinn: immer ein wenig der Welt enthoben.

Hitchcock erzählte Truffaut einmal merklich befriedigt, wie Joseph Cottens Frau bei der Premiere von Rear Window in jenem Moment, als Grace Kelly in der Wohnung des Mörders von diesem entdeckt zu werden droht, ihren nebenan sitzenden Mann anschrie: »Nun tu doch was! Nun tu doch was!« Mrs. Cotten war, wie man so sagt, im Spiel gefangen und offenbarte sich als tief involvierte Mitspielerin. Sie hatte vom Kuchenstück genascht, und der verzehrte Anregungsthrill überstieg ein wenig ihr Realitätsbewusstsein. Wie dem auch sei. Wir sollten davon ausgehen, dass Joseph Cotten seiner Frau eine Stütze sein konnte. Was aber tat Hitchcock bei all den Entrückten rings um ihn her? Der lehnte sich wohl zufrieden zurück und sinnierte: *That's what we do to human beings!*

Ist es denn nicht denkbar, dass Hitchcock ein wenig Rache nahm an all den anderen, den Schönen, Zufriedenen, Gefängnisfreien? Schließlich musste schon der kleine Alfred im Nachhinein seinen Zellenbesuch als gruselige Unwirklichkeit und böses Spiel einsehen, im unerhörten Moment selbst aber war er gefangen und ohnmächtig. Könnte man dies nicht vermitteln, als Erfahrung weitergeben, indem man über die Kunst Menschen dazu manipuliert, Unsicherheit in sicherer Umgebung zu empfinden? Zugegeben: Hitchcocks bittersüße Rache zur Offenbarung der eigenen Macht ist Spekulation. Allerdings keine wirklich fahrlässige. Denn auffällig oft nannte er sich »Svengali« (jener genialische Hypnotiseur aus George du Mauriers Roman *Trilby*) und fühlte sich wohl dabei. Auch ist eine seiner Lieblingsideen in diesem Zusammenhang entlarvend. Gegenüber dem Drehbuchautor Ernest Lehman erwähnte er einmal die Vorstellung, dass man im Kino der Zukunft gar keinen Film mehr vorführen müsse, sondern über ein ausgeklügeltes technisches System die Emotionen der

Menschen direkt durch eine Orgel beeinflussen könne. Eine Taste ergebe dann viele »Aahs« im Publikum, eine andere manches »Ooh«, eine dritte möglicherweise ein »Nun tu doch was!«.

Mrs. Cottens Reaktion muss ihm gut gefallen haben, denn ganz offensichtlich durchlebte und äußerte sie die Pein des kleinen Alfred. Sie kann deshalb als Modell für jeden Zuschauer eines Hitchcockfilms stehen, auch wenn die meisten ihrer Nachfolger nicht verbal um Hilfe bitten. Man könnte doch – da Hitchcock die Massen immer wieder einlud in seine Zelle und diese zugleich zu ihrer eigenen machte – davon ausgehen, dass hier einer seine Lebenswunde therapiert, indem er sie den anderen symbolisch schlägt?

Aber genug davon. Fest steht, dass der Mensch sich nur im Spiel frei und unverstellt verhält. Ein erlebnisreiches Spiel muss es dann auch im Kino sein, wenn man den ganzen Menschen erreichen will. So ist die Mischung aus Freiheit und Geschlossenheit, Unendlichkeit und Gegenwärtigkeit, Scheinhaftigkeit und aktivierender Ambivalenz die Grundbedingung für die Teilnahmebereitschaft des Zuschauers am Als-ob-Entwurf der Leinwandwelt. Mit diesem freiwilligen Interesse an inwendiger Aktivierung kann dann die Manipulation der Gefühle starten und also *Svengali* sein Werk beginnen.

Antriebsmotor Angstlust

Blicken wir aber zunächst auf das Gefühl selbst, das es auf vielen Wegen anzusprechen gilt: den *Thrill*. Was ist das Geheimnis?

Freude an der Gefahr könnte man sagen. Einen Thrill zu erleben ist eine zwiespältige Angelegenheit. Einerseits gilt es, eine ganz reale Furcht auszuhalten, und andererseits macht dieses Spaß, wird der Grusel spätestens nach seiner Auflösung als angenehme Bewährungsprobe empfunden. Das ist freilich kein reines Phänomen der vermittelnden Kunst. Auch so manche Alltagssituation trägt durchaus Thrillmomente in sich und zieht wie ein klebriges ›Stück Kuchen‹ den Menschen (manche mehr, andere weniger) an sich heran.

Der Psychologe Michael Balint wies schon 1959 auf das besondere Alltagsphänomen des Nervenkitzels (*Thrill*) hin, das angstlüstern aufgesucht werde und durchaus Wirkung erziele. Einen magischen Raum solcher Erfahrungen entdeckte er im Jahrmarkt, Rummel oder Volksfest. Allerhand Unerhörtes werde dort geboten: scharfe und süße Nahrungsmittel, Glücksspiele, aggressive Schieß- und Wurfwettbewerbe, schwindel- und furchterregender Fahrspaß und dergleichen mehr. Der Besucher betritt eine Gegenwelt der Effekte und amüsiert sich am Unerlaubten, Entgrenzenden, auch Ungesunden. Es ist wohl der Schritt aus der alltäglichen Routine, der hier Entlastungsmöglichkeiten für »gestaute Gefühlsregungen und Triebwünsche« zur Verfügung stellt. Man wird wieder Kind, darf (muss!) es auch sein und kann jenen Rückschritt eine gewisse Zeit ohne Würdeverlust genießen.

Was aber ist nun der *Kick*, das Besondere des Erlebnisses? Mit Balint gesprochen »die objektive äußere Gefahr, welche Furcht auslöst, das freiwillige und absichtliche Sich-ihr-Aussetzen und die zuversichtliche Hoffnung, dass alles schließlich doch gut enden wird.« Angst haben macht unter diesen Prämissen also Spaß. Und nicht nur auf dem Jahrmarkt. Auch (Kinder-)Spiele, der Sexualkontakt mit einem neuen Partner und ›Risikosportarten‹ lassen sich bei zuversichtlicher Bewährungshoffnung und Freiwilligkeit als Thrillmomente des Lebens bezeichnen.

Zweierlei kommt hier zusammen: die Hitchcock-Zelle als Angstraum und die hoffnungsfroh erwartete Freisetzung des Eingeschlossenen. Anders als der kleine Alfred weiß der eingesperrte Thrill-Aspirant nämlich um den Spielcharakter, das zeitlich Begrenzte der Inhaftierung und kann sich zuversichtlich dem Zellenabenteuer aussetzen. Trotzdem ist der Angstraum da und mit ihm das mulmige Gefühl, ob man das wohl ohne Ausfälle – man denke an Mrs. Cotten – durchstehen kann. So wird jener Thrill zum Wesenskern für Hitchcocks Form der Unterhaltung: kleine Gefängnisschocks, die dem nach Entgrenzung lechzenden Publikum zur lüsternen Aufnahme angeboten werden. Ein ›Leinwand-Jahrmarkt‹ entsteht. Ein quasi-erotisches Spiel um Furcht und Spaß, ängstliche Teilnahme und humorvolle Distanzierung im Angesicht von gerahmten Aggressionsentladungen, Schwindelerlebnissen und Zuständen von Orientierungsverlust. Der Rahmen des Handlungsfelds ist dem Zuschauer dabei durchaus bewusst, die abgehobene Spielfläche mit eigenen Regeln und zeitlich begrenzter Wirksamkeit ist präsent und natürlich kennt man die Folgen. Denn am Ende wartet – und darum geht es schließlich – die Auszeichnung mit einem Hauptgewinn der Tombola.

Zweifellos sind die Gegensätze das Interessante an jenen ›Fieberkurven‹. Ohne ein klein wenig Furcht kann es kein lustvolles Erlebnis eigener Stärke geben und ohne das Erfahren einer Spannungsauflösung wird die Angst möglicherweise zur unerquicklichen Panik. Zwiespältige Gefühle bringen den *Kick*. Erst die Sicherheit der garantierten Befreiung macht aus der Gefängniszelle einen Bewährungsraum der besonderen Art. Somit ist jene Mischung aus (latenter) Ungewissheit und (guter) Hoffnung das anziehende Bindeglied oder der Klebstoff für den Thrill-Suchenden auf Zeit.

Unterwegs mit Ödipus, Adam und Damokles

Solcher Klebstoff wird am deutlichsten in einer Erzählform ausgegossen, die Hitchcock selbst den Meistertitel und seinen Filmen einen Beinamen einbrachte. Der »Master of Suspense« produzierte »Suspense-Thriller«, die als Subgattung des Thriller-Genres (nicht nur) nach Überzeugung von Charles Derry immer »Films in the shadow of Alfred Hitchcock« sind und bleiben werden. Auch hier (analog zum *Thrill*) ist es sinnvoll, das englische Wort beizubehalten, denn die direkte Übersetzung ist keinesfalls aussagekräftig. *Spannung* bedeutet letztlich alles und nichts. Jeder Film, jede Form der Kunstausübung will in irgendeiner Weise spannend sein, den Betrachtenden zur Auseinandersetzung verführen und einen ›bleibenden Eindruck‹ hinterlassen. Spannung entsteht ja immer dann im Wahrnehmenden, wenn Informationen fehlen, ihm also die vollständige Kontrolle über das Dargebotene erschwert und seine Neugierde angeregt wird. Solcher Kontrollverlust verunsichert den Betrachter und bindet ihn zugleich an den Text; das Fehlende will gefunden sein, die Informationslücke geschlossen und die Sicherheit (wieder) erworben werden. *Suspense* dagegen, so wie er filmisch durch Hitchcock kultiviert wurde, geht einige Schritte weiter und orientiert sich eigentlich an den grundlegenden Gesetzen antiker Poetik. Hitchcock griff auf den ›Urthriller‹ schlechthin zurück: die griechische Tragödie.

Diese klassischen Texte legen bereits vieles vor, was dem modernen Thrillergenre sein Gepräge verleiht: die Welt als permanent bedrohlicher Unheilsort, die Identifikationsfigur darin als Schicksalsträger oder Spielball der (göttlichen) Intrige, schließlich das am Helden vollzogene ambivalente Fallprinzip des unschuldig schuldigen Akteurs (tragische Schuld) als Publikumsofferte zur Teilnahme (Jammer, Schauder) und lustvoll-befreienden inneren Reinigung (Katharsis). Nun sind bei Hitchcock keine Götter mehr für die Misere verantwortlich. Das Schicksal ist rein irdisch und also vom Menschen gemacht. Auch sind die Akteure des 20. Jahrhunderts nicht verantwortungsbewusste Helden, sondern fehlbare Spielernaturen, die am Marionettenseil des Zufalls zappeln und mit absurder Folgerichtigkeit Befreiungsaktionen unternehmen. Zudem hat der Brite seinen Shakespeare gelesen und unterhöhlt so eine allzu ernste (tragisch reine) Handlungsentwicklung durch kleine komödiantische Brechungen, die als Entlastungsangebote das Publikum kurzzeitig von der Handlung distanzieren. Ansonsten aber ist da viel Griechentragödie im Hitchcock-Thriller und wird gerade im besonderen Honigsaum der *Suspensesituation* ein Kommunikationszwiespalt aufgegriffen, der schon den klassischen Texten besondere Wirkung verlieh: die *tragische* oder *dramatische Ironie*.

Wenn in Sophokles' *Oidipus Tyrannos* der Chor in Richtung der Hauptfigur feststellt: »Entdeckt hat gegen deinen Willen dich die alles sehende Zeit« (V. 1213), dann ist es beinahe, als werde das Bedingungsfeld eines

Hitchcock-Zuschauers erläutert. Suspensesituationen sind nämlich streng organisierte Zeitphänomene. Alle Handlung darin steuert auf einen fixierten Endpunkt zu, und dieser bietet stets Zweierlei an: Erwünschtes und Nicht-Erwünschtes, Erhofftes und Befürchtetes, Gelingen und Katastrophe. Das Suspense-Finale kann also gegen den Willen des Zuschauers produziert werden und ist, so oder so, eine Entlarvung, auch Aufklärung des begehrenden Betrachters.

Aber der Reihe nach und zurück zu Sophokles und der dramatischen Ironie. Das Faszinierende am *König Ödipus* ist ja, dass das Publikum von Anfang an weiß, wohin das Geschehen führt, und sich dennoch nicht langweilt. Vertraut mit dem Mythos um den Vatermörder und Mutterbeischläfer ist der Zuschauer der Hauptfigur um Längen voraus und leidet dennoch mit ihr. Man ist gleichermaßen erschüttert wie angetan von Ödipus' Wahrheitssuche, seinem wackeren Vordringen in die Fesseln der eigenen (unschuldigen) Schuld und gruselt sich womöglich wohlig, wenn der Held nach errungener Erkenntnis die Unfähigkeit zu sehen durch Selbstblendung sühnt. Vielleicht auch deshalb, weil diese Verstümmelung als taugliches Bild für die Wirkungsweise der Tragödie bezeichnet werden kann. Wenn nämlich der Betrachter weiß, wohin das Ganze führt, wenn er quasi *sieht*, in welche Richtung sich das Schicksal des Helden wenden wird, ist er besonders involviert und vom aufrechten Gang des Königs sowohl beeindruckt wie auch schockiert. Iokaste, Ödipus' Mutterfrau, die nicht weniger verstrickt ist, meint ja, jegliche Verantwortung und prüfende Rückschau verweigernd: »In den Tag hineinzuleben, ist das Beste« (V. 979), und kann mit dieser laschen Einstellung kaum Teilnahme des Zuschauers erringen. Ödipus dagegen stellt sich seiner Verantwortung, springt aktiv und bockig dem abzusehenden Super-GAU entgegen, was den Betrachter durchaus *sehend blind* werden lässt.

Tragische oder dramatische Ironie benötigt also einen doppelten Wahrnehmungsakt: ein allwissendes Vorwegnehmen bei zugleich unwissendem Einfühlen. Gebrochen ist die Informationsebene – die Identifikation des Zuschauers mit dem unwissenden Helden konterkariert sein Mehrwissen über die Handlungsfortführung, so dass ein ironisches Spiel der

Angebote entsteht. Nah dran und doch weit entfernt ist hier aber kein Gelächter vom Teilnehmenden zu erwarten, sondern im Zuge der tragischen Figurenverstrickung ein Mitleiden oder, nach Aristoteles, ein *Jammern* und *Schaudern* ob der ungünstigen Gesamtsituation. Wenn sich schließlich – wie längst bekannt – das Geschehen wendet, bleibt ein betroffenes, in Furcht und Mitleid, Schweiß und Tränen gebadetes, aber auch *kathartisch* befreites Publikum zurück, das sich in diesem Zwiespalt gut aufgehoben fühlt. Die Beziehung zur Hitchcock-Zelle ist offenkundig: der garantierte Weg in die Freiheit nach kleineren, wohldosierten Angstgefühlen und Orientierungsneurosen. Es ist die dramatische Ironie, die den Hitchcock'schen Suspense ganz besonders nachhaltig prägt.

Ein Beispiel zur Verdeutlichung: In FOREIGN CORRESPONDENT soll der US-amerikanische Auslandskorrespondent Johnny Jones, da er einer europäischen Spionageorganisation im Weg steht, getötet werden. Jones ist der Held des Films und somit die Identifikationsfigur des Zuschauers. Allerdings ab diesem Zeitpunkt erstmal nicht mehr, denn mit dem Auftreten des Killers, namens Rowley, wechselt die Perspektive, und es entsteht eine neue Einfühlungsoption für das Publikum: in die Figur des gedungenen Täters. Dass solches insbesondere bei einem Film aus dem Jahr 1940 eine Zumutung für das Publikum ist, sei grundsätzlich festgestellt und vorerst nicht weiter verfolgt. Warum und wie der doch eigentlich anrüchige Suspense hier funktioniert, ist aber recht interessant und im Hinblick auf die Wirkung dramatischer Ironie im Thriller aufschlussreich.

Rowley versucht einige Male sein fürchterliches Handwerk am ahnungslosen Jones durchzuführen, was aber immer fehlschlägt. Da kommt ihm die rettende Idee. Wie wäre es, den Mann vom Turm zu stoßen? Das scheint durchführbar und todsicher. Also überredet er Jones, mit ihm einen Kirchturm zu besteigen, um »die Aussicht zu genießen«, und der hat nichts dagegen. Oben angekommen muss nun Rowley warten, bis die Plattform von weiteren Besuchern leergeräumt ist, was ihn Zeit und auch einige Überredungsarbeit kostet. Außerdem will Jones andauernd wieder absteigen, so dass Rowley ihn ständig auf neue Sehenswürdigkeiten hinweisen und in seiner Nähe halten muss. Der Mann ist wirklich nicht zu beneiden. Immer wieder droht sein Vorhaben zu platzen, und es braucht seine volle Konzentration, damit ein ›gutes Ende‹ erreicht werden kann. Schließlich sind die Bedingungen, wie sie sein sollen – Rowley tritt entschlossen hinter Jones – ein Mann fällt in einer Totalen vom Turm – Menschen schreien auf – Nonnen bekreuzigen sich. Nach einem Zeitschnitt wird die Nachricht des Unglücks bereits in der Tageszeitung gemeldet, die überraschenderweise Jones liest, der im richtigen Augenblick zur Seite getreten war.

Kann man das ohne ironische Grundhaltung aufnehmen? Aber schauen wir doch etwas genauer hin. Das Publikum weiß, dass Jones ermordet werden soll, kennt auch den Täter, doch Jones selbst weiß dies alles nicht. Die Grundbedingungen des Suspense sind gesetzt. Durch Mehrinformation kommt es nun zum doppelten Wahrnehmungsakt und deshalb zum hilflosen Bangen um den ahnungslosen Helden. Dieses Grundprinzip einer Suspensesituation ist immer wieder von Hitchcock angewandt worden. Mehrwissen führt zu allmächtiger Ohnmacht, da man doch nicht wirklich eingreifen und ›helfen‹ kann. *Ödipus* geht seinen vorbestimmten Weg, auch dann, wenn Mrs. Cotten ihren Mann herbeizitiert. Solche *doppelte Optik* ist das unschlagbare Argument des Thrillergenres und funktioniert quasi nach der einfachen *Ödipus-Idee*: Der Zuschauer wird von der weit sehenden Außen- in die beschränkte Innenperspektive einer Figur geführt. Wahrer Thrill entsteht in Folge der gestörten Kommunikation zwischen Zuschauerwissen und Figurennichtwissen.

Nun wird hier aber der Held ausgetauscht bzw. der Zuschauer zur Identifikation mit dem Täter eingeladen. Rowley heißt der neue ›Ödipus‹, und in der Tat hat der Bursche ja ein handfestes Problem zu lösen. Man fragt sich dann allerdings doch, ob eine solche ›Heldenperspektive‹ möglich ist. Rowleys Interesse kann nicht mit Ödipus' Verantwortungsbewusstsein in Beziehung gesetzt werden und überhaupt: Will der Zuschauer wirklich zum Handlanger eines Killers werden? Na ja, das ist letztlich eine Frage der Organisation! Hitchcock erkennt, dass auf der Grundlage der dramatischen Ironie so manches Ding gedreht werden kann. Gefangen im Sog der *alles sehenden Zeit* ist es für das Publikum gleichgültig, von welchen Motiven der Gebeutelte angetrieben wird. Auch Dorfrichter Adam in Kleists *Der zerbrochene Krug* gewinnt ja mindestens einen Teil unserer Sympathie, obwohl er eigentlich der ödipalen Wahrheitsfindung Gewalt antut. Sein »Ich kann Recht so jetzt, jetzo so ertheilen« (V. 635) ist vielleicht ein Hinweis auf das Fehlen, den Untergang des klassischen Helden allgemein – einen Menschen also, der noch Verantwortung für sein Tun übernimmt. Ödipus' jammervoller Fall wird bei Kleist zur Narrenposse eines Lustspiels. Nicht die schonungslose Recherche führt hier zur Erkenntnis, sondern die Manipulierung der Recherchewege. Ein Täter sitzt über sich selbst zu Gericht und versucht, sich trickreich – mal mehr, mal weniger geschickt – den Hals zu retten. Hitchcocks Rowley ist also eher ›Adam‹ denn ›Ödipus‹ und der, wenn man so will, moralisch zulässige Suspense (Jones / Ödipus) wird hurtig durch den ethisch inakzeptablen (Rowley / Adam) ersetzt. Wie auch immer, im Endeffekt ist dies belanglos, denn die Teilnahme des Publikums wird durch solchen Dreh der Moralschraube nicht wirklich beeinträchtigt.

(Film-)Suspense ist nämlich ein eher technisches denn inhaltliches Phänomen. Wenn die formalen Grundbedingungen stimmen, wird der Zuschauer zum Komplizen des Täters. Welche Bedingungen sind das also? Zum einen benötigt die Identifikation mit einer Figur die perspektivische Engführung der Erzählung auf deren Blickkreis. Der temporäre Abzug des Zuschauers von Jones geht mit der Hinführung auf die Sichtweise Rowleys einher, was durch eine Mischung aus *Nah- und Großaufnahmen* bei alleiniger Präsenz des Killers im Bild und vielen *subjektiven Blicken* Rowleys erzielt wird. Versteckt wirkt hier natürlich der *Kuleshow-Effekt,* ein von Hitchcock immer wieder angewandtes Montageprinzip der Zuschauerteilnahme, das auf ein Experiment des russischen Filmpioniers Lew Kuleshow zurückgeht. Der hatte festgestellt, dass das Publikum bei neutral agierendem Schauspieler und einer durchgeführten subjektiven Montage (Schauspieler sieht etwas und ›reagiert‹ darauf) eigene Gedanken auf die Figur projiziert und so am Film gewissermaßen aktiv teilnimmt. Aktivitäten, die schließlich auch krimineller Natur sein können! Z.B. sieht Rowley ein Schild *View from the Tower* und reagiert bzw. wird durch das Publikum reagiert, denn der Turm kommt als Mordschauplatz ja durchaus in Frage. Mehr und mehr findet durch solche Blicklenkung ein Übergang des Zuschauers von Jones zu Rowley statt, dessen Problem teilweise vom Publikum gelöst oder mit dem zumindest mitgefiebert wird.

Natürlich gelingt solche Unmöglichkeit nur, wenn zumindest ein bisschen *Sympathie* der Figur nicht verweigert werden kann. Ein Killer mit großer Gesichtsnarbe und mangelhaften Umgangsformen würde wohl kaum das Mitgefühl der Masse erringen. Also besetzt hier Hitchcock gegen den Strich, lässt Edmund Gwenn – dem Publikum durch seine positiven Rollen bekannt – in die Kleider des Killers schlüpfen und gestaltet ihn in Dialog und Verhalten so liebenswürdig wie möglich. Rowley ist demzufolge ein ständiger Rollenkonflikt durch *Besetzung*, denn mit dem »guten Gwenn« lässt sich doch durchaus über die integren Stränge schlagen. Der ist ja eigentlich ganz nett und freundlich und hat halt ein Problem zu lösen. Ähnliches kennt man und fühlt sich ein.

Es sind die kleinen Schritte, durch die das Publikum zum Komplizen eines Mörders wird, und dies sei »das eigentliche ›skandalon‹ der Filme Hitchcocks«, wie Jens Malte Fischer in seiner Analyse auch jener Sequenz feststellt. Vielleicht muss man aber soweit gar nicht gehen. Hitchcock schöpft nur alle Möglichkeiten der dramatischen Ironie aus, weshalb sowohl der tragische Ödipus als auch der bauernschlauen Adam für ein teilnahmebereites Publikum tauglich sind. *Sympathetische Rollenbesetzung* und *perspektivische Subjektivierung* sind bei ungleicher (*ironischer*) Wissensverteilung die Zutaten des schmackhaften Kuchenstücks Suspense. Und manchmal ist auch ein heimtückischer Mord ein delikates Dessert.

Was also haben wir? Natürlich keine klassische Tragödie. Dafür fehlt einfach zu viel. Ein tauglicher Held sowieso, aber auch die kathartische Wirkung einer »Verwandlung der Leidenschaften in tugendhafte Fertigkeiten« (G. E. Lessing) und schließlich der strenge dramatische Bau mit steigender und fallender Handlung. Suspense ist kürzer, durchweg steigernd angelegt; und die mögliche Katastrophe ist nicht der tiefe Fall des Helden, sondern der angstlüstern erwartete Höhepunkt einer atemberaubenden Tour de Force – für beide Teilnehmer: Figur und Zuschauer. Am Anfang steht dabei immer die Mehrinformation des Zuschauers. Dass sich z.B. die gefährlichen Vögel hinter Melanie Daniels sammeln (THE BIRDS), Roger O. Thornhill in der Einöde ermordet werden soll (NORTH BY NORTHWEST) und Judy alias Madeleine Scottie Ferguson reingelegt hatte (VERTIGO), erfährt nur das Publikum. Melanie, Roger und Scottie haben keine Ahnung. Diese ironische Zuckerlinie bindet den Betrachter fest an die weitere Handlungsentwicklung um den gefährdeten Helden, lässt ihn mögliche Entwicklungsszenarien befürchten und um die Unversehrtheit seiner Figur bangen. Man landet in der Gefängniszelle Hitchcocks, hofft auf ein gutes Ende und überlässt sich ansonsten dem Thrill des Augenblicks. Da ist es wieder: das Spiel, das Versinken in den herausfordernden Aktivierungszirkeln. Allerdings ist jene Anspannung und Teilnahme nur kurzzeitig einzufordern und durch beruhigende Textphasen abzulösen. Ergo ist die Spannungslösung zu bedenken und sind dem Publikum Erholungszonen anzubieten. Indes liegt der nächste Suspense bereits auf der Lauer.

Heinz-Lothar Borringo hat jene Suspensesituationen als »*Kurzzeiterhitzungen*« des Betrachters bezeichnet. Und in der Tat wird das Fieber hier Schritt für Schritt erhöht, das Publikum durch Mehrinformation verführt und dann im Verlauf der Sequenz auf die zeitlich bedingte Streckbank einer ohnmächtig-allmächtigen Teilnahme gelegt. Obwohl die zweifach mögliche Lösung bekannt ist oder zumindest vorweggenommen werden kann, heißt es jetzt: warten auf die Auflösung. Selbst Rowley benötigt Geduld und Überredungskunst, bis die Bedingungen so sind, dass er sein blutiges Handwerk verrichten kann. Scheinlösungen, Hindernisse und weitere Zuspitzungen gestalten diesen Wettlauf mit der Zeit – kontinuierlich steigt die Spannungskurve bis hin zur Lösung. Dann öffnen sich die Gefängnistore und kichert man möglicherweise über die bestandene Bewährungsprobe angstlüsterner Aktivität.

Es ist ein wenig, auch darauf hat Borringo aufmerksam gemacht, wie die Situation des Tyrannengünstlings *Damokles*. Von Glanz, Macht und schmackhaften Speisen umgeben, sieht er doch nur das über ihm an einem Rosshaar befestigte Schwert und damit die Gefahr, von der ein mächtiger Mann ständig umgeben ist. Das olympische Mehrwissen des Zuschauers wird halt bezahlt mit der Ohnmacht der perspektivischen Identifikation. Und selbstverständlich macht die Offerte des Szenenziels dem Betrachter seine ungünstige Platzierung zur Anderswelt deutlich. Denn gefangen im Kinosessel der Gegenwart ist eine solche Begünstigung nur nominell eine Machtvergrößerung. Der Sitz mutiert blitzschnell zum Stuhl hinter Gittern. Man klebt daran fest – und ruft nach Mr. Cotten!

Ödipus, *Adam* und *Damokles* sind stimmige Platzhalter für den (bitter-)süßen Kuchen, den Hitchcock auftischt. Suspensesituationen, Hauptargumente der Filme Hitchcocks oder die eigentliche Botschaft des Thrillers (Georg Seeßlen), sind die kongeniale Umsetzung des Thrillgefühls durch Erzählung. Alles wird diesem Phänomen untergeordnet, jedes Detail der Filme steuert auf eine Nutzung im Rahmen dieses Fiebers zu. Dabei ist der reine Suspense, wie schon Truffaut feststellt, ein besonders privilegierter Augenblick in den Filmen Hitchcocks und eben keine Formel, nach der schematisch gehandelt wird. Oft weiß der Betrachter so genau nicht, was da kommen wird, aber dass etwas passiert, ist schnell klar. Gelegentlich braucht es auch einen überraschenden Erkenntnismoment (oder *Schock*), um der Mehrinformation habhaft zu werden und folglich als Mitspieler in Schweiß auszubrechen. Suspense à la Hitchcock kennt manche Spielart, bleibt aber immer ein besonderer Höhepunkt des Zwiespalts in einem mit zwiespältigen Höhepunkten nur so gespickten Plot.

Diese ›ins Bild geschriebene‹ *Ambivalenz* der Informationen ist denn auch die poetische Basis der Filme, die in allen anderen Bereichen der Genreausstattung ihre Spuren hinterlässt. Bangen und Warten, Sehen und dabei Blindsein, gottähnlicher Olympier, aber eigentlich doch Spielball der ungünstigen Bedingungen. Im Thriller bleibt alles unscharf oder, um Hitchcock zu zitieren: »Nicht alle Schurken sind schwarz und nicht alle Helden weiß. Überall gibt es grau!« Es ist gerade diese Novemberfarbe, die den Thriller so anhaltend faszinierend und zum modernen Genre schlechthin macht.

Spannung entsteht also durch zwiespältige Integration des Zuschauers ins Figurenarsenal des Films. Dann mutieren Kinosessel zu Gefängnisstühlen, Szenenfolgen zu Kuchenstücken, Filme zu einer fortwährenden Damoklessituation mit (zumeist) gutem Ende. Und dies alles geschieht bei ironischer Grundhaltung und eigentlich unter Offenlegung der Spielregeln im Spielrahmen selbst. Man kann es ruhig so sagen: Hier liegt ein cineastisches Denkschema der besonderen Art vor. Die Gefühlsmanipulation durch die Textgestalt ist abhängig von der Bereitschaft des Zuschauers zur Spielteilnahme. Oder anders formuliert: Der Betrachter manipuliert sich freudig selbst!

In seiner Filmphilosophie bemerkt Giles Deleuze, dass Hitchcock derjenige Regisseur in der Filmgeschichte sei, der als erster das Publikum als Faktor der Filmentstehung mit eingeplant habe, da »dessen Reaktionen zum integralen Bestandteil des Films werden.« Das somit platzierte *mentale Bild* trage die Bedeutung nicht zweifelsfrei in der Erzählweise oder Montage des Films, sondern werde erst durch Emotion und Gedankentätigkeit des Zuschauers bedeutsam. Dadurch, dass der Film geöffnete »Denkfiguren« platziert, wird man also in ihn einbezogen und zum spiritus rector der Handlung. Das fordert »*Demarkierungen*«: Irritationen, neue, ungewohnte Sichtweisen und Umdeutungen eines vertrauten Zeichenfeldes. Brüche und Pointen, wie sie Hitchcock dem Genre eingeschrieben hat. Die empfundene Unsicherheit ist immer auch das Ergebnis von individuellen Zuschauerleistungen, die freilich durch das gebrochene Filminventar herausgefordert werden.

Nichts ist so, wie es scheint; den schönen Fassaden all der Handlungsdetails ist nicht zu trauen – der doppelte Boden wird im Thriller zum Verständigungsprinzip. Dabei darf die Ursache nicht vergessen werden: die Bereitschaft des Zuschauers zur Selbstintrige auf Zeit. Denn dessen Wunsch nach einem Sitzplatz im Gefängnis ist ja immer schon da, wenn der Film beginnt. Angstlust muss es sein. Ob Ödipus, Adam oder Damokles (möglicherweise alle drei) spielt keine Rolle; ganz dabei und doch entfernt ist die erhitzte Teilnahme eine wichtige Verheißung des Kinoerlebnisses und wird im ›Schwindelgefühl‹ des *Suspense* in Vollendung eingelöst. Hier bedeutet kein Element nur das, was es zu bedeuten vorgibt. Immer existiert ein Mehr, ein Extra, ein Grau der Zwischentöne. Und in den guten Filmen der Zunft wirft dies einen Handlungsschleier aus, der all die Teilbereiche abfärbt und dem Publikum so den Weg weist – den Weg ins mitzugestaltende Spielfeld.

Das Thrillerspiel selbst basiert dann auf der Kuriosität einer *Bedrohungspermanenz*. Durch unglückliche Bedingungen bzw. schicksalhafte Fügung (man sollte den Olymp nicht ganz außen vor lassen), tatsächlich häufig durch einen Zufall, eine Verwechslung oder Zeichenfehldeutung kommt die Hauptfigur vom geraden Lebensweg ab und gerät in Zwischenwelten, von deren Existenz sie nichts ahnt. Solcher Weltenübertritt ist eine wesentliche Bedingung des Genres – das Heile und Vertraute weicht dem Gefährlichen und Unbekannten. Die Zeit verliert ihre gefugte Ordnung. Und ein wesentlicher Grundsatz der Filme ist, dass die Hauptfigur sich schnell orientiert, an die neue Umgebung anpasst und schließlich den Rückweg in die erste Welt wiederfindet. Dass diese erste Welt durch das Kennenlernen der zweiten nicht mehr im alten Glanz erstrahlen kann, ist vielleicht das philosophische Extra jener aktionsreichen Filme, in jedem Fall aber das wichtige Unterscheidungsmerkmal zum Partnergenre »Kriminalfilm«. Krimis oder ihr Ursprung, Detektivgeschichten, stellen nach aufgeklärter Rätseltat die heile Welt des Ausgangs wieder her. Thriller dagegen machen von Anfang an klar, dass die Welt, so wie wir sie kennen, mindestens noch eine zweite verbirgt. Dass die Sicherheit der ersten schnell in die Bedrohung der zweiten münden kann. Hinter der geordneten Fassade des Daseins steckt das Chaos, das alle Regeln und Abmachungen ad absurdum führt. »Du bist nirgends sicher!«, ist eine der Botschaften des Genres und Voraussetzung für die Zelle des Zuschauers. Jedoch sieht dieser dem Helden bei seiner eigentlich aussichtslosen Tätigkeit des Freischwimmens fiebrig-lustvoll zu und freut sich freilich, wenn schließlich vieles gut ausgeht.

Dieser Zwiespalt zur Aktivierung des Publikums ist die wirksame Logik jener Filme und betrifft somit alle Bereiche der Gestaltung. Wenn man so will, hat hier jede wesentliche *Figur* eine Art ›Geheimnis‹. Wie erwähnt, da ist viel Grau, ob nun beim Helden – neurotisch, verspielt und oft genug ein Muttersöhnchen –, beim Master-Criminal – nett und eloquent, nicht selten ein verweichlichter Schöngeist – oder bei der weiblichen Hauptfigur – femme fatale und kleines Mädchen, Verführerin und Schutzsuchende. Überall wirken Brüche und verhindern eine eindeutige Zuschreibung. Gerade der Hitchcock-Held, der ja aufgrund der genretypischen Monoperspektivierung das Einfühlungsobjekt für den Betrachter ist, verkörpert keinesfalls eine vorbildliche Figur. Da ist doch viel Unernst und Verantwortungsdelegation, gibt es durchaus Charakterschwächen oder auch Versäumnisse in der bisherigen Lebensplanung. Trotzdem (oder soll man sagen: gerade deshalb) ist er hervorragend geeignet, dem schauenden Mitgestalter als Projektionsfläche zu dienen. Im Übrigen auch deswegen, weil der Schauspieler oft wortwörtlich gar nicht zu spielen scheint. Häufig ist die Miene ausdrucksleer, offen für Empfindungen der Betrachter und jenes *neutrale Schauspiel*, das Hitchcock bevorzugte, ist gewissermaßen das »mentale Bild« in seiner reinsten Form. Eine unvollständige, auch leere Fläche will aktiv gefüllt werden. Nur zusammengehalten durch den Handlungsbezug und die jeweilige Teilnahmebereitschaft des Betrachters wird hier das Thrillerprinzip besonders deutlich. Mehr Affekt, mehr (An-)Teilnahme, mehr Aktivität des Zuschauers kann in einem Genre, das genau dieses Mehr (des Jahrmarkts) in Aussicht stellt, nicht falsch sein. Das weiß nicht nur Mrs. Cotten.

Allerdings ist solche Mitgestaltung des Plots, die ja genau betrachtet immer eine engagierte Art der Selbstmanipulation auf der Suche nach dem Thrill ist, keineswegs nur über Filmfiguren zu erzielen. Auch Räume, *Objekte* aller Art kommen dafür in Frage und werden entsprechend präpariert.[3] Neutrale Alltagsobjekte, auch sakrosankte Orte zu ›entweihen‹, sie umzufunktionieren und dem Thrillermythos entsprechend auszubeuten, ist ein wesentliches Demarkierungselement und eine symbolische Ausdehnung der Norm. Alles wird bedeutsam und ist oft genug neu oder zumindest anders als gewohnt zu betrachten. Thrill(er)- und Spielerwartungen prägen die mentalen Projektionen des Zuschauers auf jedes gewöhnliche Bilddetail.

Es ist somit gelungen, einen Zuschauer zu schaffen, der kalorienreiche Kuchenstücke nascht, dabei ein bisschen Angst und sehr viel Lust empfindet und sich kaum um die weidlich ausgeschlossene Wirklichkeit kümmert. Hitchcock hat den weichen Plüschsessel im Kino vorübergehend zur harten Zellenpritsche umgestaltet, und es ist festzustellen, dass der Zustrom der Probesitzenden bis zum heutigen Tag kaum abgenommen hat. Möglicherweise hat der auch schon mal als Erfinder des Thrillers gehandelte Brite eigene Erfahrungen als Ausgangsidee für diese Massenhypnose verwendet. In jedem Fall aber greift er auf ein Darbietungsmuster der zwiespältigen Kommunikation zurück, dessen Wirksamkeit, über Jahrtausende erprobt, hier nun zum ersten Unterhaltungsprinzip erhoben wird. Dabei ist die Zuckerspur des *Suspense* das verführerische Hauptargument dieser Texte. Sie ist für den Betrachter Wagnis und (garantiert gelingende) Bewährungsprobe zugleich und letztlich vielleicht auch ein Hinweis auf die gerade noch möglichen Grenzerfahrungen in relativ sicheren und als erlebnisarm wahrgenommenen Zeiten.

Wer ist also der geschöpfte Zuschauer eines Hitchcockfilms? Ein leidenschaftlicher Spieler, der einfühlungsbereit mitfiebert und teilnimmt an Geschichten um Schuld und Unschuld, Versuch und Irrtum, Verrat und Intrige. Womöglich gibt es da auch manchen Verschwörungstheoretiker, der

3 Zum Beispiel gilt für ein Glas Milch (SUSPICION), einen Schlüssel und eine Tasse Kaffee (NOTORIOUS), Windmühlen und Türme (FOREIGN CORRESPONDENT), Brillen und Feuerzeuge (STRANGERS ON A TRAIN), einen Ring und Treppen (SHADOW OF A DOUBT), Vertreterkoffer (REAR WINDOW), Krähen und Spatzen (THE BIRDS), Krawattennadeln (FRENZY) oder auch ein Seil (ROPE), dass diese Objekte durch Hitchcocks Zugriff immer schon auch verdächtig, vieldeutig oder gar bedrohlich aufgeladen sind.

auf der Thrillerleinwand die Bestätigung seiner Weltsicht vorfindet. Warum nicht? Die Zellenperspektive kann über den Film hinaus die Lebenspositionierung des einzelnen mitbestimmen. Unabhängig davon ist der Hitchcock-Zuschauer aber ein vorfreudig Suchender von Unterhaltung und Abwechslung in der Auseinandersetzung mit ästhetischen Erfahrungsräumen. Er ist also ein Mensch – in der »volle[n] Bedeutung des Worts« (Friedrich Schiller) – am Kuchenbuffet.

II. PRINZIPIEN
Reinheit im Genrekino

Das Besondere an Hitchcocks Kunst ist die *schmutzige Klarheit* der Gestaltung. Die narrative Organisation seiner Filme ist makellos. Nie steht die Frage im Raum, ob das auf der Leinwand Präsentierte wirklich notwendig ist oder nicht auch mal ein Lückenfüller, eine Art dramaturgisches Heftpflaster eingesetzt wurde. Dabei wäre dies ja keinesfalls ehrenrührig – greift doch jeder Film-Handwerker gelegentlich zur Notlösung, wenn Inhalte partout nicht zusammenkommen wollen. Nicht hier. Soll nämlich Hitchcocks Ideal des »reinen Kinos« nicht Schaden erleiden, ist jene Ereigniskette, die Handlung heißt, rund zu halten. Erzählen ist Aufgabe der Kamera: Das Visuelle hat das Publikum zu fesseln, zu verführen, ja, vielleicht nur zu beschäftigen – und hierzu bedarf es keines Überflusses, keiner funktionsfreien Ausschmückung, ob nun im technischen Bereich der Aufzeichnung oder in der Darstellung vor der Kamera. Minimale Aufwendungen zur maximalen Wirksamkeit war Hitchcocks Ideal. Alles hat seinen Platz, seine Funktion im Text und – nicht ganz unwesentlich – seinen Reiz für das Publikum.

Es ist jene ökonomische, nur wirklich Wichtiges ausstellende Ästhetik, die Hitchcocks Werk auszeichnet, es vielleicht im Ganzen ausmacht und somit auch eine Erklärung dafür bietet, warum diese Filme noch heute funktionieren. Das im Rahmen der Einstellung Gebotene ist deutlich, klar und weithin einsehbar, in etwa vergleichbar jenem »clear horizon«, den er einmal auf die Frage nach seiner Vorstellung von Glück zum Besten gab. Wie bei einem gut geölten Uhrwerk greifen die Zahnräder der Handlungsentwicklung ineinander, wird das Mosaik aus vielen Funktionsteilchen zusammengesetzt und kommen so Film und Zuschauer zueinander. Alles erfüllt einen Zweck. Nichts ist nur dabei.

Kann solche Klarheit schmutzig sein? Sie muss. Denn wer partout Erläuterungen, Erklärungen, Überfluss vermeiden will, wird schwerlich Wirklichkeitslogik abbilden können und sich zudem keinen Wahrscheinlichkeitsargumenten beugen. Zugegeben, das ist für einen Filmregisseur nichts Außergewöhnliches. Wenn aber Hitchcock einem aufmerksam lauschenden François Truffaut mitteilt, dass er der Wahrscheinlichkeit in seinen Filmen nicht erlaube, »ihr hässliches Haupt zu erheben«, dann ist das ein auffälliger Verdichtungshinweis und ganz nebenbei das zentrale Genresignal. Denn solche »hässlichen Häupter« oder die »dull bits« des wirklichen Lebens haben in Genretexten nichts verloren, weil sie deren gedrängte Gestaltungsform aufweichen. Das Interessante, Verwickelnde oder einfach Funktionierende soll es sein. Mag das Leben auch seine langweiligen Bedingungen zelebrieren, ein (Genre-)Film hat andere Aufgaben.

Will die Hausfrau – so Hitchcocks Logik –, nachdem sie Geschirr gespült, Wäsche gewaschen hat und dann mit ihrem Mann ins Kino geht, auf der Leinwand einer Hausfrau beim Spülen und Waschen zusehen? Hitchcock meint: nein (worüber man sicherlich streiten könnte) und lässt konsequenterweise all jene Details des Alltags außen vor. »Bigger than life« ist seine Kunst, und die Handlungsräume des Films sollen ruhig schmutzig sein, Realität verschweigen, logische Begründungslinien ignorieren und Wahrscheinlichkeitsbeziehungen aufheben. Eines aber dürfen sie nicht: ermüden! Es muss immer an den Zuschauer gedacht werden. Die inhaltlichen Intrigen der Leinwandwelten sind gesponnene Textur zur emotionalen Integration des Publikums, so dass das Einweben des Betrachters in den Filmteppich zum wichtigsten Beitrag der Produktion gerät. Schmutzpartikel sind für eine effiziente und klare Dramaturgie unverzichtbar, aber sie müssen für den Kinobesucher unsichtbar bleiben. Sie werden getarnt durch den Thrill, den Schwindel des Fahrvergnügens, ergo das erwünschte Sitzen in der Gefängniszelle zwiespältiger Emotionen.

Solche Tarnkappen kann man als die besonderen Wegmarkierungen der Kunst Alfred Hitchcocks bezeichnen. Immer auch Verführungsmaßnahmen, sind sie Zeugen seines Interesses an Abstrahierung oder Auflösung bestehender Bedeutungsräume. Da die Integration des Publikums erste Genrebedingung ist, sind jedem Zuschauer Freiheiten in der Gestaltung seines Anspannungsraums zu gewähren und ist infolgedessen das Darbietungsrepertoire hohl zu halten. Zeichen sollten vieldeutig, optional, vielleicht annähernd rein sein. Das reine Zeichen mit zum Betrachter hin geöffneter Bedeutung ist das Genreideal, dem der Brite zielbewusst entgegenlief.

Pure cinema | Kameraerzählungen

Hitchcock ist ein Stummfilmregisseur. Zum einen schon alleine deswegen, da seine Karriere in der Endphase dieses Filmbeginns ins Rollen kam. Zum anderen aber auch, weil er noch in klingenden Kinozeiten den Grundlagen der, wie manche behaupten, einzigen Ära wahrer Filmkunst eng verbunden blieb. Natürlich gibt es da Ton in seinem Werk und weiß er mit diesem gekonnt umzugehen, aber das Fundament des Films, so Hitchcock, sei nun mal das Bild. Damit ist die Geschichte zu erzählen und das Publikum zu ködern. Durch Bilder wird die Illusion kurzzeitig zur ›Realität‹, der Spielrahmen gesteckt und so letztlich auch über Erfolg und Misserfolg der Produktion entschieden. Jene Bilderfolge lag dann auch – da sind alle, die den Briten noch in Aktion erlebten, einer Meinung – lange vor Produktionsbeginn im Kopf des Regisseurs vor.

Der Dreh selbst? Es gab wohl Schöneres. Dreharbeiten bedeuteten immer Abstriche von der perfekten Vorstellung, Toleranz gegenüber einem Beinahe-so-gut-wie-Gewollt, gruselige Abhängigkeit von der Technik oder, noch schlimmer, von den Launen der Natur, und das mag Hitchcock wohl schwergefallen sein. Somit war diesen Unvorhersehbarkeiten zu begegnen und das visuelle Konzept im Vorfeld zu fixieren, weshalb er als einer der ersten Regisseure Szenen, Sequenzen und gelegentlich auch den kompletten Film von Storyboard-Zeichnern skizzieren ließ. Seine Aufmerksamkeit galt der Kontrolle des Bildes, was dann in der Szene noch geredet wurde, war zweit-, möglicherweise auch drittrangig. Als ein Scriptgirl ihn einmal darauf hinwies, dass James Stewart etwas ganz anderes gesagt hätte, als im Drehbuch stehe, meinte Hitchcock lapidar: »Grammatisch war es völlig in Ordnung!« Seine Treue gegenüber den Drehbuchautoren kannte Grenzen. Diese hatten grobe Sprachmuster für seine Bildvisionen zu liefern, waren gut bezahlte Ausbeutungsobjekte, und nicht jeder der Autoren – man denke z.B. an die schwierige Zusammenarbeit mit Raymond Chandler für STRANGERS ON A TRAIN – war damit einverstanden. Indes: Star war der Regisseur. Und der wollte Bilder, keine Spracherläuterungen.

»Ich bin ein Lieber von dem echtes Kinema«, formuliert Hitchcock ein wenig schief, als er 1966 in Deutschland weilt, um seinen aktuellen Film TORN CURTAIN zu bewerben. In einer kuriosen TV-Runde namens »Frankfurter Stammtisch« erläutert er den lauschenden Statisten seine Ästhetik, kramt dafür das in den 20er Jahren gelernte Deutsch hervor und lässt sich bei einem Glas Rheinwein feiern. »Echtes Kinema«, auch *real, true, pure cinema* ist ein Platzhalter für die rein von der Kamera und dem Schnitt erzählte Geschichte. Im Grunde also für stummes Kino. Für diese Reinheit des filmischen Erzählens gibt es ausreichend Wirkungsgründe, interessanterweise aber auch eine nicht zu übersehende *deutsche Spur*. Denn Hitchcock beginnt unmittelbar mit seinem ersten Auftreten eine Liaison mit dem deutschen Film der 20er Jahre und hält diese bis zu seinem Tod aufrecht.

Das Kino der jungen Weimarer Republik und dessen visuelles Vermitteln von (Erzähl-)Ideen haben ihn, er betonte das stets, stark beeindruckt und geprägt. Man sollte also den deutschen Einfluss auf seine Texte neben manchem amerikanischen und russischen nicht übersehen und dabei insbesondere Fritz Lang eine Schlüsselposition zusprechen. Hitchcock liebte z.B. DER MÜDE TOD (1921), erwähnte ihn auch, wann immer es ging, und kannte zweifellos die thrilleresken Filme Langs, deren Inhalte, dramaturgische Machart er im eigenen Werk aufgriff und verfeinerte. Langs MABUSE-Filme (1921/22, 1933) und sicherlich SPIONE (1927/28) kann man durchaus als so etwas wie den Grundstock manchen Hitchcock-Ausbaus betrachten. Eine Beziehung ist nicht zu leugnen und Lang hat das später, als Hitchcock ihn längst in Sachen Budget, Honorar und Ruhm weit hinter sich gelassen hatte, auch übel genommen. Im kleinen Kreis sprach er wohl, wie Thomas Elsaesser festhält, verbittert vom schamlosen Kopisten, den die Kritik und das Publikum nun mehr liebe als das Original, sonst aber kam ihm innerhalb seiner öffentlichen Äußerungen über das Kino (und das sind einige!) der Name Hitchcock nicht über die Lippen. Auch eine Reaktion. Und: Ja, Lang war ein wichtiger Wegbereiter Hitchcocks. Jedoch sind da auch andere Akteure und Filme relevant, z.B. Murnaus DER LETZTE MANN (1924). Dieser Film, bei dessen Herstellung Hitchcock nach eigener Aussage vor Ort war, muss für den nach Godard »deutschesten aller Regisseure jenseits des Atlantiks« so etwas wie eine Offenbarung gewesen sein, denn Murnau wagte einen Stummfilm ohne Zwischentitel und somit ohne distanzierenden Text. Das, könnte der Brite sich gedacht haben, kommt dem perfekten, reinen Film schon beängstigend nahe. Hier kann man ansetzen.

Wie sieht es aber aus, das Pure, das Idealkino Hitchcocks? Schauen wir doch zunächst auf die nie verwirklichten, jedoch von ihm erzählten Ideen für einen Film, eine Filmszene. Er plauderte gerne über seine Vorstellungen. Und wenn da auch einiges der guten Pointe und Reaktion des Gegenübers geschuldet war, kommt dabei immer sein Erzählideal zum Vorschein. So z.B. in der Truffaut geschilderten Wunschverfilmung von »24 Stunden aus dem Leben einer Stadt« – dachte er vielleicht an Ruttmanns Berlin-Film von 1927? –, in der er u.a. den Weg der Nahrung verdeutlichen wollte. »Wie sie in der Stadt ankommt, ihre Verteilung, der Kauf, der Verkauf, die Küche, der Verzehr.« Der Umgang mit Nahrungsmitteln in verschiedenen sozialen Kontexten bis hin zur Entsorgung: »Das ist ein geschlossener Zyklus, angefangen bei den noch taufrischen grünen Gemüsen bis zum Ende des Tages, wenn der Dreck aus der Kanalisation kommt.« So ein Zusammenhang braucht keine sprachliche Erläuterung, ist an sich Sprache oder Aussage genug. Hitchcock und das Dokumentarische. Ein interessanter Blickwinkel, der in Bezug auf das *pure cinema* gezogen werden und außerdem manche Thrillwirkung in seinen Spielfilmen erklären könnte. *Reiner Film* besitzt ohne Zweifel dokumentarisches Potential, eine Art Ursprünglichkeit und Berücksichtigung von realistischer Wahrnehmung, um freilich den Zuschauer emotional zu verstricken und zu unterhalten.

Wie z.B. in der kleinen Szene, die ursprünglich für das temporeiche NORTH BY NORTHWEST geplant war. Cary Grant alias Roger Thornhill, so die Idee, steht in Detroit mit einem Fließbandarbeiter der Fordwerke in irgendeiner Beziehung und trifft ihn dort. Während die beiden miteinander reden, wird im Hintergrund Stück für Stück ein Auto zusammengesetzt, aufgetankt und am Ende des Dialogs Thornhill zur Verfügung gestellt. Als dieser die Wagentür öffnet, fällt eine Leiche direkt vor seine Füße. Truffaut, dem Hitchcock diese Geschichte erzählt, ist unmittelbar elektrisiert und ruft »irre Idee«. Zu Recht. Denn die erstaunliche Pointe – wie ist die Leiche da rein gekommen? – ist schon eine besonders eindringliche Absurdität. Die Szene hätte also gut in gerade diesen Film gepasst. *Reines Kino* wird aber erst deutlich, wenn man sich belanglose Worthülsen, Unwichtiges im Gespräch zwischen Thornhill und dem Arbeiter vergegenwärtigt, da nur so die einzige Entwicklung in der Szene dem werdenden Auto zukommt. Dieses Wirkungsprinzip hatte Hitchcock schon früh formuliert: »What appeals to the ear is local, what appeals to the eye is universal.« Ab einer gewissen Registrierungszeit blickt der Zuschauer nur noch auf das wirklich Wichtige, das eventuell, man sitzt ja in einem Hitchcockfilm, eine überraschende Bedeutung erlangen könnte. Also bietet die Kamera das Kuchenstück, die Sprache allenfalls trocken Brot. »Gleichgültig in welche Richtung sich die Handlung entwickelt, das Visuelle muss das Publikum in Atem halten.« Filme sind Blicklektionen des Zeigens und Verbergens, der Offenbarung und des Betrugs.

Zwei Techniken sind dabei entscheidend, Kameraarbeit und Montage. Die daraus entwickelten Erzählformen eines Hitchcockfilms sind nach wie vor Paradebeispiele zur Erläuterung von reinem, zeichenhaftem Kino: *Kamerabericht* und *Blickmontage*. Wenn Jean-Luc Godard feststellt, dass das Publikum Hitchcockfilme bereits an der ersten Einstellung identifizieren könne, dann ist das auch im Bezug zum *pure cinema* zu lesen, das Hitchcock schon gerne in seinen Einführungen zelebrierte. Der ***Kamerabericht*** beginnt mit dem ersten Schuss, der oft genug bewegt ist, und endet mit einem bildlich eingeführten und an den Folgeschüssen interessierten Zuschauer. Z. B. zu Beginn von Rear Window, an dessen Ende der Betrachter nicht nur den Handlungsraum und einige Nebenfiguren, sondern auch den eigenen Stellvertreter kennengelernt hat und noch dazu weiß, warum dieser (wie er selbst) zum bewegungseingeschränkten Zuschauen verdammt ist. Die doppelte Kinosituation dieses Werks wird in einer Exposition von geradesmal 2 ½ Minuten begründet und so das Bedingungsfeld der reduzierten Wahrnehmung mit einer Kamerafahrt erzählt. Schnell gelangt man vor Ort, wird in den Konfliktraum eingeführt, und der organisierte Minimalismus, mit dem dies geschieht, wirkt noch heute.

Weitere reinliche Expositionen können angeführt werden,[4] denn immer wieder erzählt Hitchcock diese Ausgangspunkte visuell und verweist das gesprochene Wort auf seinen Platz. Aber nicht nur in den Anfängen. Auch sonst übernimmt die Kamera die Aufgabe, komplexe Zusammenhänge zu berichten, Wesentliches auszustellen, Bedingungen zu erläutern – ohne ein ergänzendes Wort. Reines Kino ist, so gesehen, Angelegenheit des Film-Auges, eben jener Maschine, die, frei nach Dziga Vertov, die Welt so zeigt, wie es nur ihr möglich ist: beweglich, entfernend, annähernd, kriechend, kletternd, fliegend – natürlich manipulierend: »Das Auge unterwirft sich dem Willen der Kamera.« Und vielleicht hat ja ein Film wie ROPE mit seiner suggerierten 90-Minuten-Plansequenz das gerade noch mögliche Maximum an Kamerawillen im Spielfilm ausgestellt. Ist er doch trotz der bühnenhaften Inszenierung und Dialogpermanenz nichts anderes als eine (allzu manierierte) Formung des einen Hitchcock-Ideals, wonach eine Geschichte durch die ›objektive‹ Kamera und deren Positionierung im Raum erzählt wird.

Dies gelingt allerdings nur auf Kosten des anderen Leitbilds. Denn die Kameraerzählung von ROPE vermittelt keine Einfühlung in Figuren und belässt den Zuschauer in einer entfernten Position zum Abgebildeten. Darum aber soll es ja eigentlich nicht gehen. Was in ROPE fehlt, ist das Hineinziehen des Betrachters in den Plot, seine Mit- oder Ausgestaltung

4 Z. B. das Dopplungsspiel mit dem wichtigen Über-Kreuz-Leitmotiv anhand von Schuhen und Schienen in STRANGERS ON A TRAIN oder dasjenige in SHADOW OF A DOUBT, wo eine identische Kamerafahrt vorwärts die auf dem Bett liegenden Charlies als so etwas wie seelenverwandt kennzeichnet. Auch ein Sabotageakt, dessen Folgen und Verursacher in SABOTAGE, ein durch Einbahnstraßenschilder markierter Weg hin zu einem Ermordeten in I CONFESS, Grace Kellys Untreue (oder Offenheit) in DIAL M FOR MURDER, Tippi Hedrens Identitätswechsel in MARNIE, der Schmuck stehlende Cat Burglar in TO CATCH A THIEF oder die Schwierigkeiten eines sowjetischen Überläufers beim Frontenwechsel in TOPAZ.

der geöffneten Angebote und so die für einen Hitchcockfilm existenziellen ***Blickmontagen***. Wenn z.B. Lila Crane im letzten Drittel von Psycho die trutzige Villa der Bates erklimmt und bei ihrer Erkundungstour schließlich das Zimmer von Norman erreicht, wird ganz im klassischen Kuleshow-Stil geschaut, gesehen und reagiert. Letzteres aber nicht so sehr von Lila-Darstellerin Vera Miles, die sehr zurückhaltend, eigentlich neutral agiert, sondern vom Publikum, das die Gesichtslücke durch eigene Bedeutungsschlüsse füllt.

Slavoj Žižek sieht hierin den »Null-Punkt der Hitchcockschen Montage«: eine Auseinandersetzung der Filmfigur (eigentlich des Zuschauers) mit dem besonderen »Ding«. Dazu können Objekte oder andere Figuren werden, was eben im Plot gerade notwendig erscheint; jedenfalls sorgen diese Dinge in der Bilderfolge für einen beunruhigenden Unterton. Warum? Weil hier, so Žižek, »der grundlegende Bestandteil des Hitchcockschen Universums« ausgestellt werde: der »*Fleck*«. Ein triviales Detail wird durch die Positionierung in der subjektivierenden Montage bzw. durch Mehrinformation im Vorfeld aufgewertet, zum »sublimen Ding«, das es besonders zu beachten und (neu) zu beurteilen gilt. Die Nähe zur Deleuze'schen *Demarkierung* ist offenkundig. Bekannte Formen mit neuem, noch unbekanntem Bedeutungshof, manchmal auch ohne einen solchen, sorgen für die erwünschte Blickneurose des Betrachters. Dieser muss sich auf die angebotene Neuschreibung einlassen und so z.B. in Psycho mit Lila Crane Zimmerdetails verarbeiten. Was gibt es im Zimmer des armen (und furchtbaren) Norman Bates? Eine unordentliche Bettstatt auf dem Sofa, Puppen und einen Stofftierhasen mit geknicktem Ohr, eine Schallplatte mit Beethovens »Eroica« und ein Buch ohne Titel: »Nun tu doch was!« Solche Kuleshow-Flecken sind im Hitchcock-Kosmos meist bedrohlich angelegt, aber doch auch »in ihrer Bauart schwebend, d. h. von einem ironischen Lächeln getragen« (Klaus Theweleit). Es wundert also nicht, dass gerade das gestörte Kommunikationsfeld des *Suspense* auf Blickmontagen angewiesen ist. Indes ist das nur eine, gleichwohl explosive, Möglichkeit der Nutzung. Denn diese subjektiven Ansichten in Verbindung mit dem Schauenden sind das Salz in der Hitchcocksuppe, ein Verstrickungselement der besonderen Art, von dem jener Regisseur der Blicke eigentlich nicht absehen konnte (und bei einer regelbestätigenden Ausnahme auch nie absah).

Dieses zweite Reinheitsgebot ist also der wichtige Zentralschlüssel zur Hitchcock-Welt. Das Publikum soll in den Film eintreten, sich emotional einfühlen und auch an der eigenen Anspannungsstärke beteiligt werden. Allerdings, das sei zugegeben, selten so frei wie im Fall von Lila Crane in Normans Zimmer (Psycho). Wenn aber gerade hier, beim abschließenden Blick Lilas in ein Buch ernstzunehmende Filmanalytiker eine »schockierte Reaktion« (z.B. Donald Spoto) wahrnehmen, kann man das schon als einen veröffentlichten Expertenbeweis bezeichnen – dafür, dass sich die *Flecken* auf die Netzhaut des Betrachters legen, bis dieser Dinge sieht, die gar nicht da sind. Subjektivierungen machen vieles möglich und lösen nicht zuletzt das Thrillerspezifikum der perspektivischen Engführung einfach und effizient ein. Wie sollte man auch die Maisfeldszene in North by Northwest ohne Thornhills Sichtfeld wirksam drehen, Psychos ersten Teil ohne den Magnetismus zwischen Marion Crane und dem Geldbündel, Vertigo ohne Scotties Blicke und (Fehl-)Deutungen oder Rear Window – ein Fest beinahe durchgehender Blickmontage – ohne den sitzenden, schauenden und interpretierenden L. B. Jefferies? Am besten gar nicht.

Apropos Netzhaut. Es gibt da eine Geschichte, die beide Reinheitsgebote miteinander vereint und die Hitchcock gerne verfilmen wollte. Es ist jene des blinden Pianisten, der, nachdem er die Netzhaut eines Ermordeten eingesetzt bekommen hat, zwar wieder sehen kann, aber ab da den auf dem Fremdhäutchen gespeicherten Mord an seinem Vorbesitzer als filmische Dauerschleife ertragen muss und zu allem Überfluss auch noch von diesem Mörder in fantastischem Umfeld (Disneyland!) verfolgt wird. Zweifellos eine absurd-groteske Erzählung und von daher unbedingt hitchcocktauglich. Allerdings ist da noch mehr, bekommt doch die Netzhaut beinahe emblematische Qualität für die beiden Prinzipien des *pure cinema*. Ein Bild für die erzählende Kamera bei permanenter Blickmontage. Fremdblicke werden zu eigenen, die subjektive Kameraerzählung des Mordes ermöglicht einen durchgehenden Kuleshow, so dass jenes pure

Kino im Kopf des beschossenen Zuschauers in einem Objekt des Films selbst gespiegelt wird. Der Fleck wird zum Auge! Die neue Netzhaut von Figur und Zuschauer ist Kino in Vollendung.

Man kann schon verstehen, warum Hitchcock von dieser Idee gefesselt war, und es wäre wohl ein interessanter Film geworden. Allerdings hatte Walt Disney PSYCHO gesehen und verkünden lassen, dass er dessen Schöpfer niemals eine Drehgenehmigung in seinen Vergnügungsparks erteilen werde. Also wurde die Idee nicht weiterentwickelt und überlebte auf der Ebene der sprachlichen Mundpropaganda, so dass der Film bis heute unter dem Arbeitstitel *The Blind Man* einen Platz in den Listenparks der 50, 100, 1000 besten Filme innehat, die nie gedreht wurden. Auch ein solches Überleben ist eine Form von reinem Film oder purem Kopfkino. Aber das ist dann doch etwas komplett anderes.

I CONFESS, der ›Glaubensthriller‹ oder »jesuitische Film« (Fritz Göttler) des britischen Katholiken, wird in der Literatur meist ein bisschen stiefmütterlich behandelt. Das Thema sei eben ein rein katholisches, der Konflikt des Beichtgeheimnisses nicht jedem zu vermitteln, die Lösung im Ganzen zu flach usw. Auch als der Film 1953 in die Kinos kam, war er nach dem beeindruckenden Vorgänger, STRANGERS ON A TRAIN, für viele eine Enttäuschung. Zudem für einen Hitchcockfilm auch beinahe ohne jeglichen Humor, und es sollte eine Weile dauern, bis die Qualitäten erkannt wurden. Allerdings nicht in Frankreich. I CONFESS war dort von Anfang an beinahe so etwas wie das Qualitätssiegel, worauf eine Gruppe von jungen Autoren der Filmzeitschrift *Cahiers du cinéma*[5] gewartet hatte, um dem Hitchcock verliehenen Autorenstatus letzten Argumentationsschliff zu geben. Enthusiastische Artikel machten die Runde, und zwei jener Autoren, Éric Rohmer und Claude Chabrol, schreiben vier Jahre später auch die weltweit erste Hitchcock-Werkanalyse. In Bezug auf I CONFESS erkennen sie eine Besonderheit. Hitchcock nutze hier permanent »Blicke als Fäden, mit deren Hilfe er seine Geschichte spinnt«. Diese Blicke und eben nicht die sprachlichen Äußerungen der Figuren seien die zuverlässigsten Boten der (Text-)Seele. Dabei ermöglichen Blickinszenierungen durchaus eine Auseinandersetzung mit Sprache. Denn, wer dem gesprochenen Wort ausweichen, es, wenn schon notwendig, auch diskreditieren will, sieht zwangsläufig im Blick eine Option der Einflussnahme und Entlarvung. Hier liegt eine Chance, gesprochene Rede direkt und visuell Lügen zu strafen und so einen Fleck zu platzieren, der das Publikum zur ›Reinigung‹ drängt.

5 Filmkritiker wie u. a. Claude Chabrol, Jean-Luc Godard, Jacques Rivette, Éric Rohmer und François Truffaut standen selbst kurz vor dem Sprung ins Regiefach und gingen schließlich unter dem Siegel *Nouvelle Vague* in die Filmgeschichte ein.

In diesem ›jesuitischen Film‹ also gibt es eine kleine, eher nebensächliche Szene, die plötzlich zu etwas Besonderem wird. Durch einen Informationskontrast. Worum geht es? In der Szene versammeln sich drei Priester zum Frühstück, und deren Gespräch dreht sich um: Fahrräder. Wo sie abzustellen sind, wie man mit ihnen umgehen, dass man einen Reifen selbst flicken sollte etc. Das will man so genau gar nicht wissen, erfährt es dennoch, hört dann aber nach einer Zeit nicht mehr hin. Denn schon bald widersprechen die Bildinformationen dem belanglosen Sprechtext, zeigen Entscheidendes und laden so die Frühstücksminiatur gewichtig auf. Wie das? Pater Logan (Montgomery Clift) weiß nach einem Beichtgespräch mit Küster Otto Keller, dass dieser gemordet hat. Als kurz darauf Kellers Frau den Frühstücksraum betritt, um den Priestern aufzuwarten, setzt umgeben von Fahrradplaudereien der reine Film ein. Sofort wird die Bilderzählung auf diese beiden Figuren reduziert. In Großaufnahmen und subjektiven Einstellungen der Frau sieht man, wie Logan beständig ihrem Blick ausweicht, ein Nachschenken des Kaffees verweigert und sie dies als Gefahr für ihren Mann besorgt zur Kenntnis nimmt, dabei Logan regelrecht umkreist, um ja keine Gefühlsäußerung zu verpassen. Die Anspannung zwischen den beiden Figuren elektrisiert den kleinen Moment des Films und lässt den Zuschauer mitfiebern, wie die unangenehme Atmosphäre denn aufgelöst werden könnte. Am Ende verlässt Logan entnervt den Raum, was alle Anwesenden verwundert und so dem reizlosen Gespräch über Fahrräder den Garaus erteilt. In diesem Filmmoment wird die Idee des Kinos greifbar: Kinematographie ist gezeigte (und eben nicht gesprochene) Bewegung! Mählich entwickelt sich die Szene von der belanglosen Sprachinformation zu einem rein visuellen Spannungsmoment und kann deshalb als beispielhaft für ein formales Prinzip Hitchcocks gelten, nach dem gesprochene Texte gerne zu unwichtigen Tönchen, zu einer Art Hintergrundmusik degradiert werden.

Sprache verkörpert das Konventionelle, die Norm des sozial verträglichen Miteinanders und also das uninteressante Detail, das zwar da ist, aber keiner besonderen Berücksichtigung bedarf. In Hitchcocks Filmen tendieren gesprochene Informationen gar nicht so selten in Richtung jener »dull bits of life«, die eigentlich im Drama herauszuschneiden wären, jedoch, da sie nicht weiter stören und die Bildgestaltung den entscheidenden Inhalt aufbietet, als Kontrastmittel nicht uninteressant sind. So entstehen ***kontrapunktische Ton-Bild-Verknüpfungen***, kleinere Handlungssituationen, die sich durch den gebotenen, sinnlichen Widerspruch zunächst überraschend und dann suspenseartig auf das Publikum auswirken. Dabei entlarvt das Bild die Sprachkonvention als das, was sie ist, und blendet sie zugleich in der Wahrnehmung des Betrachters vollkommen aus. Erneut also reines Kino oder eigentlich eine Erörterung von dessen Vorzügen im Film selbst: Wird doch in jenen Kontrastverbindungen der Beweis für die Wirkungsüberlegenheit des *pure cinema* gegenüber »photographs of people talking« im Film selbst erbracht.

Es gibt da einige Glanzstücke, die nach all den Jahren noch immer frisch sind. In NOTORIOUS – dem filmsprachlichen Requiem auf die Wahrhaftigkeit gesprochener Rede – ist es u. a. eine Tasse vergifteten Kaffees, die den Zuschauer gefangen hält und das dahinplätschernde Gespräch über Gesundheit (!) und mögliche Urlaubsziele überhören lässt. Sofort mit Beginn der Szene fährt die Kamera auf die Tasse zu, begleitet das Detail der Heimtücke auf seinem Weg zu Opfer Ingrid Bergman und zeigt im Verlauf des Dialogs immer wieder die (riesige) Tasse im Vordergrund der Einstellung. Das Objekt verliert also jegliche Unschuld, wird zum Spannungsträger und Handlungsfleck und fesselt ungleich mehr als der konventionelle Dialog. Oder jene Szene beim Rechtsanwalt im Fast-Dokumentarfilm THE WRONG MAN. Während noch Minuten vorher im selben Setting Mrs. Balestrero (Vera Miles) das Gespräch mit dem Anwalt (Anthony Quayle) ihres angeklagten Mannes (Henry Fonda) quasi im Alleingang geführt hat, ist sie nun still und in sich gekehrt. Das fällt dem Rechtsvertreter und Fonda (vielleicht auch dem Zuschauer) zunächst gar nicht auf. Verbissen diskutieren die beiden Verteidigungsstrategien. Bis der Anwalt Miles in das Gespräch einbinden will und diese aufgeschreckt und einsilbig reagiert. Ab diesem Zeitpunkt ändert sich alles. Zunächst wird Fonda an den Szenenrand gedrängt, indem die Perspektive des besorgten Rechtsanwalts eingenommen wird. Der bespricht zwar weiterhin ganz geschäftsmäßig den Fall, lässt dabei aber Miles, an der er Vorboten eines nervlichen Zusammenbruchs wahrnimmt, nicht mehr aus den Augen. Hier geht es, ganz gleich, was da geredet wird, kaum mehr um einen verzwickten Gerichtsfall, sondern um die ausbrechende Psychose der weiblichen Hauptfigur, was über Blickmontagen und eine abschließende Untersicht auf Vera Miles kommentierend verdeutlicht wird. Der Zuschauer wird durch solche Inszenierung taub, hört nicht, was gesprochen wird, sondern sieht nur noch, was relevant ist und allein zu besprechen wäre. Kontrapunkte in Sprache und Bild sind überraschende Wirkungsformen mancher Aufklärung im Werk Hitchcocks.

Truffaut empfand diese Bild-Dialog-Kontrapunktik deshalb auch als besonders erwähnenswert und meinte, Hitchcock sei praktisch der einzige, der die menschliche Realität einer solchen Szene filmen könne. Und der Gepriesene selbst? Der war da schon sehr viel zurückhaltender. Nahm die Eloge einfach hin und wunderte sich womöglich über Truffauts Enthusiasmus, denn das Erzeugen von Kontrasten, Ambivalenzen und Überraschungsmomenten verlieh doch grundsätzlich seinem Werk die Würze. War das Truffaut entgangen? Gerade ***Überraschungen*** sind der zweite privilegierte Wirkungsmoment in Hitchcocks Kunstfeld und quasi das unterstützende Gegenstück zum Suspense. Während dies nämlich mit den Erwartungen des Betrachters spielt und eine Dehnung der Anspannungszeit ermöglicht, ist *Surprise* das Unerwartete und urplötzlich Passierende. Ein unvorbereiteter Zuschauer reagiert natürlich anders als der eingeweihte. Und die Frage, welcher Wirkungsgrad den Handlungsinhalt am besten zur Geltung bringen kann, ist sicherlich keine nebensächliche beim Bau jener angstlüsternen Unterhaltungsplots. Bezogen auf die geschilderten Szenen, wird die Tasse Kaffee in NOTORIOUS von Beginn an als Objekt für eine Suspensesituation behandelt, während I CONFESS und THE WRONG MAN zunächst einen überraschenden Hinweis zur Neubeurteilung der Szene vorlegen. Überall aber rückt die Sprache, ganz gleich welche Wirkung anvisiert ist, schnell in den Hintergrund. Erhält sie im Kontrapunkt die Position des

Unterlegenen oder des murmelnden Geräusches, das man gerade noch so am Rand als menschliches Tonmuster und bedeutungsloses Zeichen wahrnehmen kann.

Hitchcocks grundsätzliche Neigung zu solchen Varianzen könnte auch als Interesse an ***Klischeevermeidung*** oder bewussten Klischeebrüchen bezeichnet werden, denn auf diesem Gebiet erwies er sich als besonders rührig. Das beginnt ja schon bei der Figurengestaltung. Grau soll alles sein, also Schwarz mit beigemischtem Weiß. Kontraste, so Hitchcock, werten die alltäglichen Dinge des Lebens auf. Das Interessante wird sichtbar und beschäftigt den Betrachter, der ohne diesen internen Widerspruch wohl schnell nach Neuem Ausschau hält. Fesselungsakte benötigen jedoch mindestens ein Seil, und dies entdeckt Hitchcock nicht selten in der Durchbrechung allzu vertrauter Traditionen. Da kann der positive, unschuldige Held schon mal zur langweiligsten (z.B. in STRANGERS ON A TRAIN) oder unsympathischsten (FRENZY) Figur des ganzen Inventars werden, ist ein Mordversuch in aller Öffentlichkeit am helllichten Tag (NORTH BY NORTHWEST) etwas bis dato Kaum-Gesehenes, zieht sich ein anderer Mord quälend lange hin (TORN CURTAIN), sind süße Spatzen plötzlich attackierende Raubvögel (THE BIRDS), Liebesszenen brutal, Tötungsszenen dagegen beinahe zärtlich und verbergen auch geografische Klischees oft etwas Ungeahntes. »Was gibt es in der Schweiz?«, fragt Hitchcock, »Milchschokolade, die Alpen, Volkstänze und Seen. [...] Die Seen müssen da sein, damit Leute darin ertränkt werden, und die Alpen, damit sie in Schluchten stürzen.« Schokolade und Volkstänze? Auch dafür ließe sich etwas finden.

Kontrapunkte sind wichtige Gestaltungselemente der Hitchcockfilme, wenn nicht des Thrillers an sich. Als irritierende Markierungen (oder *Demarkierungen*) aktivieren sie die Aufmerksamkeit des Zuschauers und führen ihn zur Auseinandersetzung mit den Angeboten. Sie sind das Zugangsportal zu Hitchcocks Kunst, einer Kunst, die den Widerspruch nicht nur zulässt, sondern regelrecht zelebriert. Man soll sich hier durchaus wundern. Eigentlich noch besser erschrecken. Denn, wie sagte Hitchcock zu Peter Bogdanovich: »Wenn die Leute im Kino schreien, dann heißt das, es hat funktioniert.«

Purest expression | Abstraktionen

Es ist doch eigentlich eine einfache Rechnung: Gegensätze üben eine anziehende Wirkung aus, binden die Aufmerksamkeit des Filmbetrachters und verhindern eine allzu schnelle und folgenlose Aufnahme. Folgenreich sollte das nämlich schon sein, wenn auch nur im Moment, in der Gegenwart der erwünschten Zelle und Festsetzung darin. Jenes Spiel im Spiel folgt bestimmten Regeln, und bereits ein Schweifblick darüber macht deutlich, dass das Ambivalenzprinzip des Genres als der schattenwerfende Umhang für alle Bereiche der Gestaltung bezeichnet werden muss. Also ein Werk zur Förderung des Misstrauens aller Beteiligten? Ein Intrigenwerk? Natürlich. Nichts ist so, wie es scheint, permanent droht der Teufel aus der Kiste zu springen, eine Bombe oder irgendeine andere Erstaunlichkeit im Setting versteckt zu sein, weshalb man, bis das letzte Bild über die Leinwand geflimmert ist, mit mancher Überraschung rechnen muss.

Wenn nun aber sämtliches Inventar wandlungsfähig gehalten werden sollte, dann sind die Zeichen jener Welten variantenreich, vieldeutig, vielleicht sogar als eine Art uneigentliche Rede zu gestalten. Tatsächlich ist das auch so! In Hitchcocks Werk ist eine Tendenz zur Abstraktion und damit ein Interesse an Auflösung von Bedeutungsstrukturen augenfällig, und dies ist wohl auch verantwortlich für die von Deleuze betonte Grenzpositionierung des Regisseurs zwischen den Filmepochen. Er sei, so Deleuze, der letzte Klassiker oder erste Moderne und, wenn man unter moderner Kunst subjektives Erleben, Loslösung der Form von unbedingter Realitätsnachahmung und somit auch Maßnahmen der Illusionsaufhebung und Neubewertung versteht, dann ist Hitchcock zweifellos ein solcher Grenzgänger. Und dazu noch, da er die Zuschauermassen erreichte, ein prägender.

Mitunter werden zwei Texte als Übergangsfilme in die Moderne bezeichnet: Godards À BOUT DE SOUFFLE und Hitchcocks PSYCHO. Und das kann man tatsächlich so sehen. Allerdings ist Hitchcocks Beitrag zum Paradigmenwechsel schon eher so etwas wie ein perfektes Endprodukt nach langer Übungsphase, denn die Grundlagen für ein Filmexperiment wie PSYCHO wurden weit früher gelegt. Gerade die besondere Behandlung von Formen, Objekten oder allgemein: des Zeichenapparates im Genrefilm ist dabei besonders aufschlussreich. Er sei eben ein »Ketzer in der Welt der populären Mythen«, meint Georg Seeßlen, und sicherlich sind diese Regelverstöße bei gleichzeitiger Regelerfüllung für seine Platzierung als Epochengrenzstein mitverantwortlich. Was aber soll's denn nun sein? Moderner Klassiker oder klassischer Modern(isier)er? Eventuell gar klassizistischer Postmoderner? In jedem Fall ein Zerstörer und Erneuerer.

Denn nicht die Geschichte interessiert Hitchcock, sondern die Mittel, mit denen sie zu erzählen ist. Nicht das Thema entscheidet über die Qualität des Films, sondern dessen Darbietung. Es geht hier um keine Moral, Ethik, die großen Menschheitsfragen und deren Lösung – eher schon um eine experimentierfreudige Künstlerhaltung und beinahe so etwas wie Formfetischismus. Platziere die Requisiten zweckmäßig und effizient, spiele auf der Dramaturgieorgel, spiele funktional, auf Überwältigung aus und wirke so quasihypnotisch. »Svengali« lässt grüßen! Es ist die *Form*, die nicht den vorhandenen Inhalt nur präsentieren und verschönern will, sondern diesen erst schafft. Das, stellen Rohmer und Chabrol fest, sei die Formel, in der der ganze Hitchcock stecke, und das ist wohl auch der Grund für manche Kritik, die er immer wieder hinnehmen musste – seine Formfixierung, die Kolportageinhalte für ein Kino der Effekte aufbereite. Ja, so sei es, die Form werde zur eigentlichen Substanz des Erzählten, notiert André Bazin, ganz offenkundig also fehle dem Mann doch ein Thema. Man muss sich klarmachen, dass die Ernsthaftigkeit, mit der einige (junge) Franzosen Hitchcock in den 1950er und -60er Jahren in den Regieolymp hievten, vom Rest Frankreichs und der Welt mit Ratlosigkeit betrachtet wurde. Der »Fall Hitchcock« als antiliterarisches Zünglein an der Auteur-Theorie-Waage wurde zum Politikum der Vater-mordenden Generation junger Filmkritiker, und vielleicht hat Hitchcock ja Recht, wenn er sagt: »Die Nouvelle Vague, das bin ich!«

Trotzdem: Hitchcock, dieser Entertainer und Regisseur eines Unterhaltungskinos, ein Künstler? Das war für die vom literarischen Autorenkonzept geprägte Mehrheit der ›alten Welle‹ schlichtweg unvorstellbar. Immerhin, mit einiger Zeitverzögerung zwar, begann man sich zu wundern, schaute dann auch genauer hin und wurde fündig. Gerade diese »Kunst der Oberfläche« sei doch »die grundlegende Tiefe des Kinos«, erkennt Thomas Elsaesser, denn die vom dicken »Dandy« besonders beachteten Erzählmittel verliehen in ihrer Einfachheit dem Kunstwerk ökonomischen, auch abstrakten Glanz. Es gebe da, so Elsaesser, einen »Prozess der Negation, des Auslassens«, eine »Dynamik von Ersetzung und Streichung«, also eine neuerliche Reinheitssuche, die vielleicht in Bezug auf die ›Säuberung‹ der Filmzeichen besonders eindrücklich gelingt.

War hier aber nicht von Flecken und Schmutzpartikeln die Rede? Absolut. Das ist der Punkt! Denn diese Dreckspritzer sind paradoxerweise jene Zutaten, die dem Genreprodukt erst die höchste Reinheitsstufe verleihen. Purismus ist im Thriller eine Frage der Teilnahmeerzwingung: Der Zuschauer will ins Gefängnis, der Film muss ihm das ermöglichen. Somit benötigen die erwünschten Irritationen unklare oder vieldeutige Zeichenangebote, die den Betrachter sowohl verunsichern als auch zur Mitgestaltung einladen. Die Gestaltungsformen des Films werden zum regelkonformen Spielmaterial für Eingriffe ›von außen‹, weshalb es nicht verwundert, wenn das Ideal einer solchen Gestaltung im »puren Ausdruck« liegt, den der Zuschauer bedeutend machen kann oder eben nicht. Offene Bedeutungshöfe wirken als Multiplikator und Bedürfniserfüller – bis hin zum leeren Signifikanten. Zur Erinnerung: Als Eve M. Saint in North by Northwest Cary Grant fragt, wofür das *O* in *Roger O. Thornhill* auf seinem Streichholzmäppchen stehe, meint dieser schlicht: »Nothing!« Da ist nichts dahinter. Ein Schriftzeichen beansprucht reichlich Platz und bleibt doch nur bedeutungsloser Fleck.

Schon wieder ein ***Fleck*** – einer dieser Schmutzpartikel, welche die Bilder des Briten nachhaltig in der Wolle färben? Freilich ist die Null im »Dornenhügel« dann doch nichts anderes als eine harmlose kleine Pointe, die im Vorbeigehen zur Charakterisierung und Detailaufladung platziert wird.[6] Beim eigentlichen Fleck steckt mehr dahinter: ein Extra, ein unerwartetes Beiwerk, etwas Neues. Und diese Zugabe ist oft genug in sich rätselhaft.[7] Immer wird ein Ding, ein Detail des Bildes, gelegentlich auch der ausgewählte Raumausschnitt im Ganzen bedrohlich aufgeladen, wird die Bedeutung erweitert und damit das Bedingungsfeld der Szene für den blickenden Zuschauer verändert. Das sei doch, meint Žižek, wie beim verzerrten Totenschädel in Holbeins Gemälde »Die Gesandten«. Kaum zu erkennen und doch nicht zu übersehen legt er sich wie ein Fleck über eine harmonische Aufnahme des Gemäldes und prägt den Blick des Betrachters, der selbst vom Schädelblick ›angeblickt‹ wird und sich ihm hingibt. Der Fleck ist im Bild, ist nicht mehr zu subtrahieren und wird vom Zuschauer im eigenen Szenenanblick auf die Leinwand zurückgeworfen.

Erneut also ein Spielkitt oder ein wichtiges Element zur Herstellung der Kuchensüße und vielleicht, wenn man die Blickreflexion als das beziehungsstiftende Moment der Kino-Kooperation betrachtet, liegt hier ja das ›Spielzeug‹ für den Thrill vor. Denn da sind Flecken, wohin man schaut. Immer sieht man, wie Mladen Dolar schreibt, »zuviel und nicht genug zugleich«, ist sehend blind und sitzt mit Ödipus, da trotz umfangreicher Schilderungen die Situation defizitär bleibt, im Schlamassel des eigenen Aufklärungswunsches. Zusätzliche Informationen sind notwendig. Weitere Indizien werden gesucht. Der Sinn muss gefunden werden. Die Zellensituation des Thrillers hat in den erblickten Flecken ihren verstörenden und zugleich anziehenden Urgrund.

---

6 Das Streichholzmäppchen erhält später im Film eine wichtige dramaturgische Bedeutung.

7 So gibt es z.B. in Holland eine Windmühle, deren Flügel sich gegen den Wind drehen (FOREIGN CORRESPONDENT), sind ein Glas Milch (SUSPICION), eine Tasse Kaffee, ein Schlüssel, der Verbrauch an Champagner-Flaschen auf einer Party (NOTORIOUS), ein verschenkter Ring (SHADOW OF A DOUBT) und ein Feuerzeug (STRANGERS ON A TRAIN) ganz neu zu betrachten, wirft ein Haus einen langen Schatten und beherbergt auch einen solchen (PSYCHO) und lässt ein Mordschauplatz dem unwissenden Opfer eigentlich keine Chance (NORTH BY NORTHWEST). Die Liste könnte problemlos fortgeführt werden, denn in Hitchcocks Kino ist kein Gegenstand wirklich harmlos.

Wie z.B. in Vertigo. Die erste Hälfte dieses Films ist ja ein ausgemachtes Bubenstück, ein Betrug, dem Scottie und der Zuschauer auf den Leim gehen. Und doch hätte man auch schon damals zehn Minuten ›Verfolgungsjagd‹ ohne jegliches Sprachgeräusch kaum ertragen können, wenn nicht der Flickenteppich so stimmig geknüpft wäre. Ein Fleck gibt hier dem anderen die Hand: der Grabstein von »Charlotta Valdez«, deren Ölgemälde im Museum mit den Madeleine-Bezügen Blumenstrauß sowie Haarknoten und das McKittrick-Hotel, das schon eine Vorahnung vom kommenden Psycho-Haus gibt. Diese in die Irre führenden Details sind gepaart mit den Straßenschluchten San Franciscos und Bernard Herrmanns suggestiver Musik ein eigenwillig kreierter Sog für den Zuschauer, dem nicht zu entkommen ist. Nun könnte man sich fragen: Wohin führt das denn? Gibt es wiederkehrende Tote? Doch ehe der Zuschauer den romantischen Zombie als Absurdität erkennt, werden weitere Flecken präsentiert, wird die rätselhafte Verknüpfung intensiviert, so dass der Betrachter nach dem ersten Turmerlebnis wie Scottie selbst paralysiert und verloren erstarrt.

Denkt man dies weiter, kann die Reaktion des Zuschauers bei Offenbarung der Intrige doch eigentlich nur Rachsucht sein: Rache für den Fleckenschwindel. Vielleicht. Und da der eigentliche Übeltäter, Gavin Elster, längst in Europa das Geld seiner ermordeten Frau verprasst, bleibt für die Exekution nur mehr Judy übrig. Nun gut, es wird schon nicht ganz so schlimm sein, und Schwarz-Weiß ist bekanntlich auch kein Farbton für Hitchcock. Aber diese Flecken bleiben zunächst rätselhaft (und bindend), sind dann vorübergehend unaufgelöst (und frustrierend) und werden schließlich als reichlich kreative Intrigenbestandteile mitgeteilt (die auch ein bisschen verärgern). Aber keiner rennt nach Judys Erklärung mit Blick in die Kamera aus dem Kino! Die Flecken haben den Zuschauer längst ›erblickt‹, so dass die Strafe für diesen Betrug nicht der Betrüger, sondern die von ihm gesetzte Betrügerfigur erleiden muss. Wer denkt da noch an den kuriosen Cocktail des ersten Teils? Man könne es einfach nicht übersehen, meint Laura Mulvey in ihrem Schlüsseltext zur feministischen Filmtheorie, schuld sei immer die Frau. Sie stehe auf der falschen Seite und müsse, weil sie hier auch noch den Zuschauer hinters Licht führt, bestraft, vernichtet werden. Sicherlich, auch das. Schuld ist aber zunächst und durchaus geschlechtsneutral der Zuschauer, der seine durch die Flecken der ersten Hälfte ausgelösten metaphysischen Begierden so schnöde, niedrig, eben irdisch aufgelöst sieht. Die Abstraktionen des Anfangs mit ihren Verheißungen von Wiederkehr und Wiedergutmachung haben schon auch den romantischen Träumer im Zuschauer hervorgekitzelt, und aus Scham, Trauer, vielleicht auch nur aus einem einfach gestrickten Gerechtigkeitssinn heraus gilt es nun, den ersten Eindruck auszulöschen.

Hitchcock bestimmt für VERTIGO und später noch PSYCHO (in abgeschwächter Form auch für THE LADY VANISHES und FRENZY) den ***red herring*** (eine falsche Fährte, ein Irrweg) zum überraschenden Schlüsselmoment einer gebrochenen Handlung. Solches birgt immer Gefahren, da eben das Auflösen des Intrigenspiels im Film selbst stattfinden muss, was ein übelnehmendes Publikum zur Folge haben könnte. Zwar war Hitchcock immer kreativ, wenn es darum ging, Seitenwege zu erfinden, allerdings hielt er sich zumeist an die festgelegten Grenzen. Allzu unlauter durfte das Erzählen nicht sein. Als er in STAGE FRIGHT (1949) einmal eine Figurenlüge mit einer Rückblende visualisierte, war die Entrüstung im Saal groß. »So ist das: Wenn man mit der Tradition bricht, bekommt man jedesmal Ärger.« Eine gelogene Figureninnenschau kam später noch im Dialog, aber nie wieder direkt im Bild vor. Unwahrhaftiges Erzählen blieb der Blickmontage und so der Perspektive einer fehlbaren Figur vorbehalten. Das funktioniert, was auch heißt: wird vom Publikum hingenommen. In VERTIGO durch die vielen verstrickenden Sehnsüchte, in PSYCHO durch die Figurenzeichnung und den Umgang mit bestimmten Genreklischees. Immer aber gelingt der Magnetismus der Heringsfährte durch die Flecken, die trotz bestimmter Bedeutungstransporte mysteriös bleiben und tatsächlich nie komplett zu erfassen sind.

Nun kann man einwenden, dass diese Flecken zwar einen gewissen Abstraktionsgrad erreichen, aber doch stets eine schimmernde Bedeutung im Handlungsrahmen besteht: Das ist noch kein reines Zeichen! Sicherlich. Das freie, offene Zeichen im Sinne von Nur-Präsenz ist es nicht, ein wichtiger Teil zur Öffnung von manch anderem Zeichenbereich aber allemal. Jene Flecken beschäftigen den Zuschauer und bestimmen seine Aufnahme der gesamten Darbietung – also können andere Formen durchaus leer sein. Z. B. die Gesichter mancher Schauspieler.

Das ist zu erläutern. Nehmen wir den männlichen Protagonisten. Um einen Hitchcock-Helden auf die Leinwand zu bringen, muss man entweder ein etablierter Schauspieler mit komplett entwickeltem Leinwandimage oder ein extrem zurückhaltender Akteur sein. Immer wieder griff Hitchcock dabei auf große Namen zurück, das Starpotential war ja in Bezug auf den Filmerfolg nicht zu verachten. Aber Method-Actors wie Paul Newman und Montgomery Clift zählten, da sie nach der Stanislawski-Theorie fühlen mussten, um Gefühle hervorzubringen, nicht zu seinen Lieblingen und wurden dann auch nach einem Versuch nicht mehr besetzt. Denn ein Zuviel an Aufmerksamkeit für die Leistung des Schauspielers heißt auch Distanzierung des Betrachters, Trennung von Bühne und Sitz und so eben eher Spielbeobachtung denn Spielteilnahme. Das geht eigentlich nicht! Ein Hitchcock-Schauspieler soll nicht fühlen, sondern schauen, sehen und den Rest dem Zuschauer überlassen. Expression der Innerlichkeit ist im Genrespiel nach der Vorstellung des Briten eindeutig kontraproduktiv, denn das Spiel verlangt den teilnehmenden Zuschauer, und der wiederum braucht einen Avatar und Adressaten für die eigenen Emotionen. So waren Cary Grant und James Stewart absolut stimmige Akteure, da beide schon ihre Publikumsgefolgschaft in jahrelangen Kinokämpfen erworben hatten und mimisch reduziert den Zuschauern als Blaupause zur Verfügung gestellt werden konnten. Die Idee dahinter ist ein Verfremdungseffekt, der im Emotionsraum des *pure cinema* nicht weiter auffällt, weil er zur Aufrechterhaltung der Affekte genutzt werden kann. Der Schauspieler, so Hitchcock, muss eigentlich »überhaupt nichts [...] machen«, die Kamera, der Schnitt und das Publikum machen das, was zu tun ist, von ganz alleine. So gesehen ist das ***negative, neutrale Spiel*** beinahe die reine Form. Ein Angebot für den eigentlichen Hauptdarsteller: das Publikum.

Ein mimisches Nichts, eine Gesichtsnull wird also vom durch Blickmontagen und Kamerabericht geführten Betrachter zu einem bedeutenden Etwas umgestaltet. Und solch Maskenspiel ist keine Kleinigkeit. Nur anwesend und mimisch leer zu sein, reicht nicht aus. Die Gefahr, dann hölzern oder distanziert zu wirken,[8] ist gegeben, und solches mag in Brechts Theater sinnvoll sein, bei Hitchcock ist es ungünstig, wenn kein Zuschauer sich mit dem steifen Charakter identifizieren will. Ein natürliches Verhalten, eine ruhige, selbstbewusste Haltung ist die notwendige Kompetenz, um jenes »leere Blatt« für die Zuschauerlektüre (die auch ein Schreiben ist) darzustellen. Grant (auch sein Wiedergänger: Sean Connery) und Stewart waren hierin ausgezeichnet, Henry Fonda ebenfalls, die im Understatement geübten Briten in den englischen Filmen sowieso. Es verwundert also nicht, dass Hitchcocks Lieblingsschauspieler ein Landsmann ist: Leo G. Carroll. In sechs Filmen[9] macht Carroll in anspruchsvollen Nebenrollen klar, wie ein Hitchcock-Schauspieler funktioniert: Distanziert, cool und unprätentiös, mit perfekter Nicht- (oder Alles-)Mimik ist er das unerreichte Ideal dieser Einladungsofferte und wird, egal was es darzustellen galt, immer zur reinen Form, zum *pure signifier*. Auch zum beunruhigenden Fleck, wenn das der Betrachter denn so haben will.

Lässt sich das noch steigern? Durchaus. Denn Hitchcock hat ein Handlungsmotiv dermaßen unkenntlich gemacht, dass an diesem Beispiel recht gut verdeutlicht werden kann, wie seine Welt funktioniert, und auch, warum die Wahrscheinlichkeitskrämer eigentlich lieber spazieren gehen sollten, anstatt ihre Zeit in einem Hitchcockfilm zu vertrödeln. Gleich vorweg die entscheidende Frage: Warum gehen die Akteure in diesen Plots eigentlich solche Wagnisse ein? Da soll gerettet werden! Einerseits das eigene Leben, andererseits aber auch die ganze Welt. Was beim Blick auf das eigene Überleben noch funktioniert, ist bei der Welt schon etwas komplizierter und braucht einen materiellen Anstoß. So ist dann häufig

---

8 Z.B. Frederick Stafford in TOPAZ, John Gavin in PSYCHO (obgleich das dort wiederum nicht weiter stört) oder Farley Granger in STRANGERS ON A TRAIN.

9 REBECCA, SUSPICION, SPELLBOUND, THE PARADINE CASE, STRANGERS ON A TRAIN und NORTH BY NORTHWEST.

die persönliche Bedrohung des Helden mit einem für alle entscheidenden Elixier und seiner Habhaftwerdung eng verknüpft. Da will z.B. ein amerikanischer Physikprofessor, weil er ein Formelproblem nicht lösen kann, diese Lösung aus dem Gedächtnis (!) eines DDR-Physikers stehlen (TORN CURTAIN); da ist eine andere Formel zum Flugzeugbau im Kopf eines Gedächtniskünstlers (!) gespeichert und droht mit diesem außer Landes gebracht zu werden (THE 39 STEPS); da wird von einer Geheimdiensteinheit über die Prostituierung einer Frau in Erfahrung gebracht, dass eine Gruppe deutscher Exilanten Uranerz in Champagnerflaschen aufbewahrt (NOTORIOUS); da sollen erneut »Regierungsgeheimnisse« (!) auf Mikrofilmen außer Landes geschafft werden (NORTH BY NORTHWEST, TOPAZ); da geht es um Zusatzklauseln zu einem Vertrag im Kopf (!) eines Diplomaten (FOREIGN CORRESPONDENT) oder um eine hübsche kleine Melodie, die geheimste Informationen enthält (THE LADY VANISHES). Gedächtnis, Geheimnis und unsichtbar Verborgenes. Was liegt hier eigentlich vor? Na ja, im Grunde gar nichts!

Vorgestellt ist der ***MacGuffin***, ein nützlicher, aber grundsätzlich unwichtiger Motivator der Filmhandlung. Man muss das Riskante der Figurenaktionen eben irgendwie begründen, kaum aber mit Bedeutung ausstatten. Das ist der Auftritt des reinen Zeichens. Einem Element, das die Figuren interessiert, den Zuschauer aber nicht sonderlich kümmert. Und wenn doch, nicht zu verstehen ist bzw. abstrakt bleibt. Hitchcock, der den Begriff des *MacGuffin* in die Filmgeschichte einbrachte, bestand immer darauf, dass dies mit einem Witz zusammenhänge. Ein Zugfahrgast frage den anderen, was er denn in diesem Paket über seinem Sitz transportiere. »Oh, das ist ein MacGuffin, ein Apparat, um Löwen im schottischen Hochland zu fangen.« Aber dort gebe es doch gar keine Löwen. »Na, dann ist das auch kein MacGuffin!« Ein Nichts mit Namen, ein funktionsloser (unsichtbarer) Gegenstand: das reine Zeichen, das Bedeutung suggeriert und keine besitzt. Als die Deutschen NOTORIOUS synchronisierten und, wie es in den 1950ern noch üblich war, sämtliche Schurken entnazifizierten, wurde auch der MacGuffin verändert und der Uransand zu Rauschgift umfunktioniert. Das änderte sicherlich den Zuspruch der zahlenden deutschen Zuschauer, aber nichts in Bezug auf die Wirkung des Films. Die Deutschen hatten aus welchen Gründen auch immer den MacGuffin verstanden. »Sehen Sie, da haben wir den MacGuffin, reduziert auf seinen reinsten Ausdruck: nichts«, raunt Hitchcock Truffaut zu. Und dieses Nichts verbirgt, sollte man wirklich wissen wollen, was dahinter steckt, wohl ungereimtes Chaos. Was hinter den Formeln des Leipziger Professors Lindt wohl zum Vorschein kommt (TORN CURTAIN)? Was entsteht, wenn man der Bauanleitung Mr. Memorys Folge leistet und zu basteln beginnt (THE 39 STEPS)? Ach was! Wer will das schon wissen?

Schauen aber kann man! Hitchcock hat nämlich diesem reinsten Zeichen in THE 39 STEPS ein würdiges Schlussbild geschenkt, dessen genauere Betrachtung lohnt. Mr. Memory, Gedächtniskünstler und Varietéstar, liegt im Sterben hinter der Bühne und möchte dem Hauptdarsteller, Robert Donat, doch wenigstens die Formel (= *MacGuffin*) vorsagen, die »so verflixt schwer zu lernen« gewesen sei. Natürlich, meint Donat, und Memory sprudelt über, bis ihn der Tod dahinrafft. Donat sagt dann noch: »Stimmt genau, alter Junge«, obwohl er wie der Zuschauer kein Wort verstanden hat. Aber warum nicht? Es geht schließlich um den schwierigen Löwenfang im schottischen Hochland. Da nimmt man, was man kriegen kann. Interessant ist hier nun die variable Bildinformation. Memory, in der unteren Bildmitte platziert, wird von einigen Akteuren umgeben, die ihm alle andächtig (und ratlos) zuhören. Rechts hinter ihm ist die Bühne einzusehen, auf der Tänzerinnen ihre nackten Beine in die Höhe werfen und so dieser Sprechszene die einzige Bewegung verleihen. Nach Memorys Ableben steht Donat auf und greift unmittelbar vor der Kamera nach der Hand von Madeleine Carroll, mit der er die ganzen Abenteuer zur Sicherung der Formel durchgestanden hat; man sieht noch die Handschellen der vorübergehenden Zwangsvereinigung und dann Carrolls freiwilliges Einverständnis: Sie greift zu. Abblende.

Es ist schon so: Schottland ist eine löwenfreie Zone! Der MacGuffin ist eine leere Anzahl von Symbolen ohne wirkliche Bedeutung und dazu noch ein Langweiler. Denn das Interessante des Films, das, weshalb man gekommen ist, geschieht hinter und vor dem MacGuffin, rund um ihn herum: Erotisches und Romantisches, Bewegung und Action, Spannung und Lösung. In The 39 Steps wird dieses »Überhaupt-Nichts« (Žižek), dieses »unwichtigste Element von allen« (Hitchcock), dieser »Witz über den abwesenden Gott« (Seeßlen) oder das »reine, nur auf sich selbst verweisende Zeichen im ›reinen Kino‹ Hitchcocks« (Elsaesser) im Bild selbst aufgelöst. Die Beine der Showgirls und das sich doch noch findende Liebespaar sind die Botschaft: It's all entertainment! (Welt-)Verschwörung hat nur dann im Spielfilm eine Daseinsberechtigung, wenn der durch sie aus den Fugen geratene Alltag wieder in Ordnung gebracht wird und dabei stellvertretend einige Erlebnisse mit den Figuren geteilt werden können. Dies macht der *MacGuffin* deutlich und lässt auch den gesellschaftskritischen Analytiker aufgrund der doch recht groben Behandlung von politischen ›Wichtigkeiten‹ leise jubilieren. Denn das sind Zeichen wie viele andere auch. Möglicherweise im Spionage-Machtspiel der Nationen von Bedeutung – sonst aber ist da nichts. Nur Handlung wird angeschoben, Lebensgefahr legitimiert, manches Opfer sowie Blut, Schweiß und Tränen gefordert. Die Ursache selbst bleibt leer, formelhaft, im Ganzen unbedeutend. Politikverdrossene können aufatmen – wirklich wichtig, man wusste es freilich längst, ist anderes.

Die abstrakte Formidee des *MacGuffin* kann vielleicht als die perfekte Ausgestaltung von Hitchcocks Anliegen bezeichnet werden: Bedeutungsreduktion und Verrätselung der Zeichen zum Zweck des Gefühlsauftriebs beim engagierten Betrachter. Ob Flecken oder Heringswege, ein bevorzugter Schauspielstil oder eben jene Löwensuchmaschine, immer geht es um die Aktivierung eines Publikums, das reagieren, handeln, mitspielen soll. Das ist es, was zählt. Und dafür werden die Formen uneindeutig, die Zeichen offen gehalten, kann der Spielleiter einer Abstraktionslust frönen, die letztlich erst das zügige und klare Erzählen ermöglicht. Ohne Zweifel: Hitchcocks Kunst ist eine der organisierten obsessiven Formen, mitunter schematisch, aber immer klar, und damit eben eine Kunst der Oberfläche. Diese gebundene Oberfläche, ihre wirkungsintensivierende Komposition oder Architektur, ist das wirkliche Thema des Briten: die Pflege der »Oberfläche als die eigentliche Tiefe des Kinos« (Elsaesser). Zugleich ist dies aber auch ein experimentelles, modernes Kino der *schlimmstmögli-chen Wendungen,* das jeder verstehen kann und an dem viele teilnehmen wollen.

Only a movie | Bruchstellen

Wenn von »schlimmstmöglichen Wendungen« die Rede ist, mischt sich indirekt ein anderer Künstler ein: Friedrich Dürrenmatt. Jene Wandlung hin zum *worst case* ist ja ein poetologischer Schlüsselbegriff des Schweizer Dichters, der in seiner Beischrift zum Drama *Die Physiker* meint, dass eine Geschichte dann zu Ende gedacht sei, wenn sie ihre schlimmstmögliche Wendung genommen habe. Diese Wendung werde immer durch einen Zufall eingeleitet, mache aus einer tragischen eine komische Figur und sei so eindeutig der Übergang hin zur Komödie. Das klingt vertraut, und insbesondere der spezielle Komödienbegriff des Schweizers scheint in Bezug auf die Hitchcockfilme von einigem Wert zu sein.

Dürrenmatt, der ein »kinobesessener Gymnasiast« (Peter Rüedi) gewesen sein soll und nach Auskunft seiner zweiten Frau vor allem gerne »Driller« sah, kannte mindestens einen Hitchcockfilm: Ist es ein Zufall, dass er bereits im frühen Essay über »Theaterprobleme« das Doppelbödige des Dramatischen anhand von kaum zu übersehenden Bezügen zur Giftkaffeetassenszene aus Notorious erläutert? Vielleicht. Dennoch gibt es da manche Beziehung zwischen Hitchcock und Dürrenmatt: der Zufall als wichtiges Gestaltungselement, das Ödipus-Dramaturgieschema, das Labyrinth als Weltgleichnis und anderes mehr. Auch sitzt der Dürrenmatt-Leser in einer *Zelle*, in einer anderen übrigens der Dürrenmatt-Held selbst. Und ist nicht jene »Weltformel« des Johann Wilhelm Möbius in *Die Physiker* quasi die deutsche Übersetzung des Hitchcock'schen *MacGuffin*? Das physikalisch-mathematische Wunderwerk als Antreiber für Aktionen im Irrenhaus Welt. Mr. Memory goes Möbius! Allerdings ist die von Hitchcock perfektionierte und ironisch gebrochene Affektmanipulation des Publikums Dürrenmatts Sache wohl eher nicht. Obwohl …

Worst case scenarios als tragikomische Handlungsgestalt hin zum Thrill? Warum nicht? Schlimmstmögliches erzielt eben kein Lachen aus vollem Halse. Das Lachen bleibt stecken, ist eher mit dem ungläubigen Lächeln bei einer Schauerirritation und traurigen Kuriosität zu vergleichen. So kommt es zur Distanzierung des Publikums und möglicherweise zu neuen Einsichten; gleichzeitig ist dem Betrachter das stellvertretende Mitleiden mit dem Helden immer möglich. Denn die ›Komödie‹ als Brecher der Katharsistheorie in einer Welt, die eben keine reinen Tragödien und tragischen Helden mehr zulässt, ist das eine. Zum anderen kann »das Tragische aus der Komödie heraus« noch erzielt werden (Dürrenmatt). Ein mutiger Mensch in einer chaotischen Welt, ein verantwortungsbereiter Ödipus inmitten all der Iokastes, ein Mensch, der durchschauen will, in einer Welt, die man nicht mehr verstehen kann. Solches ist komisch und tragisch zugleich, ist Hybris, die beeindruckt und distanziert, einen jammern und schmunzeln lässt. Dürrenmatts Darstellungsbruch ermöglicht neue Einsichten über den Lauf der Dinge und nicht zuletzt über sich, den Betrachter, selbst.

Will das Hitchcock auch? Doch eigentlich nicht. Sein Unterhaltungswert ist noch frei von irgendwelchen Auswirkungen und Prägungen jenseits des zeitlich begrenzten Spiels. Schlimmstmögliche Wendungen sind im Genrerahmen funktional und das heißt: streng aristotelisch wirksam. Natürlich ist da eine labyrinthische Welt, oft mit einem zur Selbsterkenntnis gezwungenem Ödipus, sind Zufälle handlungsentscheidend, Figuren Spielbälle fremder Mächte etc. Aber schon die Mixtur des Tragikomischen ist doch im leichten Unterhaltungssektor nicht wirklich zu finden. So könnte man meinen. Und sich täuschen, wie ein Blick auf die in jeder Hinsicht kuriosen Schlüsse in Hitchcockfilmen verdeutlicht.[10] Da gibt es manche tragische Note im Hitchcock-Happy-Ending, ist bei genauer Be-

10 Roger Thornhill zieht Eve Kendall über die Klippe zum Beischlaf ins Ehebett und weiß doch, dass sie seinen Tod im Maisfeld billigend in Kauf genommen hat (NORTH BY NORTHWEST); L. B. Jeffries ist nun vollständig kastriert, dämmert durch den Doppelgips bewegungsunfähig vor sich hin und wird bewacht von Lisa Fremont, die noch dazu die Hosen anhat (REAR WINDOW); Charlie Newton hat ihr bewundertes Alter Ego getötet und heiratet wohl den anständigen und langweiligen Polizisten (SHADOW OF A DOUBT); John Robie erfährt von seiner zukünftigen Ehefrau, dass es deren Mutter hier, in seiner Behausung, mit ihnen sicherlich gut gefallen wird (TO CATCH A THIEF); Scottie Ferguson ist zwar wieder schwindelfrei, aber extrem schuldbeladen (VERTIGO); Marnie geht mit Mark, der sie auf der Hochzeitsreise vergewaltigt hatte (MARNIE) usw.

trachtung sowohl für die Figuren als auch den Zuschauer keine wirkliche Lösung in Sicht und wird so dem Ganzen eine spöttische Schreckensspur verliehen. Selbstverständlich sind das alles tragikomische Helden! Und sogar dann, wenn in The wrong Man die tragisch reine Hauptfigur des Manny Balestrero keinen Spott verdient, ist das in Schrift (!) verkündete gute Ende der Balestreros nach deren Odyssee kaum anders zu verstehen als ein absurder Witz.

Witze? Selbstverständlich! Auch direkt und mit einer besonderen Tendenz zu sublimierten Zoten. Hitchcock lässt über seine Figuren dem damals noch ein wenig verkrampften Publikum manches vorsetzen, wobei die enge Beziehung von Nahrungsaufnahme sowie Sex auffällig und bereits häufig untersucht worden ist. Man sollte aber keinesfalls das damit verbundene Verdauungs- und Ausscheidungsphänomen übersehen. Der Brite war, so sein Skandalbiograf Donald Spoto, geradezu fasziniert von Toiletten, und vielleicht ist ja das hör- und sichtbare Klosett in Psycho das wagemutigste Bild seines Werks. Also gut dann, Fäkalinteressen, auch im Sinne einer realitätsnahen Beschmutzung der sauberen Leinwand zu Zeiten des regierenden »Hays-Code«. Aber ist das wirklich entscheidend für die in diesem Werk immer wieder stattfindende komische Distanzierung des Zuschauers? Sicherlich nicht. Das Besondere am Humor des Briten ist das Zeichenhafte oder Filmische, die Verlagerung des Komischen auf die Textebene und damit auf die Kommunikation mit dem Zuschauer. *It's only a movie* ist das Prinzip, das bei aller Verstrickungsabsicht doch immer wieder im Film selbst ausgestellt wird.

Schlimmstmögliche Wendungen, Dürrenmatt hat das ja verdeutlicht, stellen allein schon durch das Superlativische eine komische Übertreibung dar. Alles Inhaltliche wird bis in die extremen Außenbezirke des Was-wäre-wenn ausgedehnt, der Zufall dreht kräftig an der Logikschraube und lockert das narrative Gewinde bis hin zur absurden Kuriosität. Geben wir es doch ruhig zu: Es gibt nichts Komischeres als die Apokalypse! Wenn alles den Bach runter geht, einem der Himmel auf den Kopf fällt oder die Sintflut nur dem Hausboot eine Zukunft gewährt, dann ist das auch befreiend komisch oder kann zumindest so gelesen werden. Da geht es dann zu wie mit diesem *Harry Worp* in The Trouble with Harry. Der ist nun tot und stört so den Seelenfrieden einer ganzen Horde von möglichen Totschlägern. Also wird er ohne großes Federlesen mehrmals ein- und ausgebuddelt, bis er letztlich in Frieden ruht und endgültig vom Erdboden verschwunden ist. Solches wirkt, wie die Phrase sagt, *unheimlich komisch*, genauso wie das Treiben der von einer Welt von Feinden umgebenen Hitchcockhelden. Denn auch deren Grab ist bereits ausgehoben, auch ihnen droht das Schicksal Harrys, weshalb sie sich mit aller Macht zur Wehr setzen. Endzeitliches, im Sinne von Auflösung gesellschaftlicher Sicherheit, wird so zum Abenteuer und gebrochenen (Film-)Spaß.

Der Spaß dieser fiktiven Spielerei wird ja bereits in der angebotenen Hauptemotion des *Thrill* bzw. in der *Suspenseerzählung* deutlich: Angstlust und allmächtige Ohnmacht. Oder das leere Zeichen des *MacGuffin.* Überhaupt Hitchcocks Detailbesessenheit, die aufwändig erzielte Bedeutungssuggestion einer Winzigkeit, das Arbeiten mit übergroßen *Requisiten* im Bildvordergrund, wie auch die mitunter kuriosen Bezugsformen im allgegenwärtigen *Kuleshow-Effekt* – da ist doch immer ein ironischer, komödiantischer Zug spürbar, weshalb einen bei der Analyse eines Hitchcockfilms gar nicht so selten ein Lächeln begleitet.

Und diese Analysehaltung wird vereinzelt im Film selbst vorgeschlagen. Hitchcock durchbricht immer wieder mit eigenartiger Direktheit den Illusionsraum, zerstört mutwillig die Träumerei des Als-ob und gibt Spielhinweise oder verdeutlicht Gestaltungsregeln zum Ködern des Zuschauers. Da gibt es jene ***Blicke direkt in die Kamera***, ohne dass dies durch eine Blickmontage motiviert wäre. Solche Kontaktaufnahme war zu jenen Zeiten und in diesem Umfeld eigentlich nicht vorgesehen. Wenn Hitchcock also Joseph Cotten nach vernichtender Rede über den Lebenswert von Witwen den Zuschauer fragen lässt, ob diese Frauen tatsächlich Menschen seien (Shadow of a Doubt), wenn er kurz vor ihrer Verwandlung (oder Vernichtung) Kim Novak wissend (?) in die Kamera blicken (Vertigo) und Janet Leigh wie auch Anthony Perkins (Psycho) in Richtung Zuschauer lächeln lässt, dann ist das zwar irgendwie überraschend, aber auch offenbarend und nicht zuletzt komisch.

Oder die plötzlichen ***Rücksprünge der Kamera*** zur Spannungsverdichtung, auch komödiantischen Entlastung. Man ist gerade noch bei (in) den wesentlichen Figuren, und plötzlich wird man entfernt und kommentierend auf etwas ganz anderes hingewiesen. Auch das sind Bruchstellen, die man zwar schnell wieder vergisst, die aber durch den sichtbaren Schnitt und die veränderte Erzählhaltung deutlich als Einschnitte markiert sind und eine Entlarvungsoption bergen. Zu denken ist etwa an all jene Kamerafahrten zur Offenbarung eines Details, die Einnahme einer ›unmöglichen‹ Perspektive im Moment höchster Anspannung, auch an manche Entlastungstotale. So setzt Hitchcock z. B. in der Maisfeldszene aus NORTH BY NORTHWEST zweimal ein Kontrastprogramm zur beinahe durchgehenden Blickmontage (mit Cary Grant) und entfernt das Publikum kurz aus der Suspensesituation. Einmal um den Witz des durch den LKW aufgewirbelten Schmutzes wirkungsvoll zu präsentieren, dann um ein genrefremdes Westernzitat zu platzieren. Man ist nach Rückkehr zur Blickmontage zwar schnell wieder mittendrin und bangt um die Unversehrtheit des Protagonisten, dennoch: Zwischendurch lacht man über ihn, den (absurden) Anspannungsraum und also die ganze Situation, in der man selbst gefangen ist. Das ist schon ein außergewöhnliches Erzählen. Im Zwischenton ironisch-parodistisch, klar dekonstruierend und trotzdem wirkungsvoll im Sinne der eigentlichen Spannungsabsicht. Blitzartig werden die Emotionen ausgetauscht, wird aus Teilnahme Distanz, dann wieder Teilnahme und wird auf diese Art die Gemachtheit von Wirkungen im filmischen Feld recht ungeniert verdeutlicht. Da gewährt einer Einblicke in seine Werkstatt und weiß doch, dass die Zuschauer den Weg in den Film wiederfinden. Genreerwartungen, Selbstmanipulation und filmtechnische Effizienz sorgen für die garantierte Rückkehr. Doch der Vorhang wird immer wieder geöffnet, das illusionäre Spiel verdeutlicht, der Sprung des Zuschauers in eine Analysehaltung zumindest möglich gemacht.

Am deutlichsten ist Hitchcock dabei, wenn er selbst sichtbar wird: in den ***cameo appearances***. Die sind nun wirklich nicht mehr zu übersehen und werden auch von niemandem illusioniert. Er selbst und eben keine Figur wie bei Scorsese, Tarantino oder Polanski betritt hier die Leinwand.

Der Regisseur ist im eigenen Film anwesend und die mögliche Lesart der Auftritte als eitle Signaturen greift selbstverständlich viel zu kurz. Hitchcock stehe »mit einem Bein in der vom Film vorgespiegelten Realität und mit dem anderen in der realen des Kinozuschauers«, weiß Enno Patalas, und dieser dokumentarische Aufenthalt in einer fiktiven Welt ist schon etwas Besonderes. Man muss das einmal im Kino miterleben. Im Moment seines Auftritts geht ein Raunen durch das Publikum. Ein freudiges Hallo, Kichern oder Lachen kommt auf, und keiner der Anwesenden denkt dabei an Story oder Handlung. Da ist er ja endlich! Man springt für einen Moment aus der Fiktion und begrüßt deren Schöpfer. Danach kann es spannend und fiktiv weitergehen. Nur ein einziges Mal durchbricht Hitchcock während seines Kurzauftritts die vierte Wand und schaut in die Kamera (MARNIE), auch lässt er dies nur einmal im Vorfeld einen Schauspieler tun (Cary Grant in TO CATCH A THIEF); solche Vorwarnung oder Verdeutlichung ist nicht nötig, da das Publikum mit der Erwartung kommt, den Regisseur in seinem Text zu sehen, und ihn dann auch finden wird. Allzu lange darf dessen Erscheinen allerdings nicht auf sich warten lassen, denn die eigentliche Botschaft des Genres ist die Verstrickung des Zuschauers in die Geschichte. Routinierte Auftritte in den ersten Filmminuten waren somit die Norm und, wie erwähnt, eine Attraktion dieses Autorenwerks. Indes: Hier geht etwas vor sich! Die frühe Autorenreferenz bestimmt im Text nachhaltig das Verhältnis des Zuschauers zum Film selbst. Man sitzt in einem Hitchcockfilm, einem exquisit gemachten Spannungsplot zwar, aber einem fabrizierten, einer Schöpfung und keiner Wirklichkeit. Einem (Kunst-)Werk eben. Man mache sich, auch wenn es zunächst schwerfällt, immer wieder klar, dass *Psycho* im Ganzen betrachtet doch eigentlich eine Komödie ist. Ein ›komisches‹ Experiment mit dem Zuschauer.

Also gut: Entlarvungsoptionen durch Desillusionierung und Regeldurchbrechung. So besehen erstaunt nicht wirklich, dass es, trotzdem da manches Melodram in Hitchcocks Werk vorliegt, für den Zuschauer kaum möglich ist, in Tränen auszubrechen. Ganz gleich wie sehr man sich auch in die Handlungstragik oder in manche bittere Figurenentwicklung einfühlen mag, hier wird nie die Existenz der Produktion verschwiegen. Immer ist die Illusion ein bisschen durchschaubar und wird das Spiel mit dem Publikum auch direkt auf der Leinwand markiert. Man nehme also bei Ansicht eines Hitchcockfilms das Inhaltliche nicht allzu ernst, denn so oder so bleibt man dabei, wird verführt werden und dies, obwohl der Analyseausstieg direkt vor der Nase liegt. Das Gefängnis des begehrenden Blicks kennt keinen kalten Entzug.

Diese Bruchstellen zur Offenbarung des Illusionsraums machten Hitchcocks Werk in seiner Zeit ziemlich einzigartig und lassen seine Filme auch heute noch modern und frisch erscheinen. Das Komische – und ein Illusionsbruch in einem Genre, das von der Illusion des Schlimmstmöglichen ausgeht, ist potenzierte Komik – sei in Hitchcockfilmen selten körperlich, eher grammatisch, meint Georg Seeßlen. Hitchcock »macht Scherze über die Konstruktion des filmischen Subjekts selber«, und dies durchaus auf Kosten des Publikums und dessen Erwartungen. Hier liegt also ein auf die Leinwand geworfenes Manipulationskompendium vor, das man unterschiedlich nutzen kann. Einerseits zum traumartigen Abtauchen in die Welt der Fiktion, andererseits aber auch im Sinne eines Lehrbuchs, als Anleitung zum Erkennen von Form und Wirkung d(ies)er Filmkunst. Und beide Perspektiven, auch die analytische (!), haben einen hohen Unterhaltungswert. Es lohnt sich eben noch immer, Hitchcock beim Wort zu nehmen: »The conclusion is that whenever possible the public must be informed!« Jene Informationen füttern den illusionären Charakter des Films und heben ihn zugleich auf.

Da flirrt und schwebt doch so manches, ist das Ironische kaum zu übersehen, gibt es ebenso Formen der Angstmanipulation wie auch (und oft zugleich) eine Komik der Form, der Gestaltungsdetails dieser lustvollen Gefängnisaufenthalte für den Zuschauer. Und, wer weiß, vielleicht ist ja solch Tarieren das Alleinstellungsmerkmal jenes Autorenwerks und mit der entscheidende Grund für die anhaltende Brauchbarkeit dieser Texte im Zeitenlauf.

Als Schriftsteller Tilman Spengler im Spartensender BR-alpha anekdotenreich, effizient und durchaus fesselnd über einen »Klassiker der Weltliteratur« redet, nämlich Patricia Highsmiths *Strangers on a Train*, hat er nicht viel Zeit. Das Senderformat über Literaturklassiker ist mit gerademal einer Viertelstunde Dauer nicht gerade üppig ausgestattet. Nun, immerhin das – man ist also gespannt auf die zentralen Inhalte des Highsmith-Erstlings. Und wird hellhörig. Denn die von Spengler präsentierte Roman-Story der Konfrontation eines »Playboys« mit einem »Tennisprofi«, der sich in »die Tochter eines mächtigen Politikers verliebt hat«, ist doch erstaunlicherweise wenig Highsmith bei sehr viel Hitchcock. Und solcher Medienverbund – Highsmiths Guy ist nun mal Architekt, liebt die Tochter eines Importhändlers und die Tennisschläger sind im Roman nur ein Gepäckstück in Charles Brunos Zugabteil – ist innerhalb einer ehernen Literatursendung schon außergewöhnlich oder, vielleicht besser: amüsant. Obwohl Spengler im Folgenden nicht weiter ins Detail geht, steht zu vermuten, dass, wenn er es täte, auch noch ein schnell zu gewinnendes Tennisspiel und die dramaturgische Funktion eines Feuerzeugs zur Sprache kämen: beides keine Highsmith-Ideen. Interessante Fehlleistung! In eine Literatursendung wird ein Literatur-»Klassiker« von einem Literaten filmisch übermalt. Offensichtlich haben die platzierten Flecken ganze Arbeit geleistet: Hitchcock, längst ein Klassiker in seinem Feld, wird literarisch. Warum nicht? Selbst Elfriede Jelinek erkennt auf ganz andere Weise Literatur im Hitchcock'schen Filmwerk. Zumindest in ihrem »Lieblingsfilm« VERTIGO. Das sei doch, man schaue nochmal genau hin, ein Schriftfilm; Bilder mit »unsichtbarer Tinte geschrieben« und ein »Film [...] niemals [zu] verstehen, weil die Schrift unsichtbar wird, sobald man sie versteht«.

Hitchcocks Wirken zeitigt nachweislich Folgehandlungen der beeindruckten Betrachter. Und dies soll, bedenkt man die spezielle Stellung des Zuschauers, ja auch so sein. Es ist eben seine besondere Kunst, Aktivierung beim Publikum auszulösen und gleichzeitig umzuleiten. Kameraerzählungen um und über die Figuren mit überdeutlichen kontrapunktischen und abstrahierenden Tendenzen sperren den Betrachter ein; dem

Fiktionsvertrag zuwiderlaufende Brüche oder Risse im Text dagegen öffnen die Gefängnistür mindestens einen Spalt oder geben einen Hinweis auf den Fundort des Schlüssels. Es ist schon eine eigentümliche Angelegenheit, die gesetzten Rädchen, Hebel und Federn von Hitchcocks Kinomaschinerie in ihrem auswirkungsstarken Zusammenspiel zu betrachten. Erstaunlich auch: die anhaltende Lebensdauer der Filme, die konträren Lektüreoptionen, die Chuzpe des abstrahierenden Regisseurs. Man wundert sich, ist irritiert, schon mal belustigt, nie gleichgültig.

Fast alles darin ginge noch, meint Patrick Roth in seinem »Filmtagebuch« am 23. Juli 2014, nachdem er Hitchcocks SPELLBOUND (1945) erneut (?) gesehen hat. Und prompt springt er montagelyrisch in eine Subjektive Ingrid Bergmans und denkt für sie bzw. formuliert ihre Gedanken:

> der Moment, als ...
> SIE die Treppenstufen nach oben kommt,
> das Buch über ›Schuld-Komplexe‹ in der Hand, und
> kurz vor dem dem [!] oberen Treppenabsatz ...
> die subjektive KAMERA gleitet die letzten Stufen mit ihr nach oben
> den beleuchteten Türschlitz sieht:
> Licht in seinem Zimmer!
> Er ist noch auf! Ich könnte anklopfen ...

..., gleich geht Roth durch die Filmtüre.

Auch noch nach nahezu 70 Jahren bannen Hitchcocks Blickmontagen den Betrachter, Spieler und Analytiker. Und Roths Bergman-Identifikation bei zugleich stattfindender Gestaltungsanalyse in Versen ist genau das, was dieses Werk offeriert: unmittelbare Nähe aus der Distanz, Teilnahme und Analyse zugleich oder eben Angstgelächter in der Zelle (auf Zeit). Der Zuschauer gelangt in einen Zwischenraum. Ist ganz im Spiel und doch entfernt. Zum Genuss der *schmutzigen Klarheit.*

III. TENDENZEN

Muster und Spuren

Platzierungslisten sind verführerisch. Irgendwelche ›Kenner‹ staffeln in vertikaler Richtung und zumeist ohne Begründung ihr Urteil und bringen es auf den Weg. Soll heißen: zu den Lesern, Käufern, Interessierten. Konkurrenz belebt bekanntlich das Geschäft und Meinungspublikation streichelt das Ego, weshalb jede der Öffentlichkeit zugängliche Gestaltungsform schnell in einen Wettbewerb verwickelt wird. Ein Werk hat sich gefälligst olympisch (Top 3) zu bewähren oder muss wenigstens im Dezimalsystem (Top 10, 100 usw.) bestehen. Ordnungswillkür ist faszinierend. Ergo werden die größten, besten, traurigsten, lustigsten, auch schönsten Werke aller Zeiten immer mal wieder neu gesucht, gefunden und angeordnet.

Filme sind in dieser Hinsicht besonders gefährdet oder, nennen wir es: listenaffin. Selbstverständlich ist das Gros der Angebote unerheblich – mindestens eine ernstzunehmende Ausnahme existiert aber schon. Gemeint ist jene Liste der britischen Filmzeitschrift *Sight & Sound*, die seit 1952 alle zehn Jahre publiziert wird. Was ist das Besondere? Einerseits sicherlich das Publikationsorgan selbst, gilt doch die Zeitschrift als seriös, vielleicht sogar elitär. Andererseits aber auch die Tradition, über Dekadenzeiträume zu einem jeweils aktuellen Bild der Bedeutung von Filmen zu gelangen. Schließlich die ausgesuchte Jury, denn die hier aktiven Filmkritiker, Filmwissenschaftler und (seit 1992) auch Filmregisseure verleihen der Umfrage durchaus die Aura einer soliden Angelegenheit. Dabei legen auch diese Juroren Lieblingsfilme vor, zehn niedergeschriebene Titel, die unkommentiert bleiben können … Liste bleibt eben Liste.

Sieht man nun die Ergebnisse jener Dekadenschau nach Hitchcock durch, wird ein recht verlässliches Bild seiner Bedeutung repräsentiert. Denn sowohl 1952 als auch 1962 kommt Hitchcock bzw. ein Film von ihm nicht vor. 1972 steht VERTIGO kurz vor dem Sprung in die Top 10, platziert sich zehn Jahre später auf dem siebten, dann vierten (1992), zweiten (2002) und schließlich auf dem Platz des besten Films (2012). Hitchcocks Höhenangst-Vehikel löst damit nach fünfzigjähriger Regentschaft Orson Welles' CITIZEN KANE ab und gilt nun im Zeitalter der Franchise-Produktionen und sagenhaften Mehrteiler als das filmische Maß aller Dinge (wenn man die Liste denn so interpretieren möchte). Jedenfalls ist hier deutlich zu erkennen, dass mit Zeitverzug und französischem Wellenschlag Hitchcocks Bedeutung in den letzten fünfzig Jahren schrittweise zunahm und er heute, rund 35 Jahre nach seinem Tod, bedeutender erscheint als noch zu Lebzeiten. Neben VERTIGO werden 2012 auch PSYCHO, REAR WINDOW und NORTH BY NORTHWEST unter den hundert Besten geführt. Nicht die schlechteste Auswahl!

Aber genug der Liste. Größe oder Vorbildwirkung eines Autors lässt sich so nur schwerlich bestimmen. Der Nachweis von Hitchcocks Wirksamkeit ist konkreter zu führen, vorzugsweise im Feld seines Ursprungs. Man muss da nicht lange suchen. Sieht man einmal von Groß- und Dauerprojekten wie den *James-Bond*-Filmen, der *Jason-Bourne-* und *Mission: Impossible*-Reihe ab, welche ohne das Vorbild NORTH BY NORTHWEST kaum denkbar sind, gibt es in den letzten 20 Jahren einige Neuinszenierungen Hitchcock'scher Werke, die offensichtlich ihr Publikum finden.[11] Eine Kontaktaufnahme wird trotz der Bürde bei Vergleich mit einem Mythos immer wieder gesucht, und solches geschieht sicherlich nicht aus Anmaßungsgründen oder einer übertriebener Verehrung durch die Regisseure. Es ist eben kaum zu leugnen, dass Hitchcock einige Erfolgsmuster filmischen Erzählens gesetzt hat, deren Vermeidung schwerer fällt als deren Ausbeutung. Jene überzeitlich wirksamen Tendenzen sollen hier im Mittelpunkt stehen.

---

11 Ob nun, um nur diese zu nennen, kuriose Direktübernahmen (*Psycho*, R.: Gus van Sant, USA 1998), offenherzige (A PERFECT MURDER, R.: Andrew Davis, USA 1998 nach DIAL M FOR MURDER; DIE FREMDE FRAU, R.: Matthias Glasner, D 2004 nach VERTIGO) oder verschwiegene (DISTURBIA, R.: D. J. Caruso, USA 2007 nach REAR WINDOW) Adaptionen: Hitchcock ist präsent und inzwischen sogar zum Star diverser Bio-Pics aufgestiegen (HITCHCOCK, R.: Sacha Gervasi, USA 2012; THE GIRL, R. Julian Jarrold, GB 2012).

Man drehe letztlich doch immer denselben Film, stellte Federico Fellini einmal fest, und auch im Hitchcock-Œuvre sind solche Wiederholungen, identische Einkleidungen oder Verdichtungen schwerlich zu übersehen. Diese Muster gilt es zu bezeichnen, und es ist dabei naheliegend, einige kleinere Einheiten aus den Filmen herauszugreifen, um auf diese Weise Schlüsselszenen des Werks zu repräsentieren, die Einblicke in die Werkstatt des Briten ermöglichen. Das klingt willkürlich – ist es auch und soll es sein. Gleichwohl gibt es da schon einige Filmteile, die so etwas wie ein Eigenleben führen, die zwar eng mit Hitchcock verbunden sind, aber auch losgelöst vom Film betrachtet werden (können). Diese Verweiszeichen und, wie sich zeigen wird, Reflexionsmodule der besonderen Art sollen als Musterformen die großen thematischen Erzählbögen flankieren.

Also doch eine Liste? Ja und nein. Ein Wettkampf ist nicht vorgesehen – eine orientierende Organisation der Bezugslinien dagegen schon. Somit ist der Beginn jener kleinen Werkbetrachtung natürlich dem besonderen Magneten für den sitzwilligen Zuschauer vorbehalten. Nennen wir doch die folgende Szene, durchaus adäquat und mit all den fleißigen Listenerstellern kräftig sympathisierend: die ›Urszene‹ des Suspense.

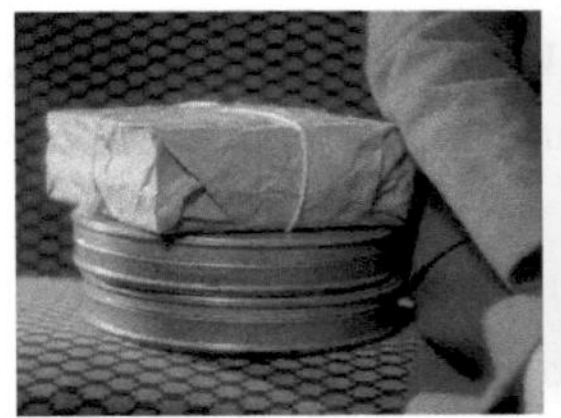 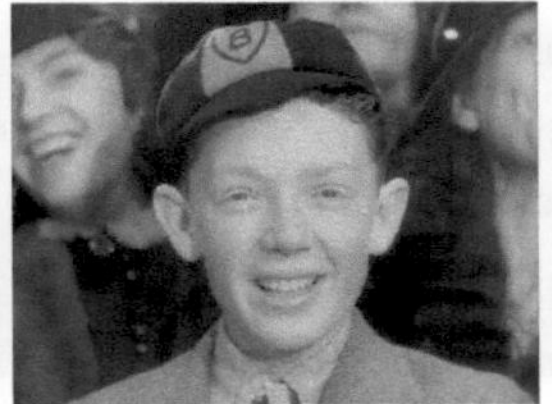 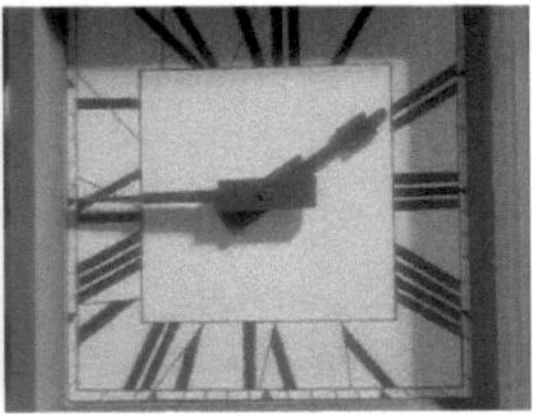

SABOTAGE, 1936

The Birds will sing at 1.45!

Stevie ist ein netter Kerl. Ein junger Bursche von ungefähr zehn, elf Jahren, der mit all den Problemen zu kämpfen hat, die dieses Alter mit sich bringt. Natürlich ist er abhängig. Elternlos lebt er bei seiner Schwester Sylvia, die mit einem viel älteren Mann, Mr. Verloc, verheiratet ist und mit ihm ein kleines Kino in London betreibt. Die Kleinfamilie wohnt praktischerweise in den Nebenräumen des Kinos. Alles recht eng dort. Man arrangiert sich. Zurück zu Stevie: Was macht der denn so? Er baut konzentriert an einem Segelbootmodell, mag seine Kanarienvögel, deckt schusselig und sympathisch nachlässig den Tisch, stibitzt eine Kartoffel aus dem Kochtopf, verbrennt sich dabei gekonnt verbergend den Mund und hat Schwierigkeiten beim Kämmen seiner widerspenstigen Haare. Verspielt, fröhlich und unschuldig offen. Den muss man mögen und mag ihn auch. So soll es sein. Indes: Stevie muss sterben!

Sein Schwager (oder Ziehvater), Karl Anton Verloc, ist ein Saboteur, engagiert von einer ausländischen Organisation, und soll eine Zeitbombe am Piccadilly Circus platzieren. Der Zeitzünder ist auf 13.45 Uhr eingestellt (dann ›singen die Vögel‹), und Verloc steht, da sein letztes Unternehmen wirkungslos verpufft ist, unter enormem Erfolgsdruck. Irgendwie kommt er jetzt aber nicht unerkannt fort, weshalb er in seiner Not und durch einige Erzählungen maskiert den ahnungslosen Stevie auf die Reise schickt. Der soll, Verloc betont das mehrmals, das ›Paket‹ in einem Schließfach am Piccadilly spätestens um 13.30 Uhr platzieren und überhaupt sich jetzt schnell auf den Weg machen. Der Bombenleger ist verständlicherweise nervös. Also geht der Junge mit dem Paket unterm Arm los, kaschiert es noch durch die

Mitnahme zweier Filmdosen (»Bartholomew der Würger« heißt der Film). Die Zeit beginnt zu ticken, und der bereits begonnene Missbrauch an dem Jungen wird Schritt für Schritt fortgesetzt.

Z. B. benötigt ein Straßenhändler für seine Produkte, Zahnpasta und Haarwasser, ein Präsentationsobjekt, und so wird der gerade vorbeikommende Stevie auf den Stuhl geschubst und in die Verkaufsshow eingespannt. Das kostet natürlich Zeit. Darauf ein weiteres Hindernis: Der Umzug des neuen Bürgermeisters sorgt für Straßensperren. Da kommt der Junge nicht durch, wird er sowohl von der Polizei als auch von einigen Schaulustigen am Weitergehen gehindert. Übrigens: durchaus handgreiflich. Ständig wird mit der Faust argumentiert, das Kind körperlich angegangen und auf Linie geprügelt: So war das wohl in den 30ern! Gleichwohl, Stevies Zeit wird langsam knapp. Er steigt deshalb in einen Linienbus, um doch noch pünktlich am Piccadilly anzukommen. Jedoch behindern rote Ampeln und ein Autostau auch diesen Lösungsversuch. 13.30 Uhr ist längst vorüber. Stevie wirkt mehr und mehr hektisch, schaut sich um, sieht eine Menge Uhren und Hindernisse. Ansonsten Stillstand. Um 13.45 Uhr bleibt alles ruhig. Eine Minute später explodiert die Bombe und zerreißt den Bus.

In keiner anderen Sequenz innerhalb Hitchcocks Werk ist das Suspensemoment so griffig und klar oder, soll man sagen, erbarmungslos kühl umgesetzt worden. All die Ingredienzen der Anspannungsdehnung durch Mehr- bzw. Wenigerwissen und Hindernisse im fixierten Zeitenlauf sind hier um das explosive Paket herum zu bestaunen. Eine Bombe ist einfach das perfekte angstauslösende Element, das, da todsicher, immer beim Zuschauer als solches ankommt. Und die Zeitbombe kann als jene Spezifikation bezeichnet werden, die, wenn es sie nicht bereits gäbe, für den Thriller erfunden werden müsste. Die schreckliche Finalzeit ist von Beginn an bekanntgegeben. Man hofft, bangt und ruft: »Nun tu doch was!« Perfekt! Das passt. Ist bombensicher!

*Musste es aber gerade Stevie sein? Ein unschuldiges und so sympathisches Kind? Hitchcock monierte später immer wieder, das sei doch ein großer Fehler gewesen. Sicherlich, Stevie habe sterben müssen, damit seine Schwester einen Grund hatte, ihren Mann zu töten; außerdem sei das eine Vorgabe des Romans (*The Secret Agent*) gewesen, die man nicht ignorieren* *konnte. Aber eine Suspense-Sache hätte er daraus eben nicht machen sollen. Bei einer solchen Anspannung verlange das Publikum eine positive Auflösung; insofern sei die Tötung des Kindes auf Suspensebasis eine Zumutung und nicht akzeptabel. Soweit der öffentliche Hitchcock, der für diese Sequenz nach der Filmpremiere von einer aufgebrachten Dame mit dem Regenschirm attackiert wurde.*

Allerdings, wenn man nun vom Tabubruch der Kindstötung einmal absieht, stellt sich doch die Frage, wie das Publikum mit der Schwesterdarstellerin Sylvia Sidney Mordlust empfinden oder ihr den später durchgeführten (halben) Mord hätte verzeihen sollen. Die Stevie-Tragödie ist eben nicht nur herausragend gefügt, sondern auch dramaturgisch notwendig und letztlich ein früher Fingerzeig Hitchcocks in Richtung jener reinen Manipulationsorgie, die er mit PSYCHO *knapp 25 Jahre später dem Publikum vorsetzte. Er wird daran schon seinen Spaß gehabt haben: eine ›Fun-Sequenz‹ für und zugleich gegen das Publikum von ihm, Svengali, dem Orgelspieler.*

Schnittmuster | SABOTAGE (1936)

SABOTAGE ist ein wichtiger, vielleicht sogar der perfekte Hitchcockfilm der frühen englischen Phase und somit ein Schnittmuster seines Werks, das eine genauere Betrachtung verdient. Wenn auch nicht immer erfährt. Denn im Allgemeinen werden THE LODGER (1926), BLACKMAIL (1930) und THE 39 STEPS (1935) als die ersten Hitchcock-Glanzstücke gehandelt, was man ja durchaus so sehen kann. SABOTAGE aber, den Hitchcock immer ein wenig abkanzelte, obgleich er manche Bilderfolgen daraus in keiner Selbstbetrachtung aussparte (!), erreicht genau jene Form der gekonnten Zuschauerintrige, die den Film in dieser frühen Zeit des Regisseurs deutlich aus dem bis dahin Abgedrehten hervorhebt. Ihn vielleicht sogar, wie Susan Smith behauptet, als Blaupause des gesamten Werks betrachten lässt.

Der Titel sei doch, bemerkt Smith, deutlich Programm, und zwar für den Film, seine Figuren und insbesondere den Regisseur. Schon die Titelkarte mit dem Abbild eines Lexikoneintrags mache klar, worum es sich im Folgenden drehe:

> **să·botage** sà-bo-tarj. Wilful destruction of buildings or machinery with the object of alarming a group of persons or inspiring public uneasiness.

Das Beunruhigende, Erschreckende zur Herstellung eines öffentlichen Unbehagens sei dem Zuschauer also von Anfang an bekannt, auch dass hier willentlich zerstört werde. Und all dies sei eben nicht nur ein Lexikoneintrag, sondern das Prinzip der folgenden Textgestalt oder das Ziel des Regie führenden Puppenspielers. Smiths Argumentation von Hitchcock als Saboteur hat doch manches für sich. Man kann sagen, dass die für einen Hitchcockfilm so kennzeichnende ambivalente Mixtur aus Distanz und Teilnahme, Einfühlung und Analyse in SABOTAGE zum ersten Mal angelegt ist. Hier findet der Brite zur Handschrift jener illusionsgestörten Filme, die sein Markenzeichen werden sollen. Somit, meint Smith weiter, wäre sein Gerede, welch Fehler die Bombensequenz doch gewesen sei, nicht nur nicht ernstzunehmen, sondern eigentlich nichts anderes als ein erneuter Sabotageakt. *It's only a movie ... with the object of alarming a group of persons or inspiring public uneasiness!*

Schließlich geht es hier, was man doch vom Titel ableiten könnte, mitnichten um Politik. Was die Hintermänner mit den Sabotageakten bezwecken, welche Interessen sie verfolgen, wird nie erläutert. Wesentlich ist allein der Unruhe stiftende Moment der Tat selbst, um »London« weh zu tun;[12] die dahinter stehenden Motive und Ziele der Auftraggeber bleiben im Dunkeln. Hitchcock hält sich also eng an den einführenden Lexikonartikel – da wird etwas zerstört und verunsichert die Menschen. Das Was? und das Wie? ist entscheidend. Das Warum? dagegen vollkommen uninteressant. Die politischen Absichten der Terroristen sind eine Art unsichtbarer *MacGuffin*, um alles Mögliche filmisch in Bewegung zu setzen, denn keineswegs soll hier die selbstverschuldete Unmündigkeit des Zuschauers aufgehoben werden. Im Gegenteil: Die braucht es, wenn man unterhalten werden will. Und dennoch gibt es in diesem Film so etwas wie einen politischen Rahmen, eine sozialpolitische Erklärung für das zerstörerische Tun der Handlanger. Denn die zwei im Film näher vorgestellten Saboteure schädigen andere nicht aus Überzeugung, sondern aus Broterwerbsgründen.

Verlocs Kino läuft schlecht, und er muss etwas dazuverdienen, um seine Kleinfamilie durchzubringen. Ähnlich ist die Lage des Bombenbastlers »Professor«. Dessen (tarnendes) Tiergeschäft wirft alles in allem zu wenig ab, und seine verhärmte Tochter mit ihrem unehelichen Kind braucht alle Unterstützung, die zu haben ist. Die Hauptakteure im politischen Spiel sind also unpolitische Familienväter, die aus Sorge und Verantwortung

---

12 Am schlimmsten ist es für die Auftraggeber Verlocs, wenn »London« (so wie beim ersten, nicht wirklich effektiven Anschlag auf ein Elektrizitätswerk) »lacht«, sie also in ihrer durchaus unklaren Absicht nicht ernstnimmt. Somit wird vor Verlocs Bombenanschlag am Piccadilly auf die Hauptprämisse der Tat schriftlich hingewiesen: »London must not laugh!« Jene motivationale Eitelkeit der Attentäter – man will halt nicht ausgelacht werden – ist beinahe rührend und in gewisser Weise zutiefst menschlich.

um ihre Nächsten bezahlten (Un-)Taten vollbringen. Solches kann man nachvollziehen. Wenigstens ein bisschen, denn natürlich besitzt dieser Glücksweg seine Grenzen. Zudem beneidet der »Professor« Verloc darum, dass dieser an der Front all die spannenden Abenteuer erleben darf, während er in seiner Werkstatt als Bombenbastler allmählich versauert. Und Verloc selbst? Zunächst lehnt er entrüstet den Piccadilly-Auftrag ab. Zum Mörder werden, das bringt er nicht übers Herz. Aber nach kurzem Überdenken seiner Finanzsituation nimmt er den Auftrag dann doch an. Thrillsuche und Blutgeldannahme sind keine – Familiensinn hin oder her – vorbildlichen Ideale. Es gibt keine Rechtfertigung für diese Taten. Die armen bösen Saboteure; der Zuschauer windet sich in mitleidender Abscheu.

Somit passen die beiden hervorragend in das Figurenensemble dieses Films. Denn da kommt keiner ungeschoren davon, ist niemand (mit Ausnahme Stevies vielleicht) eine Einladung zur vertraulichen Identifikation: Der Detektiv Ted nicht, weil er bei seiner Undercover-Tätigkeit als Gemüseverkäufer recht ungeniert mit Mrs. Verloc anbandelt und diese letztlich als Mörderin vor der Polizei schützt; Mrs. Verloc auch nicht wirklich, da ihre Mordabsicht und deren Teilvollzug ein Problem für den Zuschauer darstellen müssen; bleibt also Stevie, der bekanntlich per Bombe getötet wird. Hier gibt es keine Hoffnung, auch keine vorbildliche Figur, bei der man sich langfristig heimisch fühlen könnte. Und doch ist man nie so ganz entfernt von all dem. Bleibt man auf der Spur der Akteure, deren imperfekte Gestaltung einem irgendwie schmerzlich vertraut ist.

Raymond Durgnat spricht deshalb vom »profundesten Film in Hitchcocks Karriere«, und tatsächlich sind die sozialpsychologischen Beobachtungen in SABOTAGE für einen Hitchcockfilm außergewöhnlich tiefgehend. Das mag mit an der literarischen Vorlage – dem Roman *The Secret Agent* von Joseph Conrad – liegen, hat allerdings auch mit der hier erstmalig konsequent durchgeführten Verstrickung des Publikums in eine Form der unrühmlichen Komplizenschaft zu tun. Die Sabotage als Anlass und Zweck des Films ist wie erwähnt durchaus wörtlich zu nehmen, und das Vermeiden einer Schwarz-oder-Weiß-Grundierung der Hauptakteure (also ein Sabotieren von moralisch akzeptablen Einfühlungsinteressen) macht den Betrachter zumindest in Ansätzen auch zum verständnisvollen Mittäter. Das ist im Werk des Briten bis zu diesem Zeitpunkt etwas Neues. Noch in den unmittelbar vorhergehenden Filmen, The Man who knew too much und The 39 Steps, sind es immer Unschuldige, die in die Flucht geschlagen oder entführt und so zu Selbstschutztaten gedrängt werden, was ethisch akzeptabel ist. Der direkte Vorgängerfilm dann, The Secret Agent (der nichts mit Conrads Roman zu tun hat), treibt durch die Agententhematik den Zuschauer schon zu problematischen Einfühlungsentscheidungen. Könnte man solches noch dem besonderen Thema anlasten – Spionage ist halt ein schmutziges Geschäft –, so ist in Sabotage schließlich keine Entschuldigung mehr ins Feld zu führen. Hier ist der Zuschauer endgültig im (Familien-)Alltag unwürdiger Taten angelangt und wird sich entsprechend unwohl fühlen.

Sabotage macht das Unsichere, Flatterhafte der menschlichen Beziehungen, das Leben in bedrohlichen Zwischenwelten zu seinem eigentlichen Thema. Eine dauerhafte Sicherheit kann es, so der Tenor des Films, niemals geben. Da steht der rätselhafte Mensch vor mit seinen Interessen und geprägten Motivationen. Hier gehe es, meint Donald Spoto, um den »Verkauf der eigenen Seele« und letztlich um Manipulation der anderen für den persönlichen Vorteil. Wohl wahr und überhaupt: Ist das nicht auch die Hauptmotivation des britischen Filmemachers? Jedenfalls wird die manipulative Prägung des Publikums bis hin zum ›Seelenverkauf‹ hier erstmalig und in beinahe dokumentarischer Präzision kühl und geradlinig gestaltet. Einfühlung und Analyse: Sabotage ist der erste echte Hitchcockfilm!

Auch in Bezug auf die formale Gestaltung. Drei Szenen sind beispielhaft in ihrer Umsetzung des Credos eines *pure cinema* und dabei noch so außergewöhnlich gut gelungen, dass an diesen Beispielen erklärt werden kann, was mit dem »Schnittmuster« eigentlich gemeint ist. Maurice Yacowar spricht von einigen »technical tours de force«, die dem Film eine dauerhafte Berühmtheit garantierten, und meint damit u. a. die bereits umrissene Stevie-Sequenz des Bombentransports und die noch zu besprechende

Tötungsszene mit den Verlocs. Eine weitere zumeist vernachlässigte Einheit ist die visuelle Einführung des Hauptinhalts. Wie verdeutlicht man einen Sabotageakt? Vielleicht so:

> Eine leuchtende Glühbirne im Detailschuss / Illuminiertes nächtliches London / Die Glühbirne verliert an Kraft, der Glühfaden beginnt zu flackern / Ein Stromspannungsmessgerät weist gegen null Volt / London liegt nun im Dunkeln, erste Unmutsäußerungen werden laut / Sprung zur Totalen eines Kraftwerks / In die Turbinenhalle / Einige Herren beugen sich über eine Turbine / Das Detail einer Hand, die mit Sand beschmutzt ist, wird sichtbar, kommt auf die Kamera zu und erhält den Lichtkegel einer Taschenlampe / Rücksprung: Vier Monteure rahmen eine Einstellung mit ihren Hinterköpfen und sprechen nacheinander rhythmisch: »Sand. Sabotage. Wrecking. Deliberate. What's at the back of it? Who did it?« / Erneut die Kraftwerktotale mit Verloc, dessen Gesicht den Tatort diagonal durchschreitet – unbeleuchtet aus dem linken unteren Bildfeld auftauchend gelangt er ins beleuchtete Zentrum der Aufnahme und verlässt schließlich die Einstellung unscharf schwarz am rechten Bildrand.

Nach 55 Sekunden ist schon alles vorbei und klar, dass dieser Film keine Zeit verliert sowie, da der Schuldige bereits vorgestellt wurde, kein *Whodunit* sein kann.

Das ist reine Stummfilmästhetik durch Kameraerzählung und kommentierende Montage. In dokumentarischer Argumentation wird die Handlung eines Sabotageakts vorgestellt: Zerstörung *(willful destruction)* aus Wirkungsgründen *(public uneasiness)*; der Lexikoneintrag des Vorspannes bekommt seine bildliche Erläuterung. Man müsse, so Hitchcock, immer verdeutlichen, damit auch jeder im Publikum verstehe, worum es geht. Also verdeutlicht er filmisch und gibt auch gleich noch den Täter preis. In kürzester Zeit ist somit das Konfliktfeld ausgemessen: Erklärungen und Folgehandlungen des kommenden, knapp 70 Minuten langen Films werden sich um diesen Ursprung drehen und zu einer komplizierten (Nicht-)Lösung führen.

Eine solche Form der zügigen Einführung in den Hauptkonflikt kennt in Hitchcocks Werk nur einen Vorläufer (THE LODGER), dann allerdings viele Nachfolger. Immer wieder greift er dieses Prinzip im Folgenden auf, so dass es ein Markenzeichen eines Hitchcockfilms werden wird, den Zuschauer mit den ersten Schüssen unmittelbar ins Zentrum der Handlung zu führen.[13] Solches fällt auf, ist quasi tendenziös und lässt einen unweigerlich an die Nicht-Exposition einer literarischen Kurzgeschichte denken. Ohne viel Federlesen wird der Zuschauer direkt hineingeworfen in den Handlungskern: brachial, offenbarend und durchaus motivierend. Schnell ist das Problem verdeutlicht, wird man überwältigt und eingesogen, ist dabei und interessiert, ohne allzu viel nachzudenken. Es ist beinahe so, als werbe der Autor mit solcher Kernschmelze für sein Anliegen: Nun vergesst mal eure Wahrscheinlichkeitsinteressen und lasst euch einfangen – ihr werdet es nicht bereuen! Sagte nicht Godard, dass jene ersten Filmbilder ein Wiedererkennungsmerkmal Hitchcock'scher Kunst seien? Zu Recht!

Die anderen puristischen Musterformen betreffen den Montageeinsatz zur Herstellung des »mentalen Bildes« sowie die Gestaltung der antreibenden Suspenseeinheit rund um Stevie. Zwei, wie Yacowar umschreibt, Tours de Force, die vieles im folgenden Werk erklären können, nicht zuletzt den besonderen Umgang des Regisseurs mit seinem Publikum. Denn, nachdem Stevie nun sichtbar getötet wurde, erfährt das auch Mrs. Verloc und erstarrt. Ihr Mann, der Täter, entschuldigt sich lax bei ihr und macht gleichzeitig alles Mögliche mitverantwortlich für sein Versagen. Das über-

13 Ob nun die besonderen Bedingungen einer Ehe (MR. AND MRS. SMITH), erneut ein Sabotageakt in einer Rüstungsfabrik (SABOTEUR), der Untergang eines Schiffes (LIFEBOAT), der ›perfekte Mord‹ an einem Bekannten (ROPE), die zufällige Kontaktaufnahme zweier Fremder (STRANGERS ON A TRAIN), ein Mörder mit Priestersoutane in Québec (I CONFESS), die untreue Ehefrau (DIAL M FOR MURDER), die Umgebung eines Krankgeschriebenen (REAR WINDOW), Ziele und Erfolge eines Cat Burglar (TO CATCH A THIEF), ein überraschender Toter in der Heide (THE TROUBLE WITH HARRY), der Identitätswechsel einer Diebin (MARNIE), Probleme eines sowjetischen Überläufers (TOPAZ) oder eine nackte Tote mit Krawatte um den Hals in der Themse (FRENZY), immer wieder kommt es zur schnellen Hinführung und Konfliktverdeutlichung wie in SABOTAGE.

zeugt niemanden (soll es auch nicht) und, als er dann meint, er könne ja, quasi als Ersatz (und Wiedergutmachung?), selbst mit seiner Frau ein Kind zeugen, reicht es ihr und sie verlässt angewidert den Raum. Auch der Zuschauer ist irritiert, denn das ganze Verhalten Verlocs will nicht so richtig passen. Nachdem er zuvor doch als guter Ersatzvater von Stevie und außerdem sympathisch gezeichnet wurde, ist er hier merkwürdig sprunghaft, selbstmitleidig und irgendwie herzlos. Das hat seinen Grund. Es wird nun nämlich Zeit, ihn zu hassen und seinen Vergeltungstod zu wünschen.

Wie das? Nun, die Stevie-Lücke und der damit zusammenhängende Schock beim Publikum sind groß. Die unbefriedigend aufgelöste Spannung sorgt für Erschütterung und drängende Erlösungssuche: Man braucht also ein Ventil, das der Text bislang noch nicht geliefert hat. Das lässt sich nachholen. In den folgenden Einstellungen sind denn auch ›Stevie‹ und sein reueloser Mörder durchgängig präsent – zunächst, wie erwähnt, soll Stevie nach dem Vorschlag Verlocs biologisch ersetzt werden, dann erkennt ihn Mrs. Verloc auf der Leinwand in einem Disney-Cartoon als verliebten Vogel wieder, der von einem Nebenbuhler (Verloc!) erschossen wird (dazu das Lied: *Who killed Cock Robin?*) und schließlich schlägt Verloc seiner Frau gedankenverloren vor, Stevie zum Gemüsehändler zu schicken, hält aber kurz vor Nennung des Namens erschrocken inne. Das Ventil ist somit gesetzt, muss nur noch geöffnet werden. Nun tu doch was, Mrs. Verloc!

Und sie tut – teilweise zumindest. In einer glänzend choreografierten Montage macht Hitchcock den Zuschauer zugleich zum Täter und Opfer – ein Kraftakt, der entgegen der Bombenszene vollkommen still und intim verläuft. Inhaltlich ist da ja wenig zu verdeutlichen: Mrs. Verloc bemerkt beim Anrichten eines Tellers, dass ein Messer auch anderweitig eingesetzt werden kann, schrickt dann vor dem Gedanken zurück und macht ihren Mann dadurch aufmerksam. Der erkennt sofort, was passieren könnte, geht gespannt und langsam um den Tisch herum auf sie zu und will das Messer ergreifen. Sie aber ist schneller und in Form eines Halb-gezogen-und-halb-Gesunken kommt es zu jenem Kuriosum der Selbsttötung bei Mordabsicht. Beide Verlocs sind ein bisschen schuldig. Er allein aber sühnt und stirbt, die Stevie-Klagerufe seiner Frau überhörend.

Einstellungsnähe und kommentierende Kamerabewegungen machen die geschilderten Gedanken der Akteure klar. Ein Zurückweichen der Kamera hätte das Kammerspiel vollkommen ruiniert – man ist also dicht dabei, erhält auch einige Blickmontagen, aber nicht zu viele und nur eine von Mrs. Verloc. Als sie Stevies nicht besetzten Stuhl wahrnimmt, ist der Bezugspunkt zur Verwendung des Messers endgültig gesetzt: Man sieht den Mord quasi kommen (und bejaht ihn wohl auch). Andererseits, so einfach soll das nicht sein. Der Regiesaboteur will die Widersprüche in dieser Szene auf die Spitze treiben, weshalb nun die Perspektive zu Verloc wechselt. Der bemerkt das Zögern seiner Frau und erkennt, was ihm blüht, bzw. das Publikum erkennt das und muss nun mancherlei fürchten. Wird er vielleicht die (gerechtfertigte) Tat verhindern, fliehen oder evtl. selbst seine Frau töten? Man wartet ab, hat (natürlich!) keine Wahl, auch bezüglich der Perspektive, denn vorerst bleibt man irritierenderweise an Verloc gebunden. Langsam bewegt sich der nun mit uns um den Tisch herum, schreitet bedrohlich auf seine Frau zu, und erst dann verabschiedet sich die subjektive Kamera und schildert die Schlusspointe aus objektivem Standpunkt. Dabei hat das Messer seine Schuldigkeit getan, verschwindet aus dem Blickfeld und gelangt außerhalb des Bildrahmens in Verlocs Fleisch. Wer dabei mit welchem Nachdruck seinen Standpunkt untermauern konnte, überlässt Hitchcock dem Vergeltungsinteresse des einzelnen Zuschauers.

Mentale Zuschauererkenntnisse – sie wird ihn töten, er hat es durchschaut –, die allein durch Kameraführung und Montage erzielt werden, machen deutlich, was Hitchcock hier vorschwebt: die Verwirrung des Publikums. Das kann nämlich gar nicht so ohne Weiteres seinen Blutdurst stillen, sondern sieht sich mit dem Täteropfer konfrontiert, dem es doch eigentlich ganz gerne aus dem Weg ginge. Da sind aber keine einfachen Wege. Eben noch mit der potentiellen Mörderin alleine, weiß das nun schon der Gegner und, schlimmer noch, wird man plötzlich selbst zum

Gegner des eigenen (riskanten) Wunsches. Das ist teuflisch. Und dazu ein Fingerzeig auf manche kommende Wirkungsambivalenz des Werks. Absolute Erfüllung der eigenen Anliegen, ein totales Im-Einklang-Sein mit den Figurentaten oder ein wie auch immer strukturiertes Happy-End gab es in Hitchcocks Kino ohnehin selten, gibt es aber im Anschluss an SABOTAGE tatsächlich nie wieder. So ist, wenn man dies denn moralisch bewerten möchte, eine doch recht finstere Form der Unterhaltung gefunden, die selbst in den helleren Momenten der kommenden Texte immer als (problematisch verstrickende) Grundierung präsent sein wird.

Man schaue ruhig genau hin: z. B. auf Stevies minutiös geplante Exekution. Wenn nämlich der nette Kerl mit Bombenpaket auf dem Weg zum Piccadilly ist, wird dem atemlosen Publikum ständig die längst bekannte Gefahr vor Augen gestellt. Da ist die Bombe – man sieht die Apparatur schattenhaft durch das Paket hindurch ticken – und dort der Explosionszeitpunkt – ›singende Vögel‹ um 13.45. Die Kamera zoomt auf die Uhrzeit des Erinnerungszettels und verharrt dort lange. Warum eigentlich? Man weiß das doch längst. Also gut, vielleicht hat es ja der eine oder andere vergessen. Man nimmt es hin und zittert weiter. Bis zum besagten Zeitpunkt. Als nämlich nach einer Reihe von Uhren-Inserts die Explosionszeit erreicht ist, passiert: nichts! Alles wohlauf. Stevie ist ein bisschen nervös, aber das hat ja andere Gründe. Es ist demnach 13.45 Uhr und die Vögel singen nicht! Was nun? Man müsste jeden einzelnen Zuschauer fragen. Vielleicht denkt mancher an eine fehlerhafte Bombenmechanik und freut sich oder hofft auf eine letzte Chance des Jungen, welcher Art auch immer. Eventuell fällt es einigen Zuschauern auch gar nicht auf. Faktisch aber geht die Bombe erst um 13.46 Uhr hoch, und diese letzte Minute einer wirren Hoffnung auf Lösung und Rettung ist tatsächlich ein Hinterhalt der besonders gemeinen Art. Dafür kann man schon einmal mit dem Regenschirm verprügelt werden – und hat es auch irgendwie verdient.

SABOTAGE gefalle halt nur denjenigen, die Hitchcock nicht mögen, behaupten Rohmer und Chabrol ein wenig vorlaut und kanzeln insgesamt den Film ab als zu kalt, zu glatt und im Ganzen viel zu virtuos (!). Das geht dann doch zu weit. Richtig ist, dass das Verspielte der anderen britischen Filme in SABOTAGE weitgehend übergangen wird, die zügige und geradlinige Handlungsentwicklung auch wenig Rücksicht auf poetische Momente nimmt, die beide Franzosen so schätzen. Andererseits ist SABOTAGE, sieht man auf das kommende Werk, ein richtungsweisender Grenzstein, und gewiss ist er alles andere als ein Film, der »dem Publikum zuspielt«. Ganz im Gegenteil! Hitchcock spielt hier mit dem Zuschauer, zieht in jedem Moment souverän die Wirkungsfäden der Angebote und wirft den Betrachter von einem erzielten Gefühlschaos in das nächste. Die Mittel, mit denen er dies erreicht, sind tatsächlich vorbildlich, machen den Film zu einem brauchbaren Schnittmuster, das erst 25 Jahre später mit PSYCHO manipulationsökonomisch überholt werden wird.

Das Torpedieren von Erwartungen des Zuschauers, auch von Genreprinzipien und demnach Erzählklischees ist eine wichtige ästhetische Haltung des Briten. Da gibt es manche überraschende Regelveränderungen mitten im Spielverlauf, ohne dass die Mitspielenden missmutig den Kartentisch verlassen. Zwar scheint Saboteur Alfred ein unzuverlässiger Spielmacher zu sein, aber eben doch einer, der auf diese Weise dem Spiel neue Reize entlocken und so die Mitspieler zum Bleiben überreden kann. Dies ist heimtückisch und verführerisch zugleich: Darauf lässt sich aufbauen! Als Truffaut am Ende des Gesprächs über den Film wissen will, was Hitchcock denn heute so von SABOTAGE halte, meint der orakelhaft pfeifend, der Film sei doch etwas – sabotiert!

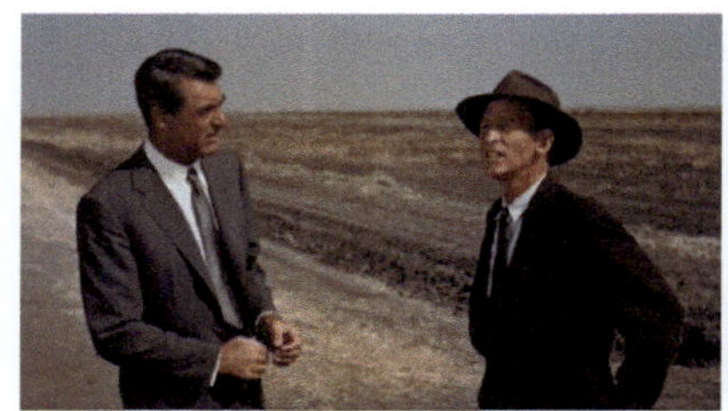
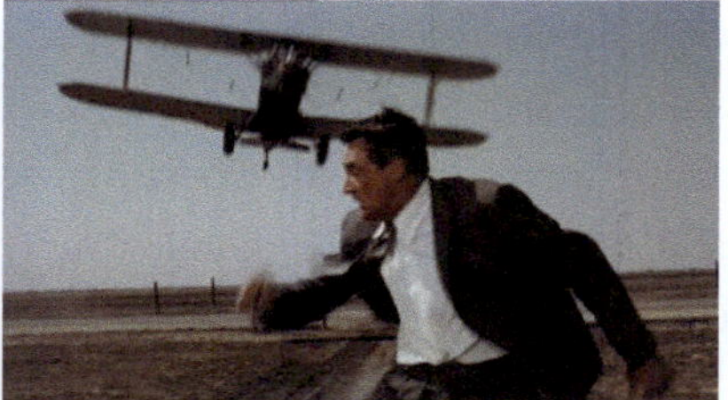

North by Northwest, 1959

Then your name isn't Kaplan?

Ein Geschäftsmann, eigentlich ein Werbefachmann, gekleidet in teuren graublauen Zwirn, steigt an einer Bushaltestelle inmitten der amerikanischen Highway-Einöde aus und wartet. Komische Haltestelle. So mitten in der Prärie. Beinahe surreal. Roger O. Thornhill, so heißt der Mann, wundert sich aber nicht darüber, oder vielleicht muss man sagen: Er wundert sich schon lange nicht mehr. Auf der Suche nach einem Mann namens George Kaplan, mit dem er ständig verwechselt wird, hat Thornhill nämlich schon einiges erlebt, ist er mancher Gefahr entkommen. Immer wieder steht sein Leben auf dem Spiel, muss er Kopf und Kragen riskieren, da eine Bande Ganoven diesen Kaplan loswerden will. Und nicht nur die sind hinter ihm her, sondern auch die Polizei, weil sie ihn für den Mörder eines UN-Abgeordneten hält. Kurios: Ein Mann wird von vielen gesucht, und er weiß nicht mal warum. So geht das nicht weiter. Eine Zeit lang konnte er sich ja noch verstecken, jetzt aber ist es genug. Und die Lösung ist nahe. Denn nach amourösem Tête-à-Tête mit der hübschen Eve Kendall erfährt er von ihr, dass ihn Kaplan just hier, in der Einöde, erwarte. Woher weiß die das nur? Aber gut, möge sich das Chaos lichten: Kaplan kann kommen.

Nein, kann er nicht! Denn er existiert nicht. Das heißt, er ist schon da, aber nur als Laut- oder Buchstabenelement, als Ablenkungszeichen für die Ganoven, vom US-amerikanischen Geheimdienst zu deren Beunruhigung platziert. Das weiß Thornhill nicht, wir aber schon. Das gebrochene Kommunikationssystem einer Suspensesituation ist gesetzt. Und alles, was ab sofort Thornhill in freudige Erregung versetzt, stößt den Zuschauer in tiefe Ver-

zweiflung, denn das Ganze ist ein abgekartetes Spiel: In dieser Einöde ohne lästige Zeugen und die Tat erschwerende Schutzzonen soll Thornhill exekutiert werden. Dass dies passieren wird, ist klar, wie es passieren soll, noch ein Geheimnis. Aber gleichgültig, was oder wer da auch immer zum einseitigen Gemetzel erscheinen mag, Thornhill ist unwissend und in der flachen Einöde chancenlos. Es ist aus!

Nicht so schnell! Hitchcocks Interesse für Wahrscheinlichkeiten ist schließlich marginal, das Spiel mit dem Zuschauer funktioniert nach anderen Regeln. »To be thrilled« heißt das Glaubensbekenntnis (mit implantiertem »Trotzdem«), und in der Maisfeldszene[14] *wird vom begeisterten Publikum alles geglaubt und vieles übersehen. Zum Beispiel Thornhills knitterfreier Anzug, der trotz Stürzen kaum leidet. Oder das überhaupt nicht treffsichere Maschinengewehr an Bord des Flugzeugs, manche geografische Unmöglichkeiten des am Boden kauernden Helden und, natürlich, der abschließende ›Selbstmord‹ des pilotenlosen Fliegers.*

Eine effiziente Szene also! Zu Beginn, als Suspensesituation gestaltet, ist jedes vorbeifahrende Auto im Zuge der doppelten Optik eine potentielle Terrorzelle, kommt der verschrobene Farmer als Kaplan/Killer durchaus in Betracht und ist der abfahrende Autobus für den Zuschauer eine (letzte) Fluchtmöglichkeit, die Thornhill bedauerlicherweise nicht wahrnimmt. Dann, mit Erscheinen des Flugzeuges (das immer schon da war!), ist der Wissensvorsprung des Publikums aufgebraucht, der Gegenspieler bekannt und folglich die Spannungsgestalt einer Actionszene erreicht. Man hofft auf ein gutes Ende für den Helden, dessen Situation sich immerhin minimal gebessert hat: Er erkennt nun das (nicht lösbare) Problem.

---

14 Obwohl ansonsten eher von der *Cropduster-Scene* die Rede ist, hat sich im deutschen Sprachraum die Bezeichnung *Maisfeldszene* durchgesetzt. Und das sicherlich nicht nur aufgrund der komplizierten Übersetzung. Interessant ist hier nämlich die Fokussierung des einzigen Verstecks im ansonsten topfebenen Setting. Da Thornhills Untertauchen im Maisfeld ja keine wirkliche Lösung des Konflikts ist, das Maisfeld im Spannungsraum also nichts anderes als eine neuerliche Falle markiert, ist die deutsche Benennung ein Hinweis auf die ironische Handhabung von Spannung innerhalb der Szene und damit sehr viel näher an Hitchcocks Haltung als die amerikanisch-englische Betonung des Gegenspielers.

Wenn es schließlich für Thornhill ein befriedigendes Ende gibt und er nicht wie weiland der kleine Stevie abtreten muss, dann hat dies mit der Bedeutung der Figur (und des Stars Cary Grant), der Genrevariante Thrillerkomödie sowie einem durch SABOTAGE *angestoßenen Lernprozess des Regisseurs in Sachen Publikumszumutung zu tun, ganz sicher nicht mit auch nur einem Jota Realitätsnähe. Im Maisfeld wird rund um Cary Grant eine Wirklichkeit entwickelt, die man vielleicht als wirksame Willkürexplosion bezeichnen kann: Die Szene gleicht in ihrer Gestalt und Auswirkung einem Traum. Bewusste Kontrolle durch das Publikum wird lahmgelegt, und, obwohl ausreichend Weckrufe zur ironischen Distanznahme eingearbeitet sind, dämmert der Zuschauer geistig retardiert und doch hyperaktiv dahin. Aus heiterem Himmel fliegt der Gegner ein – eine von Hitchcock gesteuerte Drohne –, dreht seine Runden, ballert ein bisschen herum und bringt sich schließlich, da kein Gegner weit und breit in Sicht, selbst zur Strecke. Das ist spannend und komisch zugleich. Das ist Theorie in Filmbildern: ein abstraktes Kunstwerk und zugleich ikonisches Leitbild über die Haltung ihres Schöpfers.*

Hitchcock musste allerdings schon bald feststellen, dass der eigentlich als Klischeebruch orchestrierte Kampf Thornhills mit der Drohne durch Wiederaufgreifen in anderen Filmen selbst zu einem Klischee wurde. Das kann passieren, wenn man etwas Besonderes schöpft, soll auch so sein und ehrt immerhin den Urheber. Noch dazu doppelt. Denn keiner der Zitierenden hat auch nur annähernd die Dichte an Absurditäten erreicht, welche Hitchcock hier in knapp neun Minuten ausstellt. Und gerade das sei ja das Außergewöhnliche, meint Truffaut bei Besprechung der Szene, dieser Sinn Hitchcocks für die auf dem Absurden basierende Phantasie. Natürlich, entgegnet der Gepriesene: »Den Sinn für das Absurde praktiziere ich wie eine Religion.«

Bewegung

The 39 Steps (1935)
Saboteur (1942)
North by Northwest (1959)
Torn Curtain (1966)
Topaz (1969)

Die Maisfeldszene in North by Northwest ist so etwas wie die Quintessenz jenes Masterplots, der mit dem Versprechen *Innocent on the run* Einfühlung und Action in Aussicht stellt. In einer Szene wird das doppelte Bewegungsprinzip der Bezeichnung moving pictures eingelöst: Innerlich bewegt von der Chancenlosigkeit des Helden verfolgt man sein Strampeln gegen den Unbill der Situation mit großer Anteilnahme (also: man strampelt mit) und wird auf diese Weise glänzend unterhalten. Alles ist im Fluss. Die Bewegung wird zum vordringlichen Plotelement und zur bezwingenden Handlung. Da gibt es durchaus eine Beziehung zu solchen Slapstick-Aktionstruppen wie z.B. den *Keystone Cops*, wenn auch Flucht und Jagd weniger grotesk, alles in allem realistischer gestaltet sind und letztlich die Figureneinfühlung zur motivierenden Grundlage der Aktionsteilnahme wird. Das Atemlose der Stummfilmkomödien aber, das Übergehen von einer (Fast-)Katastrophe in die andere ist auch hier die Grundbedingung, ohne dass auf Seiten des Betrachters groß über die Wahrscheinlichkeit der Angelegenheit nachgedacht wird. Im Szenensog bleibt keine Zeit zum Sinnieren: Verstrickung und Auflösung der Handlung sind die Ergebnisse einer permanenten Bewegung des Helden nach vorne.

Dabei ist dieses Voranschreiten immer auch ein Zurückweichen. Keiner der Akteure bewegt sich hier freiwillig. Am liebsten bliebe man ja ohnehin im gar nicht aufregenden Alltag sitzen, im Vertrauten und demzufolge Langweiligen. Das geht dann doch nicht. Das Abenteuer ruft. Und es ruft am unterhaltsamsten, wenn der Angerufene eher unlustig dem Antrieb nachgibt – wenn er zu seinem ›Glück‹ gezwungen werden muss. In den ursächlichen Filmtexten dieser Fluchtbewegung ist das Bezwingende die Bedrohung, der man natürlich ausweichen sollte, und schlimmer noch: die Schuldbelastung eines gänzlich Unschuldigen. Es ist doch so:

Plötzlich denkt alle Welt schlecht über einen, na ja, immerhin nicht bösartigen Menschen, wird ihm das Übelste unterstellt, er auch als Gefahr für die Machenschaften einiger Ganoven eingeschätzt, weshalb er in Folge mancher Freischwimmbewegungen in einen Chaosstrudel sich ständig erneuernder Schuldpotenz gerät. Held und Film kommen so in Bewegung. Der unfair Belastete muss den vertrauten Alltagssessel verlassen, da unter, seitlich und hinter ihm Sprengfallen platziert worden sind. Wenn allerdings das Normale abnormal, das Vertraute unvertraut erscheint, wird das reine Überleben zu einem Tanz auf dem Vulkan. Schlimmstmögliche Wendungen im Leben eines Mannes (es könnten auch Frauen sein) werden zum Auslöser für das Flucht- und Zugschema dieses Bewegungsplots. Und solch filmisches Fitnessprogramm feiert bis heute im Kino fröhliche Urständ. Ob das vielleicht auch am klassischen Hyperschema liegt? Am antiken griechischen Supercode, der hinter den Texten schlummert? Denn eigentlich vermählt sich hier doch Ödipus im kretischen Labyrinth mit Odysseus, und diese symbiotische Figur will nach langem Hin und Her, nach Zuspitzungen und Teilzeiterfolgen auch noch in Richtung Ithaka segeln – will also heimkehren ins Wohlvertraute, inzwischen aber vollständig Veränderte. Da ist schon klar, dass die Reinheit der Unverdorbenen wohl verloren geht, dass sowohl das eine wie auch das andere Ziel ohne Verkleidung, Lüge und manches Verbrechen nicht zu erreichen sein wird. Man tritt in solch Schlamassel vielleicht unschuldig ein, niemals aber schuldenfrei heraus. Intrigen machen unkeusch.

Und doch auch höllischen Spaß. Was wird da nicht alles zu unserer Freude bewegt! Eine neurotische Hauptfigur – zumeist ein noch nicht ganz abgenabeltes ›Muttersöhnchen‹ – wird mit seiner größten Angst konfrontiert, nämlich einer Form der losgelösten Identität oder erzwungenen Existenz in einer unbekannten Umwelt, und muss sich nun aktiv an der Lösung des Unverständlichen versuchen. Diese Orientierung innerhalb des sich ständig erneuernden Irrtums ist eine Wiedergeburt, ein zweites Geburtstrauma mit entsprechenden Entwicklungsstufen des Lernens und Verstehens. Sichtbar wird nun das Versteckte, Illegale im Verborgenen. Man erkennt die unsichtbaren Stützpfeiler der Weltfassade, also eine Anderswelt, in der sich der ahnungslose Held bewähren muss. Hier liegt gewissermaßen ein unterhaltsamer Bindungsversuch jener Systematik vor, die Joseph Campbell (allerdings erst 1949) in seiner Schrift über den *Heros in tausend Gestalten* beschrieben hat. Eine Form des allen Kulturen vertrauten Monomythos von Weltenwechsel und damit verbundenen Abenteuern aus Gründen der Initiation oder Selbstfindung.

Diese Aktionsplots sind sicherlich das sinnfälligste Moment in Hitchcocks Kinolektionen. Hier braucht es keine Wahrscheinlichkeitssuche, keine Alltagsverbundenheit, auch keine allzu große intellektuelle Beanspruchung. Nichts dergleichen lenkt ab von der wirklich wichtigen Teilnahmebedingung des Spiels: dem aufgelösten Mitfiebern im Als-ob! Das ist die größtmögliche Wirkungsreinheit, die das Thrillergenre erreichen kann, und es verwundert nicht, dass Hitchcock hier öfter investierte. Dabei fehlt dieses Bewegungsmotiv ja in keinem seiner Filme, weil durch die perspektivische Engführung der Hitchcock-Erzählung und das Kuchenstück Suspense grundsätzlich eine Menge getan wird, um Beweglichkeiten, auch Bewegungsneurosen auszulösen. In einigen Filmen jedoch wird jene Mobilität regelrecht zelebriert, und um diese Wirkungshochzeiten soll es im Folgenden gehen.

Für die Behauptung, dass Hitchcock mit THE 39 STEPS zu seinem eigentlichen Thema findet, braucht es keinen Wagemut. Natürlich gibt es in seinen Filmen auch schon vorher die kriminalistische Handlung um ein Geheimnis. Aber die perspektivische Konzentration der Erzählung auf einen unschuldig Beschuldigten und dessen erzwungene Flucht- und Recherchebewegung in eine ungewisse Zukunft werden in THE 39 STEPS zum ersten Mal in solcher Klarheit verfolgt. Mit diesem Film ist die Inszenierungsschablone vieler folgenden Hitchcocktexte gefunden: der reine Bewegungsthrill mit komischen Untertönen, gebaut um einen unschuldigen Helden in Lebensgefahr. Und der Einstieg gelingt 1935 nicht nur, er wird über Jahrzehnte hinweg zum vorbildlichen Prinzip. Allein das für Hitchcock bezeichnende elliptische Erzählen klettert schon bei diesem ersten On-the-run-Versuch in schwindelerregende Höhen; eine Inszenierung der fortwährenden Paukenschläge. Von Anfang an ist die Erzählgeschwindigkeit hoch: Der Kanadier Richard Hannay geht in eine englische Music Hall, um sich dort bei den typischen Unterhaltungsnummern zu vergnügen – z.B. einem »Mr. Memory«, der als Gedächtniskünstler auf alle Fragen eine Antwort hat – und lernt während einer ausbrechenden Saalschlägerei eine namenlose Dame kennen. Er nimmt sie mit zu sich nach Hause. Fraglos ein Fehler! Denn die Frau ist eine Spionin, wird bereits verfolgt und zieht so Hannay mutwillig in ihre Angelegenheiten hinein. Schnell noch teilt sie ihm ihr vages Wissen über eine Spionageorganisation namens *39 Stufen* mit, die »ein Geheimnis außer Landes« bringen will. Schon kurz darauf hat sie ein Messer im Rücken und stirbt mit einem geröchelten Fluchthinweis in den Armen Hannays. Verzwickt das! Der Kanadier ist nun für die Mörder ein Komplize der Spionin und für die Polizei deren Mörder. Die Bedingungen für eine atemlose Fluchtsuche sind gesetzt: Hannay muss ›doppelt‹ fliehen und ist gezwungen, das Schlamassel, in das er hineingezogen wurde, durch eigene Recherche zu lösen. Amateur Ödipus begibt sich auf eine spannende Odyssee!

So beginnt der Film, der mit zu den beliebtesten Hitchcocks zählt. Und dieses Erfolgsmuster ließ der dann auch noch zweimal in einer beinahe Eins-zu-eins-Entsprechung wiederaufleben: in SABOTEUR während des Zweiten Weltkriegs und lange danach im stilsicheren Höhepunkt dieser Form: NORTH BY NORTHWEST. In SABOTEUR ist es Barry Kane, ein Rüstungsarbeiter, der, eines Sabotageakts bezichtigt, fliehen und auflösen muss – in NORTH BY NORTHWEST verliert schließlich mit Roger O. Thornhill ein Werbefachmann seine Identität, weil er im falschen Moment nach einem Hotelboy ruft. Hannay, Kane und Thornhill müssen untertauchen – nach Schottland, eher nordöstlich ansteigend mit dem Zielpunkt New York, schließlich ausgehend von New York in nordwestliche Richtung bis zum Mount Rushmore. Immer unterwegs sind diese, nicht selten an eine Frau gefesselten, Amateurermittler, deren Leben permanent gefährdet ist. So stolpern sie von einer Falle in die nächste bis hin zum Erfolg, der wie auch so manche andere Idee nicht allzu ernst genommen werden darf. Wenn z.B. Hannay mit Handschellen bei einer örtlichen politischen Veranstaltung irrtümlicherweise für den Hauptredner gehalten wird und glanzvoll in dieser Rolle besteht, Kane auf einer Wohltätigkeitsveranstaltung im Haus der Saboteure lange Zeit clever seinen Hals retten kann oder schließlich Thornhill auf einer Auktion die Regeln des Hauses sprengt und so noch einmal davonkommt, dann ist das immer auch die komische Auflösung einer verzwickter Lage. Das sind kleine Feste, Feuerwerke rund um die Figuren, die mit Mutterwitz der ausweglosen Situation trotzen und ihr Glück im spielerischen Als-ob suchen – im Maskenspiel der Anderswelt, deren Teil sie sind.

Komik? Gewiss! Ein bestimmter Unernst wohnt diesen Geschichten bereits in Bezug auf das von all den Bewegten gesuchte Elixier inne: den *MacGuffin*. Jenes Nullzeichen ist nicht nur das Bedingungselement für waghalsige Aktionen, sondern auch das Erkennungszeichen dieser Filme. Immer muss eine Geheimformel, ein Regierungsgeheimnis oder ähnliches gesichert werden. Immer geht es dabei um Unverständliches oder, wie in NORTH BY NORTHWEST, um mikrofilmisch Unsichtbares. Immer also setzt der nicht fassbare Inhalt zwar die atemberaubende Handlung in Bewegung, verliert dann aber im Verlauf der Bewegung gänzlich an Bedeutung. Es gibt halt nichts Langweiligeres als Mr. Memorys Abschlussvortrag, nichts Unwichtigeres als die gesicherten Mikrofilme am Mount Rushmore, nichts Bedeutungsloseres als die politische Motivation hinter den Sabotageakten der Hitchcock-Schurken.

Denn diese Odysseen sind zwar motiviert – es geht ja ums nackte Überleben –, aber sie finden hinter dem Zugmotiv des Handelns keine verständliche Erklärung. Der Zuschauer verliebt sich vielmehr in den Spaß des Leidens mit einem sozial Drangsalierten und Verfolgten und erlebt so ein Ersatzabenteuer im Kinostuhl. Die jenseits des Abenteuers relevante ›Politik‹ ist natürlich völlig nebensächlich, zumeist nur ein zusätzliches Gefahrenelement, verantwortet von gesellschaftlich akzeptierten Ganoven. Also kann man sich darüber lustig machen, wie z.B. im vielleicht kuriosesten *MacGuffin* seines Werks: dem Liedchen als Geheimbotschaft in THE LADY VANISHES (1938). Diese Melodie, um deren Rettung herum so viel passiert, wird ja am Ende des Films nicht mehr, wie noch zu Zeiten Mr. Memorys, verbalisiert, sondern nur von der betagten Agentin am Flügel im Außenministerium angespielt, dann vom großen Orchester im Off aufgenommen und so über der Titelkarte »The End« zur musikalische Auflösung gebracht. Spionage im Film ist ein melodisch-rhythmisches Detail ohne Inhalt, emotionalisierend und unterhaltsam, also: ein großer Bewegungsspaß auf Kosten all der Wahrscheinlichkeitskrämer in der Welt. Fun-Politics on Screen. Die erfolgreiche *James-Bond*-Reihe hat den Wink bis heute verstanden.

In diesen drei Filmen ist der Bewegungsplot rund um den Unschuldigen sicherlich am stimmigsten umgesetzt worden. Nicht zuletzt deshalb, da ein echter Amateurheld aktiv werden muss, der auf dem Wissenstand des Publikums platziert ist und so Sympathiewerte leicht auf sich ziehen kann. In THE SECRET AGENT (1936), THE LADY VANISHES, FOREIGN CORRESPONDENT (1940) sind schon eher professionelle Akteure gefährdete Identifikationssubjekte, in YOUNG AND INNOCENT (1937), TO CATCH A THIEF (1954) sowie FAMILY PLOT (1976) wiederum fehlt es an der politischen Einbettung und nicht zuletzt am *MacGuffin,* und in THE MAN WHO KNEW TOO MUCH (1934 / 1955) ist es der wesentliche Familienhintergrund der Akteure, der ihre Irrfahrt melodramatisch überhöht und so das ›Politische‹ deutlich in den Hintergrund drängt. Eine Kindsentführung ist kein geträllertes Liedchen! Da hört dann doch der (ganz große) Spaß auf. Aber auch diese Filme passen gut in das Bewegungsschema und erweitern auf ihre Weise den Themenfavoriten oder vielleicht sogar die inhaltliche Hauptschöpfung des Briten.

Mit NORTH BY NORTHWEST schließlich gelingt Hitchcock so etwas wie ein Höhepunkt dieser Form. Stilsicher führt er hier die Parameter zusammen und das bewegliche Handlungs- und Figurengerüst zu einem glänzenden Finale. Da gibt es Spieler und Muttersöhnchen Thornhill, einen betagten Geheimdienstapparat, der spielerische Schreibtischentscheidungen über Leben und Tod unbescholtener Bürger trifft, Beischlafdiebin Eve Kendall, die mit Männern zum Wohle der USA spielt, und den weichen Ästheten und politischen Ganoven Philipp Vandam, auch er ein Thrillsuchender und Spieler, für irgendeine ausländische Macht aktiv. Spieler, wohin man schaut! Es ist deutlicher denn je das Spiel mit allem und jedem, das auf jener nordwestlichen Reise den Zuschauer gefangen hält. Wer von den Akteuren hat die besten Karten? Wer blufft hier wen zu welchem Zweck und wie erfolgreich? North by Northwest ist vielleicht so etwas wie Hitchcocks Spieltheorie on Screen. Hier sind sie in Reinformat zu bewundern, die selbstzufrieden handelnden Akteure, die sich zeitlich entbunden durch eine mit besonderen Regeln ausgestattete Quasi-Realität bewegen und dabei von einer Aktivierung zur nächsten gelangen. Unverhoffte Verwicklungen, Konflikte und überraschende Neuigkeiten werden im Minutentakt geliefert. Der spielsüchtige Schwindel ist das beabsichtigte Wirkungsprogramm.

Das wird schon früh deutlich. Wenn nämlich Roger O. Thornhill bei einem Geschäftstreffen plötzlich nach dem Hotelboy ruft, beginnt der Dauerkonflikt des Films oder die Verwicklung der Figur. Genau hier startet für den Zuschauer das Neusehen der Filmregeln, die selbst aus dem Nichts hervorbrechen und doch schon den ganzen kommenden Film in sich tragen. Wie das? Nun, Thornhill will den Boy etwas fragen. Dieser hatte aber eben, beauftragt von zwei Vandam-Ganoven, einen »George Kaplan« ans Telefon gerufen. »Kaplan« wiederum existiert nicht, er ist nur eine Lautmaske des US-Geheimdienstes, um Vandam zu verunsichern und die bereits in seiner Nähe platzierte Agentin Eve Kendall zu schützen. Thornhills Wink wird demnach für Vandams Schergen zum Offenbarungsakt Kaplans. Thornhill selbst wird Kaplan und kauft sich wider Willen (aber durchaus spielfähig) in das Spiel ein. All die Filmintarsien sind in diesem Moment versteckt präsent, und die Verwechslung selbst ist für einen Hitchcockfilm beinahe schwer auszumachen. Denn trotz Sicherheitsvorkehrungen – ein Akteur an Thornhills Tisch ist schwerhörig und legt andauernd eine Hand an sein Ohr – kann es sein, dass der Bezug Wink (visuell) und »Kaplan« (auditiv) nicht zweifelsfrei vom Zuschauer erkannt wird. Möglicherweise also wundert man sich und folgt irritiert der angestoßenen Verwicklung. Kann schon sein. Doch selbst dann bleibt das traumwandlerische Tun von North by Northwest unterhaltsam, und überhaupt: Manch anderer Zufall liegt noch auf der Lauer. So oder so: In diesem Willkürspiel wird jeder auf seine Kosten kommen.

Mit North by Northwest war ein stimmiger Schlusspunkt jener Fabel gesetzt, weswegen ein Wiederaufgreifen eigentlich nur enttäuschen konnte. Aber die ersten Bond-Filme hatten zu Beginn der 1960er Jahre weltweit so viel Geld eingespielt, dass der Ploterfinder, genötigt oder nicht, doch noch einmal einen Vorschlag machen wollte. Freilich ohne einen Alleskönner wie 007. Das war ja nur die ironische Weiterentwicklung von Thornhill / Grant ohne dessen Identitätsverlust und Verwundbarkeit. Hitchcock braucht den Amateur, den Genötigten und Ahnungslosen – eben einen tauglichen Stellvertreter des Publikums. Der könnte doch auch im Spionagefeld des Kalten Kriegs seiner Tätigkeit nachgehen, am besten in der Höhle des Löwen selbst. So entstand Torn Curtain, mit dem Hitchcock filmisch nach Deutschland zurückkehrte, zumindest in den kleineren Teil davon: die DDR. Anhand eines völlig unglaubwürdigen Plots würdigte der Brite noch einmal die Schaffensperiode des deutschen Films mit Weltgeltung, die ihn selbst so kräftig geprägt hatte. All die Tricks und Kniffe handgemachten Kinos der Frühzeit sind hier versammelt, ein Fake gibt dem anderen die Hand, und das alles zur Illustration einer Geschichte, die ihre inhaltliche Haltlosigkeit nicht verbergen kann, vielleicht auch nicht verbergen will. Was soll das auch sein? Ein amerikanischer Physikprofessor, Michael Armstrong, kann ein Formelproblem nicht lösen, wird deshalb zum Überläufer hinter den Eisernen Vorhang, ist aber eigentlich ein amerikanischer Spion, der mal so eben die Formel aus dem Kopf eines Leipziger Professors stehlen und nach Hause bringen soll. Ärgerlicherweise folgt ihm bei seiner Flucht hinter den eisernen Vorhang auch noch seine nicht eingeweihte Verlobte. Die Probleme potenzieren sich. Und Armstrong, der auf beiden Feldern ein verkniffener Amateur ist, hat eine ganze Menge zu tun, bis er schließlich seine Verlobte in der Sicherheit Stockholms in die Arme schließen kann.

Dieser Film gilt bis heute als einer der weniger geschätzten in Hitchcocks Werk. Da gibt es manche Rezensenten, die in den vergangenen Jahrzehnten die Gelegenheit nutzten, jene beispiellose Ansammlung von Willkürakten zu verspotten und ihren Schöpfer gleich mit in Frage zu stellen. Gerade deutsche Filmkritiker taten sich besonders schwer mit der

Agentenfarce im eigenen Land, waren empört oder machten sich lustig. Das kann man auch tun. Wild im Postamt und auf der Straße herumschießende Vopos, russische Straßensperren zur Ausraubung vorbeifahrender Omnibusse, überhaupt die Flucht im außerplanmäßigen Bus und der ganze Plot rund um das Stehlen einer Formel – daran kann man sich schon kritisch ergötzen. Sollte man das aber ernst nehmen? Eigentlich nicht! Hier ging es doch nicht um die quasi-dokumentarische Darstellungen eines Länderkonflikts, sondern um die Ausbeutung dieses Gegenwartsbezugs für Unterhaltungszwecke. Was hatten die Enttäuschten erwartet? Ein politisches Statement Hitchcocks? Das kann nicht sein. Es ist schon so, dass man heute beinahe ungläubig die Aburteilungen liest, die diesen Film seit seiner Erstaufführung begleiten. Ein Aufstand der Wahrscheinlichkeitskrämer? Sicherlich. Ein groteskes Missverständnis? Auch das. Aber gut, vielleicht ist ja wirklich nicht jeder Übergang in TORN CURTAIN geglückt, möglicherweise Paul Newman auch keine allzu glückliche Wahl für einen Hitchcock-Helden, und sicherlich die DDR nicht gerade ein Raum mit Schauwerten, die einem Mount Rushmore das Wasser reichen können. Andererseits machen gerade diese ›Anpassungsschwierigkeiten‹ Hitchcocks DDR-Film bis heute zu einem solide gefassten, gleichsam schimmernden Solitär oder zu einem Analyseobjekt der besonderen Art.

Da ist diese faszinierende Farbdramaturgie, auf die schon Frieda Grafe hingewiesen hat; die verblichenen »Farben der DDR«, die an das »Tinting und Toning von Stummfilmen« erinnerten. Überhaupt der Stummfilm: in den falschen, gemalten Räumen, in den vielsagenden Blicken (weil in der DDR viel geredet und wenig gesagt wird), im Formelklau des *MacGuffins*, in der von der Stasi umstellten Ballettszene, auch bei der berüchtigten Vergasung Gromeks im deutschen (!) Backofen. Man kann TORN CURTAIN durchaus ohne Ton verstehen und zwar von Anfang an. Ein Film also für die Gehörlosen – und irgendwie ist auch das eine Aussage zur Bedeutung von Spionagetätigkeiten. Als Armstrong sich kurz vor seiner Flucht mit einem US-Agenten in Ost-Berlin vor einem Schaufenster bespricht, ist auf den dort ausgestellten Fernsehern auf Deutsch zu lesen: »Gespräche ohne

Nutzen«. In der Tat! Da nimmt einer diesen ganzen ideologischen Hokuspokus nicht sonderlich ernst, nutzt ihn nur, um seine Spannungsdramaturgie mit redseliger Leere zu füllen.

Selten war Hitchcock abstrakter, nie jedenfalls komischer in seiner räumlichen Ausstaffierung. Die dargestellte DDR, das sieht Klaus Theweleit ganz klar, ist doch nur mehr Kulisse, eine »Musicalkulisse«, die zum Lachen ist, oder eben ein Traumgebilde des »imaginierenden Hochironikers«. Da sitzen die Überläufer in der modern eingerichteten Stasi-Zentrale, schwenken ihren Cognac und schauen aus dem Panoramafenster auf baufällige Ruinen. Ist das ein Symbol für das »aus Ruinen auferstandene« Nachkriegsphänomen DDR, ein Hinweis auf die wirtschaftlich unsichere Lage der ostdeutschen Republik, die Prognose eines baldigen Zusammenbruchs kommunistischer Staaten oder ein komischer Widerspruch, eine Ambivalenz direkt ins Bild gesetzt? Soviel steht fest, Hitchcock ist nicht politisch interessiert. Er erweitert hier nur – im Übrigen: das einzige Mal – die Erfolgsgeschichte des *Innocent-on-the-Run* um einen Helden als aktiven Amateurspion. Um einen Figurenwiderspruch also, denn Armstrong mimt ja den Agenten nur und wird dabei immer wieder an die Grenzen seiner Mimese geführt. Köstlich diese neuerliche Begegnung mit ›Mr. Memory‹, dem eitlen Professor Lindt, der zur Wahrung seiner Einzigartigkeit kurz mal Landesgeheimnisse ausplaudert. Vielleicht ist TORN CURTAIN ja einer der spaßigsten Hitchcockfilme überhaupt: eine Komödie des Kalten Kriegs. Wie sagte noch Präsident Merkin Muffley in Kubricks Satire DR. STRANGELOVE? »Gentleman, I've never heard of such a behaviour in the War Room before!« Er kannte ja auch 1964 Hitchcocks TORN CURTAIN noch nicht.

Im letzten reinen Bewegungsplot seines Werks griff der nach zwei eher mäßig erfolgreichen Filmen (MARNIE, TORN CURTAIN) verunsicherte und von der Kritik arg gebeutelte Regisseur dann auf einen Bestsellerroman zurück. Leon Uris' *Topaz* ist ein klassischer Spionageroman rund um die Kubakrise von 1962, hat ein allzu breites Figurenarsenal, ausufernd viele Schauplätze und behandelt den Fall der Enttarnung eines französischen Doppelagenten im losen Umfeld der sowjetisch-kubanischen Raketenkrise. Warum sich Hitchcock hier jenseits der pekuniären Interessen engagierte, ist absolut rätselhaft. Es gibt im gesamten Film keine wirkliche Identifikationsfigur, der *MacGuffin* der Raketenfotos ist historisch bedeutsam (somit nicht wirklich ein Nullzeichen), die Krise von 1962 längst friedlich beigelegt (also kein offener *Suspense*) und die noch beim Vorgänger Armstrong (TORN CURTAIN) immer durchscheinende amateurhafte Menschlichkeit ist nun endgültig aufgehoben, da hier Spionageprofis ihrer anrüchigen Arbeit nachgehen. Mechanisch greift ein Rädchen ins andere, entwickelt sich der Plot vorwärts mit einem stocksteifen Frederick Stafford in der stets distanzierten Hauptrolle. Ganz im Gegensatz zum Spionagefilm THE SECRET AGENT von 1936, in dem immerhin mit den zweifelnden Agenten mitgelitten werden konnte, scheint nun Hitchcock, vollkommen von Einfühlungsoptionen losgelöst und beinahe in strukturalistischer Prägnanz, den reinen Akt des Verrats in Bildern gestalten zu wollen. Denn hier verrät jeder jeden mit einer Leichtigkeit, die beinahe schon etwas Zwanghaftes in sich trägt. TOPAZ ist ohne Zweifel der funktionalste Film Hitchcocks und dabei völlig von menschlichen Gefühlen leergefegt: ein kaltes Spiel rund um effiziente Taten. Um solches auf die Leinwand zu bringen, benötigt man Maskenträger und keine individualisierten Figuren. Funktionssherpas, die dem Plot die nötige Kühle bewahren und ihre emotionslose Aufgabe erfüllen. In dieser Hinsicht funktioniert TOPAZ durchaus und erinnert sogar ein bisschen an die Jahre später vorgelegte Zinnemann-Verfilmung des Forsyth-Bestsellers THE DAY OF THE JACKAL.

Ist das aber noch ein *Hitchcock*? Man hat doch berechtigte Zweifel. Es scheint beinahe so zu sein, als verweigere der Suspense-Meister seinem Publikum hier den Gefängnisplatz der Ich-Auflösung und führe es in fast dokumentarischer Weise zu den langweiligen Arbeitsfeldern der noch langweiligeren Spione. In seiner einzigen konkreten Beschäftigung mit (allerdings schon historischer) Politik zeigt Hitchcock in fast jeder Szene, wie sehr er das ganze Brimborium verachtet, und findet dafür in der Effizienzlogik einer schleichenden, aber fortwährenden Entwicklung vielleicht die einzig mögliche Form der Verdeutlichung. Das Publikum traute seinen Augen kaum und hasste den Film von Anfang an. Ein *Preview* sorgte dafür, dass Hitchcock auf Drängen der Produzenten einen neuen Schluss drehen musste, der dann so unglücklich ausfällt, dass man beinahe Mitleid mit ihm hat.

Topaz, schreibt Stefan Reinecke, sei das Dokument einer Krise. Da lief doch vieles nicht gerade planmäßig, war die Produktion eine für einen Hitchcockfilm bis dato nicht gesehene Ansammlung von Ungereimtheiten und Nothandlungen. Es ist aber auch die Krise des Bewegungsplots an sich. Hitchcock sollte auf diese Erfolgsformel, die er doch selbst sein Leben lang ergänzt und erweitert hatte, nicht mehr zurückgreifen. War es der Zeitgeist der End-1960er Jahre, der dieser unpolitischen Willkürallianz das Leben schwer machte? Mag schon sein. Jedenfalls ist Topaz in seiner Vermeidung des plotprägenden amateurhaften Zufalls irgendwie ein gelungener Endpunkt dieser fabulösen Aktionsspiele. Das Chaos des Einzelnen wird durch den geordneten Ablauf der Maschinerie ersetzt. All die individuellen Helden wie Hannay, Kane, Thornhill und, mit Abstrichen, Armstrong werden einfach nicht mehr gebraucht. Sie können in dieser Welt des normierten Dauerverrats nichts mehr lernen, keine Initiation oder sonstige Befreiung erleben, da ihre Chancen am Spieltisch endgültig aufgebraucht sind. Handeln können hier nur noch die mit den Regeln vertrauten Bürokraten: Profis der Indiskretion, Staatsverbrecher und Menschmaschinen.

Als 2013 Edward Snowden den NSA-Skandal aufdeckte, gab es für einen kleinen Moment beinahe so etwas wie die Renaissance des Hitchcock-Bewegungshelden zu bewundern – diesmal in der Wirklichkeit. Die Öffentlichkeit war elektrisiert, die Vereinigten Staaten fürchteten sich und stützten sich auf ihre bewährten Spionage-Bürokraten, um dieses Gespenst schnell aufzuspüren. Snowden musste also fliehen. Aber wohin in dieser global vernetzten Welt der Geheimdienstganoven? Nach langer Odyssee kam der mutige Mann schließlich nach Russland und sitzt nun dort, isoliert in Unfreiheit und zwischen den Stühlen. Langsam nimmt das öffentliche Interesse ab, der Fall gerät zur Fußnote der Geschichte – und alles läuft weiter wie zuvor.

Hitchcock hatte das richtige Gespür, als er 1968/69 Topaz drehte! Selbst in der die Realität überhöhenden Fiktion ist dieser klassische Bewegungsheld, jener mutige und Orientierung suchende Sympathikus, der am Ende zur Belohnung triumphieren darf, nicht mehr denkbar. Übrig bleibt – mehr denn je – der perfektionierte Überwachungsapparat, der selbst in den filmischen Utopiespielen nur noch durch eine übernatürliche Eigenkreation wie *Jason Bourne* gefährdet werden kann. Loriot hatte schon recht: »Früher war mehr Lametta!«

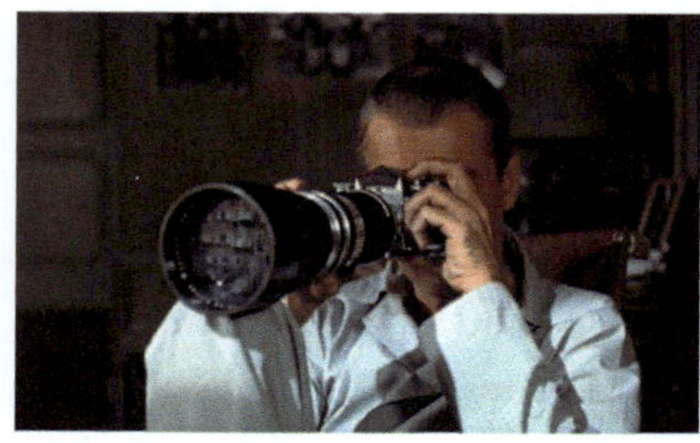
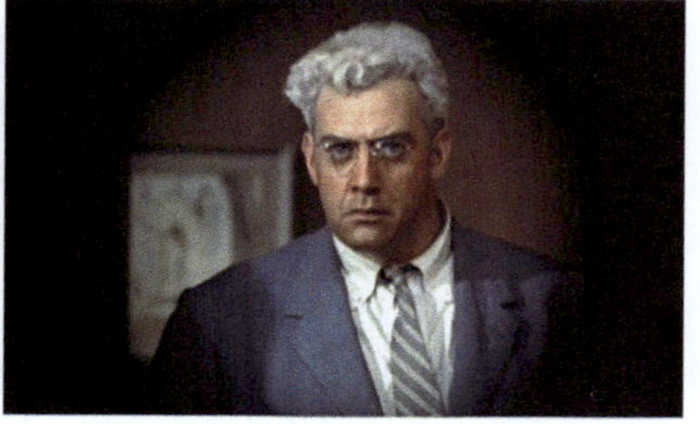

REAR WINDOW, 1954

We think Thorwald's guilty

Auftritt Lisa Fremont: Strahlend schön betritt sie, zwei Gläser mit Brandy schwenkend, die Szene, also das Wohnzimmer ihres Freundes L. B. Jeffries, der gerade mit seinem Kriegskameraden und jetzigen Kriminalkommissar Thomas J. Doyle einen aufregenden Verdacht bespricht. Was liegt an? Jeffries, seit Kurzem mit gebrochenem Bein von der Hüfte an abwärts im Gips und stark bewegungseingeschränkt, kann seine Profession als Fotoreporter auch im Krankenstand nicht unterdrücken und überwacht von seiner Wohnung aus die Nachbarn der Siedlung. Den lieben langen Tag schaut er aus seinem Fenster hinaus in andere hinein, sieht da allerhand Privates, Amüsantes, Anregendes, auch Beunruhigendes. Z. B. den Handelsvertreter Lars Thorwald, der mit seiner kranken Frau im Appartement gegenüber wohnt. Die beiden scheinen nicht glücklich miteinander zu sein. Als dann die Frau urplötzlich nicht mehr da ist, ihr Mann aber noch in der Wohnung weilt und sich dabei verdächtig verhält, wird Jeffries' instinktive Kombinationsgabe blitzschnell geweckt. Geistig frei flottierend folgert er einen Mord und bittet seinen Kumpel Doyle darum, der ganzen Sache doch einmal auf den Grund zu gehen. Er kann das ja, leider, mit diesem lästigen Gips am Bein nicht tun.

Doyle aber ist ein harter Brocken. Er folgt der Dramaturgie Jeffries nicht, hinterfragt kritisch und macht sich lustig über ihn. Es ist ja auch offenkundig, dass da einer ein bisschen Leben in seinen stumpfsinnigen Alltag bringen will und sich über das Bühnengeschehen in der Nachbarschaft, das er zumal nur sehen und kaum hören kann, zum amateurhaften Genreautor aufschwingt. Fantasie ist aber ungünstig bei der Wahrheitssuche. Doyle bleibt vorerst distanziert! Seine Augen beginnen erst zu leuchten, als er mit Lisa bekannt gemacht wird. So schön hatte er sie sich nun doch nicht vorgestellt. Und vorgestellt hatte er sie sich. Kaum in Jeffries' Appartement angelangt, hört Doyle Lisa im Nebenraum ein Liedchen summen, sieht ihren Schatten an der Decke und bemerkt auf einem Tisch einen kleinen Reisekoffer mit weiblicher Nachtwäsche. Auch er macht sich also ein Bild aus diesem kargen Faktenfundament und ist dann, als der Bildspender leibhaftig vor ihm steht, beeindruckt von der so viel bunteren Wirklichkeit. Fantastisch! – Jetzt aber: Auftritt Lisa Fremont. Jeffries stellt die beiden einander vor und, während Doyle noch dem konventionellen Begrüßungsritual Folge leistet und ein irgendwie paralysiertes »How do you do?« hervorstammelt, kommt Lisa unmittelbar zur Sache und meint: »We think Thorwald's guilty!« Das sitzt, denn immerhin: Darum geht's. Doyle erinnert sich wieder und beendet seine Träumerei.

Es ist doch klar, Spannung ist die Folge eines Informationsdefizits! Und dabei ist ganz gleich, ob dieses Fehlen an Inhalt einen fantasievollen Hobbydetektiven mit Gipsbein oder einen nüchternen Kriminalkommissar beschäftigt. Immer gilt es das Fehlende herzustellen, die Lücke zu füllen, letztlich die Erregung, die eine Verunsicherung ist, auszukosten. Thorwald muss schuldig sein, weil das Jeff und Lisa so wahrnehmen. Und Lisa ist eine Augenweide, obwohl das Doyle im dürftigen ersten Moment der Zeichendeutung nicht erkennen kann. Drei Zuschauer im Theater Welt deuten das Gebotene auf ihre Weise. Da aber Doyle nur vorübergehend eine eigene Perspektive erhält, gehen wir mit (Lisa und) Jeffries, erkennen Thorwald als schuldig, wollen Doyles klare Faktenargumentation nicht wahrhaben und sind enttäuscht, wenn vorübergehend das Abenteuer Mord als reines Hirngespinnst entlarvt scheint. Thorwald has to be guilty! Der ihm zugeschriebene Mord ist einfach interessanter als ein harmloser Kuraufenthalt seiner Frau. Wir können nicht irren: Thorwald ist schuldig. Hoffentlich …

Mit REAR WINDOW setzt Hitchcock der Kinosituation des Zuschauers direkt im Film ein Denkmal. Das erkennen schon Rohmer und Chabrol in ihrem Buch von 1957 und nach ihnen all die anderen, die sich zu diesem Text geäußert haben. Es ist ja auch so einleuchtend: L. B. Jeffries, ein an ei-

nen Stuhl gefesselter Zuschauerstellvertreter, sieht und reagiert, erhält Informationen und stellt Beziehungen her, wird zwangsläufig zum Voyeur gemacht und unterhält sich glänzend dabei. Auf diese Weise wird gerade die Dopplung der Wahrnehmungssituation zum deutlichsten, und deshalb wohl auch am besten versteckten, Manipulationsraum eines Hitchcockfilms. Jeffries-Darsteller James Stewart als beinahe durchgängiger Kuleshow-Agitator ist die einzige Option der Verständigung, und nur dann, wenn er vorübergehend einschläft, können zusätzliche Informationen eingestreut werden. Da diese aber keine wirkliche Aufklärung vermitteln, ist das beinahe so etwas wie der Beweis für die im Spannungsfeld vollkommen ausreichende Figurenanbindung. Auch für die unlauteren Formen der emotionalen Zuschauerausbeutung (und -entlarvung), die Hitchcock so gerne in Szene setzte. Es ist also nicht verwunderlich, dass Mrs. Cotten gerade in diesem Film ihre Fassung verlor.

Rear Window ist aber auch ein Paradebeispiel für jene Kammerspiele, die Hitchcock immer wieder inszeniert hat. Nicht die große, raumgreifende Bewegung der Figuren ist hier zu besichtigen, sondern die räumliche Begrenzung, das geografisch Enge und Reduzierte, das gleichwohl nicht weniger Spannung vermitteln kann als das mit Orten nur so gespickte Pendant. Es ist die Bühne, die theaterhafte Geografie, die in diesen Texten die Suspensefabel transportiert und dabei einige interessante Optionen der Raumausbeutung ermöglicht. Da im Kleinen die ganze fürchterliche Welt zusammengepresst vorgelegt werden kann und die Bühne klaustrophobische Angsterlebnisse der besonderen Art ermöglicht, sind diese Inszenierungen wichtige Texte des Briten. Begrenzte Räume stellen bei Hitchcock immer auch ein konkret verbildlichtes Gefängnisangebot dar; sie sind Zellen für das ängstliche Begehren der Akteure vor der Kamera und jener vor der Leinwand.

Als in Rear Window schließlich Doyle alle Auslegungen von Jeff und Lisa als Trugschlüsse entlarvt, da Mrs. Thorwald eben gesichtet worden und also am Leben sei, macht sich große Enttäuschung breit. Bei Lisa, Jeff und dem Zuschauer. Am schnellsten fängt sich Lisa und appelliert flugs an die solidarische Humanitas aller Beteiligten. Man könne sich doch freuen, meint sie, da es der Frau offenbar gut gehe. Stimmt schon, aber so richtig glücklich wird man damit nicht. Indes kann man beruhigt sein, denn Hitchcocks Liebe zum Kino ist für ihn »entscheidender als jede Moral«. Adieu, Mrs. Thorwald.

Bühne

LIFEBOAT (1944)
ROPE (1948)
DIAL M FOR MURDER (1954)
REAR WINDOW (1954)

Dass Hitchcock beinahe durchgängig Literatur verfilmt hat, wird gerne übersehen. Tatsächlich sind nur wenige Originaldrehbücher entwickelt worden (gerademal neun bei 53 Langfilmen), erheblich häufiger setzte er auf bereits Publiziertes und nutzte es auf seine Weise. Wenn sich Hitchcock nämlich für einen Vorlagentext entschieden hatte, beutete er das Gegebene großzügig aus, um das zu verwirklichen, was ihm vorschwebte. Man könnte auch sagen, er machte aus den Vorlagen einen Hitchcockfilm und wusste dabei sehr wohl, dass kein Literaturliebhaber daran Anstoß nehmen würde. Denn die ›großen Literaten‹ sucht man bei Hitchcock vergeblich und somit auch deren übelnehmende Lesergefolgschaft. Ein, wenn man so will, A-Autor wie z.B. Joseph Conrad (SABOTAGE) war die seltene Ausnahme dieser Regel, und gerade Conrads Text *The Secret Agent* wurde vermutlich nur aus Gründen der passenden Genrewahl herangezogen und dann auch nicht unerheblich hitchcockisiert.[15] Der Brite brauchte Geschichten, die ihn dramaturgisch interessierten, die ein Problem zur filmischen Meisterung boten oder auch nur sein visuelles Interesse ansprachen. Ergo war er nicht an Highbrow-Autoren und deren Weltsicht interessiert. Er lese, so Hitchcock zu Truffaut, eine Geschichte nur einmal, dann vergesse er das Buch vollkommen, übernehme die Grundidee und mache Kino. ›Werktreue‹ gab es nur dem eigenen Werk gegenüber. Also entrümpelte er gemeinsam mit seinen Autoren den Vorlagentext, konzentrierte sich auf einzelne Szenen und ließ schließlich die Drehbuchhandwerker alleine am Dialog feilen.

15 Der Umgang mit Conrads *The Secret Agent* ist bezeichnend für Hitchcocks Adaptionspolitik. Er reduziert nicht nur radikal das umfangreiche Figurenarsenal des Romans, sondern entfernt sämtliche politischen Verknüpfungen und Reflexionen,

Für solch brachiale Anpassungsvorgänge sind Theaterstücke natürlich besonders geeignet. Eine Dialoglinie ohne allzu viele Regieanweisungen entspricht dem Ideal einer geöffneten Struktur, in die der Regisseur eigene Ideen einbringen kann. Vorgegebene Sprachinhalte in Form zu bringen ist dabei nicht nur der zwangsläufigen medialen Dopplung eines dramatischen Textes geschuldet – gestaltet wird erst auf der Bühne –, sondern auch dem Film und seiner Vor- und Produktionsphase am nächsten. Hier hat der Inszenator manche Freiheit, und so nutzte Hitchcock insbesondere in seiner Anfangszeit Theatertexte und überführte mit eigener Handschrift die begrenzte Bühne auf die unbegrenzte Leinwand.

Das konnte auch schiefgehen. Und zwar dann, wenn die Bühne sichtbar blieb und also die Leinwand zum Theaterrequisit verkam. Gerade der frühe Tonfilm war hier ein gefährliches Experimentierfeld, da man dem neuen Ton zu viel und dem alten Bild zu wenig Aufmerksamkeit schenkte. Als Hitchcock dann 1930 Sean O'Caseys Erfolgsstück JUNO AND THE PAYCOCK und im Jahr darauf John Galsworthys THE SKIN GAME verfilmte, war er selbst nicht in der Lage, zumindest nicht in Bezug auf die eigenen Ansprüche, das Bühnenelement hinter den dauerredenden Figuren vergessen zu machen, und entsprechend unzufrieden. »Mit Kino hatte das alles nichts zu tun«, meint er zu Truffaut und machte trotz guter Kritiken den

weitgehend auch die kritische Gesellschaftsanalyse Conrads. Leichter Hand wird die komplexe Perspektivenvielfalt des Romans für eine einfache Verfolgungsperspektive aufgegeben, getragen von Verloc und dem liebeswütigen Polizisten Ted Spencer (eine Erfindung Hitchcocks). Jene Reduktion dient natürlich der thrilleresquen Verstrickung des Publikums und somit Hitchcocks Werk, das keinen Roman über das späte 19. Jahrhundert auf die Leinwand bringt, sondern einige Ideen des Urhebers (*Sabotageakt, Bombenexplosion, Mord am Ehegatten*) für einen zeitgemäßen Thriller im Hitchcock-Stil nutzt. Am deutlichsten wird dieser Eingriff in der Gestaltung Stevies. Aus Conrads geistig behinderten, rührenden Jungerwachsenen wird Hitchcocks gesunder und selbstbewusst aktiver Frühjugendlicher, der nicht so sehr Mitleid, vielmehr Sympathie auf sich ziehen kann. Die schockartige Reaktion des Zuschauers nach der Bombenexplosion ist aber auch eine Folge der suspenseartigen Inszenierung, auf die Conrad durch frühzeitige Verdeutlichung des gescheiterten Anschlags bewusst verzichtet. Somit bleibt von Conrads Roman die Kleinfamilie, die zerstört wird. Mehr nicht! Allerdings kann Mrs. Verloc entgegen der Romanfigur zum Preis eines ambivalenten Hitchcock-Schlusses gerettet werden. Da ist sehr viel Hitchcock im wackeligen, kaum wiederzuerkennenden Conrad-Gerüst!

Fehler kein drittes Mal. Überhaupt: Literatur und Film! Er könne es ja gar nicht verstehen, warum sich ein Filmregisseur einem literarischen Autorenwerke ausliefere und dabei seine eigene Schöpferqualität verleugne. Das sei mit ihm nicht zu machen. Überzeugen muss er da Truffaut eigentlich nicht. Der ist ganz bei ihm, bezeichnet auch später Hitchcocks Vorgehen nicht eben glücklich als »antiliterarisch«. Trotzdem hakt der Franzose nach und meint, dass einige Bewunderer doch gerne einmal seinen Umgang mit großer Weltliteratur sehen würden, z.B. mit Dostojewskis »Schuld und Sühne«. »Ja, aber das werde ich nie tun«, macht Hitchcock klar, »*Schuld und Sühne*, das ist doch schon das Werk eines anderen.« Die Referenzgröße des eigenen Werks musste nicht durch andere große Namen aufgepäppelt werden.

Allerdings war das Bühnenhafte auch eine Herausforderung. Wenn die Schauwerte gering gehalten werden, die Heldenreise somit in den eigenen vier Wänden stattfindet und an Objekten nur auf das zurückgegriffen werden kann, was vor Ort zur Verfügung steht, kann ein Spannungsraum mit ganz eigener Intensität gebaut und ausgebeutet werden. Das musste für Hitchcock im Hinblick auf die Zuschauer-Gefangenschaft von einigem Reiz sein. Mehrinformationen, Kameraerzählungen und Blickmontagen, Kontrapunkte und Abstraktionstendenzen benötigen keine raumgreifenden Sieben-Meilen-Stiefel; angstlüstern spielen lässt sich auch in der kleinsten Zelle. Zudem ist die Bedrohung an einem begrenzten Ort deutlicher zu vermitteln und kommt möglicherweise ganz besonders wirksam beim eingesperrten Betrachter an. Hitchcock kreierte also ein Gegenstück zu den verschwenderischen Geografien seiner Bewegungsplots, entrümpelte die Spannungsstoffe räumlich und unterzog sie den kargen Beschränkungen einer Bühne. Kann so etwas funktionieren? Aber natürlich. Und es ist bezeichnend, dass eine nie verwirklichte Lieblingsidee von ihm jener Film war, der komplett in einer Telefonzelle spielen sollte. Eine Zelle musste es bei Hitchcock schon sein.

Wenn nun auch bereits in den Vorgängerfilmen Number 17 (1932) und The Lady Vanishes (1938) räumliche Einschränkungen – hier ein verlassenes Haus, da Eisenbahnwaggons – über einen längeren Zeitraum die

Handlung begrenzen und vielleicht die Kleinstadt in Shadow of a Doubt (1943) als engster Raum aller Hitchcockfilme bezeichnet werden muss, ist doch das erstaunliche Experiment von Lifeboat aus dem Jahr 1944 der erste echte Bühnenplot Hitchcocks. Dort trifft mitten im Atlantik eine kleine Schar von Schiffbrüchigen in einem Rettungsboot aufeinander und ficht ihre Kämpfe in der Art aus, als stünden sie auf festem Grund. Freilich haben Überlebende eines untergegangenen Schiffs keine (Flucht-)Wahl, sie müssen kooperieren, ihr Zusammenleben organisieren und persönliche Vorlieben hintanstellen. Das ist die konfliktgesättigte Unbekannte einer solchen Menschenansammlung, weshalb der Versuch beinahe wie eines jener sozialen Experimente anmutet, die heute in Containern, auf Inseln oder im Dschungel für das Fernsehen veranstaltet werden. Big Brother Hitch indes will über den voyeuristischen Standpunkt hinausgehen. Er präsentiert eine Weltallegorie von 1943/44 – im Rettungsboot!

Und mit einem deutlichen Verweis! »Call me Ishmael« lautet der vertrauliche erste Satz in Melvilles *Moby Dick*, der nicht nur den Erzähler, sondern auch den Vereinzelten markiert. Das passt! Und prompt stellen sich die Rettungsbootinsassen zitierend an Ishmaels Seite, lassen sich Ritt, Joe, Gus und Connie rufen und erzählen ganz Unterschiedliches über ihr Herkunftsland: die Neue Welt. Ritt(enhouse), der reiche Industriemagnat mit eher schwächlicher Argumentation und Konstitution, ein demokratischer Idealist und Spieler, der, wenn es ans Töten geht, durchaus seine Ideale aufzugeben bereit ist – Joe, der schwarze Schiffssteward, eine tief religiöse, sich aus vielem heraushaltende und Flöte spielende Onkel-Tom-Figur – Gus, der einfältige, verletzte Matrose, der sich, da deutschstämmig, durch das Nazitoben in der Welt genötigt sieht, seinen Namen Schmidt in Smith umzuwandeln, und schließlich an dieser Identitätsunsicherheit und seiner Verletzung zugrunde geht – und Connie, die ehrgeizige Journalistin aus einfachsten Verhältnissen, die sich hochgearbeitet hat und ihre Exklusivrechte an allem Möglichen eloquent und robust verteidigt. Tallulah Bankhead gibt Letztere geradlinig schnodderig als gut ausgeleuchteter Star unter ölbeschmierten Mitspielern und stellt so etwas wie den gesunden Menschenverstand dieser kuriosen Truppe dar. Obwohl sie im Verlauf des Films alles, was ihr lieb und teuer ist, also Accessoires ihrer erkauften Würde verliert, bleibt sie, wohl durch die niedere Herkunft gestählt, zuversichtlich und schlagfertig und hat allemal Hitchcocks Sympathie. Komplettiert wird die Gruppe noch durch den kommunistischen Arbeiter Kovac – wütend, misstrauisch und oft genug ahnungslos –, die Romanze zwischen dem Schiffsfunker und der Krankenschwester und eine Mutter, die nach kurzem Aufenthalt ihrem ertrunkenen Baby freiwillig folgt.

In diese streitselige und also repräsentative Menschenrunde entert sich plötzlich ein Nazi auf und übernimmt Schritt für Schritt die Kontrolle über das Boot. Gekonnt wird das inszeniert: Zunächst isoliert, in einer Ecke des Bootes platziert, nähert er sich über den anderen Außenseiter, den schwarzen Schiffsteward Joe, der Gruppe an, rettet mit einer durchgeführten Notoperation Matrose Gus vorerst das Leben, ist fortan an der Seite der resoluten Journalistin und Übersetzerin Connie, setzt sich dann bei der Angabe des Kurses gegen den Rest der Besatzung durch und übernimmt schließlich während eines Sturms die Führung des Bootes. Schrittweise hat der faschistische Taktiker seine Stellung gegenüber den streitlustigen Demokraten verbessert; am Ende besiegt das kompromisslose Führerprinzip die entscheidungsarme parlamentarische Debatte. Oder die uneinigen Parlamentarier besiegen sich selbst! Denn immer wird der Feind von ihnen weiterbefördert, in die Verantwortung gesetzt, schließlich sogar ans Steuer gelassen. Dieses internationalisierte ›Weimarer Prinzip‹ war sicherlich eine Zumutung für alle Demokraten, denen das 1944 im Kino vorgesetzt wurde. Der Nazi als temporärer Gewinner und Perspektivengeber für die besonderen Suspensesituationen. Dass er nämlich einen Kompass besitzt, sieht nur der Zuschauer, dass er also lügt bzw. verheimlicht, ist frühzeitig zu erkennen, und wenn er dann mählich, aber ständig aufsteigt, ist das schon auch ein Frustrationsmoment für den Betrachter, der sicherlich eine andere Entwicklung bevorzugen würde.

Indes wird der Nazi vom gemütlich dicken Walter Slezak mit reichlich Wiener Schmäh gegeben. Höflich zurückhaltend wartet der auf seine Chance, geht auf die Anfeindungen des Kommunisten nicht ein, entscheidet ruhig und nicht voreilig, ist da, wenn er gebraucht wird, offensichtlich klug und ein Könner auf vielen Gebieten. Auch singt er schon mal ein deutsches Volkslied mit großer Begeisterung, so dass man ihn beinahe gern haben muss. Unangenehmer Gefühlswirrwarr! Es braucht schon einen Mord von ihm am verletzten Matrosen Gus, damit das Toleranzfass überläuft. Wenn dann aber Slezak von allen bis auf den schwarzen Steward in wilder Rage gelyncht wird, bleibt ein mulmiges Gefühl beim Zuschauer zurück. Man hat irgendwie mitgetötet und weiß es. Stevie und die Verlocs: SABOTAGE lässt grüßen!

Tatsächlich ist LIFEBOAT SABOTAGE im räumlich reduzierten Dekor. Hitchcock nimmt gerade diesen Manipulationsrahmen und setzt ihn auf die Bühne, möglicherweise nur um zu bezeugen, dass es keine verschwenderische Geografie braucht, um das Publikum zum Mord zu führen. Es ist somit die Konsequenz des Briten, Entgleisungen des Publikums zu entlarven, die mitten im Krieg und umgeben von gefälligen Hollywood-Propagandaprodukten erstaunt und vielleicht auch (das ist sicherlich eine Frage des zeitlichen Standpunkts) amüsiert. Zugleich aber ist LIFEBOAT ein Zeugnis der inzwischen erlangten handwerklichen Brillianz des Regisseurs, zudem ein Film fast ohne Musik, der keinen Augenblick langweilt.

Nicht alle sehen das so. Das sei wieder einer der Hitchcockfilme für diejenigen, die Hitchcock eigentlich nicht mögen, sind sich Rohmer und Chabrol sicher und ziehen die (ablehnend gemeinte) SABOTAGE-Parallele: Hitchcock als zynischer Moralist, ohne (natürlich!) Poesie, dabei aber zu literarisch, im Ganzen also nichts weiter als ein »trockenes Lehrstück« präsentierend. Auch Donald Spoto scheint das Untypische des Films als störend zu empfinden. Er bemängelt insbesondere das uncharakteristische Handwerk in Bezug auf einen »bildhaften Erzähler«, der doch nie »Photographs of people talking« produzieren wollte und so seiner goldenen Regel des Filmemachens untreu geworden ist. Auch sei der Film, so Spoto weiter, doch »schrecklich kalt«, und so muss wohl, wenn selbst Hitchcock-

Freund John R. Taylor den »erhobenen Zeigefinger« als unangenehm empfindet, das Scheitern des Films verkündet werden. Eine damalige Kritikerin gab in bester Wild-West-Manier dem Film »10 Tage Zeit, um die Stadt zu verlassen«, und dem RETTUNGSBOOT war dann auch kein Erfolg an der Kinokasse beschieden.

Ist er deshalb gescheitert? Vielleicht in Bezug auf den damals geforderten Propagandafilm – beim Blick auf Hitchcocks Werk ist das nämlich schon eine konsequente bzw. passgenaue Leistung. Hitchcocks ›politische Filme‹, stellt schon Enno Patalas fest, »erschöpfen sich nie in schlichter Parteinahme.« Der Brite bleibt durchweg seinem grundlegenden Ambivalenzmuster treu, verweigert zumindest rund um den Hauptkonflikt einfache Schwarz-Weiß-Klischees und verdeutlicht auf diese Weise den Krieg als das, was er ist: eine von jeglichen Idealen losgelöste Not- und Leidenszeit des Dauerkriegers Mensch. Nein, das ist kein Heldenepos, und, ja, es ist eine kühle, mit mikroskopischer Detailfreude erstellte Betrachtung des Menschen in existenzieller Not. Also ist es ein Hitchcockfilm! Eine zugespitzte Formung des Allzumenschlichen mit dem Ziel des Schuldigsprechens aller Beteiligten. Nicht zuletzt ist LIFEBOAT aber der erste Film jener raumreduzierten Kammerspiele, die Hitchcock noch einige Male beschäftigen werden.

Der folgende Versuch kann wohl als sein experimentellster Film bezeichnet werden und ist noch heute in seinem Anliegen, einen kompletten Film als beinahe durchgehende Plansequenz zu inszenieren, etwas Besonderes. In einer Wohnung bewegen sich verschiedene Akteure von hier nach da und halten so die einfangende Kamera auf Trab. ROPE ist reines Theater rund um eine bewegte Kamera. Und dazu noch ein wagemutiges Abenteuer. Allein die organisatorischen Schwierigkeiten lassen ärgerliche Störungen wahrscheinlich erscheinen – riesige Farbkameraungetüme, die durch bewegliche Settings zu schleppen sind, überhaupt ein Schauplatz auf Rädern bzw. an Seilen, der von aufmerksamen Mitarbeitern auf die Sekunde in Bewegung versetzt werden muss, ständig wechselnde Beleuchtungen und schließlich Schauspieler, die durch 10-Minuten-Takes (das war die maximale Länge einer Filmkassette) zu führen sind und zum richtigen Zeitpunkt vor die Kamera treten müssen, damit der Schnitt möglich wird. Es sollte dann auch an die 50 Jahre dauern, ehe Regisseure diesen *One-Shot* wieder in ihr Darstellungsrepertoire integrierten, wobei man sagen muss, dass die jüngeren Versuche – z.B. RUSSIAN ARK (R. Alexander Sokurov, 2002), BIRDMAN (R. Alejandro G. Iñárritu, 2014) oder VICTORIA (R. Sebastian Schipper, 2015) – mit Steadicam-, CGI-Unterstützung und kleinen handlichen Digitalkameras wesentlich leichter zu erstellen sind, als dies zu Hitchcocks analogen Zeiten möglich war. Gleichwohl ist das ein interessantes Experiment im Mainstreamkino der damaligen Zeit. Man fragt sich nur, ob der Aufwand durch das Ergebnis gerechtfertigt wird.

Hitchcock war da ganz unbarmherzig mit sich selbst und meinte: Nein! Diese »ROPE-Masche« sei doch idiotisch gewesen, »denn ich brach mit all meinen Traditionen und verleugnete meine Theorie von der Zerstückelung des Films und von den Möglichkeiten der Montage, eine Geschichte visuell zu erzählen«; es sei ein »verzeihlicher Versuch«, mehr nicht. Ob hier der überschaubare Zuspruch des Publikums Pate steht? Man kann das annehmen. Denn eigentlich, darüber schweigt er freilich, versucht er mit diesem Werk doch nur sein eines ästhetisches Ideal, nämlich den *Kamerabericht*, absolut zu setzen, möglicherweise mit der darauffolgenden Erkenntnis, dass dies ohne das Pendant der *(Blick-)Montage* nicht immer die stärkste Wirkung erzielen kann. Immerhin aber Wirkung genug, die sowohl der unerhörten Handlung als auch der besonderen Aufzeichnungstechnik geschuldet ist.

Worum geht es? Wie in vielen Filmen Hitchcocks steht in ROPE das Phänomen des »perfekten Mordes« im Fokus; eine Form der eitlen Gesellschaftsintrige, des Spiels mit den Schutzorganen, denn all die gesetzten staatlichen Sicherheitsinstitutionen sollen von einem überlegenen (und kranken) Geist überlistet werden. Der will ein bisschen Übermensch, Richter, also Gott sein und ist, genau betrachtet, doch nur ein Thrill suchender Spieler. Dies zur verführerischen Grundtendenz des intellektuellen Rätsels, das schon in den Kriminal- und Detektivgeschichten der Literatur große Leserschichten erreichen konnte. Vom notwendigen Opfer muss dabei allein deshalb nicht die Rede sein, da es ein reines Funktionselement ist, das ohne wesentlichen Eigenwert als *Fleck* in der Gestaltungsmaschinerie fungiert. Ein Fleck, der dann auch nicht selten das erste Bild der Erzählung besudelt und fortan nicht mehr gebraucht wird. Wenn nun üblicherweise aber irgendeine niedere, zumeist materielle Motivation die Bedingung für das Kapitalverbrechen ist, wird in Rope tatsächlich zweckfrei getötet oder die Tat für den eigenen Nervenkitzel vollbracht: ein Thriller über den Thrill!

Orientiert am Fall *Leopold und Loeb* von 1924 begehen hier zwei reiche Collegestudenten (John Dall und Farley Granger), die wohl eine homosexuelle Beziehung verbindet, aus einer Reihe egoistischer Interessen den Mord an ihrem Studienfreund David. Danach laden sie Verwandte und Bekannte von David ein, auch ihren ehemaligen Highschool-Mentor, einen Verleger von Philosophiebüchern (James Stewart), um am Mordschauplatz mit dem Toten in einer Truhe (auf der sinnigerweise das Essen serviert wird) zur höchsten libidinösen Ekstase zu gelangen. Die Ungewissheit des riskanten Spiels soll bis zum letzten Augenblick in vollen Zügen auskostet werden. Was ist das nun? Ein Dandy-stück des Fin de Siècle? Beinahe, denn natürlich geht es hier auch um eine Art Mordporno mit Erektion und kleinem Tod in großer Gesellschaft. Eine Kopforgie von faszinierender Morbidität, fußend auf einer genialischen Horrortat! Ärgerlich ist nur, dass Grangers Charakter längst nicht so abgebrüht ist wie der seines Freundes. Er leidet ob der Tat, trinkt zu viel und macht Fehler. Ganz im Gegensatz zu seinem Partner reagiert er also menschlich, so dass die Leiche Davids schließlich von Stewart entdeckt wird und er die beiden der Polizei übergeben kann.

Unmittelbar startet der Film mit dem Mord direkt vor der Kamera (die Erdrosselung Davids mit einem Seil / Rope), wird so die vulgarisierte Nietzsche-Lektüre der Protagonisten ins Bild gesetzt und damit das Publikum sofort von jeglicher Form der Einfühlung mit lebenden Figuren freigesprochen. Das ist nun zwar die gewohnt schnelle Hitchcock-Einführung hin auf einen wesentlichen Punkt der Handlung, allerdings auch der erste, ausführlich ins Bild gesetzte Mord auf einer Hitchcock-Leinwand und somit ein ganz neues Gefühl für den Zuschauer. Ein Hitchcockfilm-Betrachter steckt ja per se immer in irgendeiner Form von Dilemma, die Zwickmühle dieses Films aber ist die erfolglose Suche nach einem Stellvertreter. Auf der Ebene der Hauptdarsteller ist keine Identifikationsfigur weit und breit in Sicht; selbst Stewarts Charakter, der am Ende so etwas wie die Gerechtigkeit wiederherstellt, ist zwiespältig gezeichnet und eigentlich der geistige Anführer dieser inhumanen Tat. Der Zuschauer bleibt also draußen, steht entfernt und macht ..., ja: Was ist eigentlich seine Aufgabe? Bewunderung der technisch-taktischen Lösung einer quasi mathematischen Gleichung? Argwöhnische Durchleuchtung der Dialoglinie hin auf Humanitätsschwäche oder Verrat? Die inbrünstige Hoffnung auf Erfolg der unerhörten Tat? Das ist nicht so einfach zu sagen. Aber vielleicht kann man es so versuchen: Wie auf der technischen Seite ist jener Film auch in Bezug auf das Publikum als Experiment zu betrachten. Ein Analyseexperiment. Die Figuren sind nichts weiter als bewegliche Probanden im eigentlichen Moment dieses Kammerspiels: dem Raum und der darin platzierte Kamera.

Diese Örtlichkeit ist ja intimer Rückzugs- und Gesellschaftsraum zugleich, somit ein Spielraum rund um ein gruseliges Geheimnis. Wieder eine Welt im Kleinen, die aber in Form und ›Inhalt‹ auf das große Ganze der Umgebung verweist. Schnell verliert die Wohnung ihre ›Unschuld‹, wird sie gefährlich, ist es von Anfang an. Man kommt da nicht mehr raus! Der Suspense um den Toten in der Truhe hält einen gefangen, und man weiß nicht wirklich, welchen Ausgang man sich wünschen soll. Erneut ein Sabotageakt und Zellentext zur Verwirrung des überforderten Betrachters. Und es ist auch recht unangenehm, wie die Kamera einen immer wieder an das Dilemma der eigenen Positionierung erinnert, wie sie sich anschleicht an Requisiten des Tatumfeldes und eine, wenn auch nur kurzzeitige, Verdrängung verunmöglicht. Die Truhe, das Seil, die Hände, schließlich Davids Hut mit seinen Initialen – man bleibt bei der Sache. Das sei doch eine »Uriah Heep camera«, schließt Raymond Durgnat auf die Dickens-Figur. Eine Kameraarbeit also, die beim Betrachter Abscheu, Ekel, Grusel erzielt und trotzdem immer volle (faszinierte) Aufmerksamkeit von ihm abverlangt. So wird die Bühne zum ästhetisierten Schlachtfeld der Unmoral in Bild und Wort. Rope bleibt eine der erstaunlichsten Zumutungen, die das Mainstreamkino bis heute zuwege gebracht hat.

Nach Bootperspektive und Raumbewegung wählte Hitchcock bei seinem nächsten Bühnenversuch eine räumliche Erweiterung der Betrachtung, nämlich das sich damals gerade in einer ersten Blütezeit befindliche 3-D-Kino. Nicht dass der so bedachte Film, Dial M for Murder, mit großen dreidimensionalen Effekten aufwartet. Der Zuschauer sollte nur noch mehr vor Ort gesetzt werden, als es mit der Kamerabewegung im zweidimensionalen Rope möglich war. Die Rolle, die er zu erfüllen hatte, blieb aber durchaus dieselbe. Wenn dann in der berühmtesten Szene des Films Grace Kelly im Moment höchster Not nach ihm, dem Zuschauer, greift (und doch ›nur‹ eine Schere findet), ist das schon eine für den Briten neue Form der zwiespältigen Publikumsintegration, die, gut umgesetzt, noch immer überwältigen kann. Dabei ist dies der einzige dreidimensionale Schauereffekt des gesamten Films. Es geht hier eben nicht um Avatar-Schauwerte, die »Ahs« und »Ohs« bleiben streng an den Thrillerkosmos – Mehrinformation und Bedrohung – gebunden. Ein kleinstmöglicher Raum wird räumlich zur Erfahrungswelt des Zuschauers durch größtmögliche Integration!

Einen Versuch war das allemal wert, wenn auch Dial M for Murder bei zweidimensionaler Projektion nicht viel an Wirkung einbüßt. Der kleine Film funktioniert so oder so, denn die Bedingungen sind vertrautes Terrain. Erneut ein »perfekter Mord«, dieses Mal aber mit Planungsbeteiligung des Zuschauers von Beginn an sowie unter Zulassung sichtbarer Montagekniffe. Ex-Tennischampion Tony Wendice (Ray Milland) plant die Ermordung seiner untreuen, aber vermögenden Frau (Grace Kelly) und nötigt den Kleinkriminellen Swann (Anthony Dawson) mit einigem Druck zur Tat. Der allerdings vermasselt den Anschlag und endet dabei auch noch mit einer Schere im Rücken, so dass Wendice blitzschnell umdisponieren muss. Also gestaltet er den Tatort nach seinen Wünschen neu, intrigiert hier und da und macht so seine Frau zur Mordverdächtigen. Das bedeutet damals noch Tod durch den Strang, weshalb Wendice kurz vor dem perfiden Triumph und einer erklecklichen Erbschaft steht. Indes verhindern der nimmermüde Nebenbuhler (Robert Cummings) und Chefinspektor Hubbard (John Williams) mit einem kuriosen Schlüsseltrick den Erfolg und entlarven Wendice, der das durchaus sportlich nimmt. Am Ende – die Unbekannte ist gefunden, die Gleichung gelöst – trinken alle beinahe entspannt einen Brandy, und der Inspektor bürstet selbstzufrieden seinen Schnurrbart. Das Spiel ist aus.

Das konzentrierte Spiel! Denn durchweg ist das dahinter stehende Bühnenstück von Frederick Knott zu erkennen. Dialoglastig, raum- und figurenreduziert bahnt sich hier ein Boulevardstück seinen Weg auf die Leinwand und ist dennoch Film in der besten Bedeutung des Worts. Nicht der 3-D-Versuch macht dabei den großen Unterschied, sondern die Erweiterung des ROPE-Konzepts und damit die Wiederherstellung der vollständigen Hitchcock-Ästhetik: *Kamerabericht und (Blick-)Montage.* Gerade die Montagegestaltung gelingt in diesem Film besonders gut. Der Achsensprung nach langsamer Kreisfahrt der Kamera um Grace Kelly herum, wodurch urplötzlich der mordbereite Swann hinter ihr steht, ist noch immer wirkungsvoll und in einer anderen Szene erreichen Hitchcock und sein Berliner Cutter Rudolf Fehr eine solche Perfektion, dass das Ergebnis jedem Filmstudenten zur konzentrierten Analyse vorgelegt werden sollte.

Gemeint ist die Planung des Verbrechens oder die Erpressung Swanns hin zur Tat: eine ausufernde Dialogszene mit Drehungen und Wendungen der Situation für beide Beteiligten. Langwierig, eher intellektuell denn emotional kommt dieses Anliegen daher und nimmt in der Filmfassung die nicht eben kleine Zeitspanne von gut 21 Minuten (!) ein. Trotz dieser Länge ist die Szenenspannung aber durchweg intensiv, und das eben nicht nur deshalb, weil die sprachlichen Inhalte und Pointierungen manchen Stimmungswechsel ermöglichen. Hier sitzt einfach jede Perspektive und Einstellungsgröße an der richtigen Stelle, sind die Achsen sorgfältig ausgewählt, ist die Bildkomposition eine Effizienzoffenbarung und muss die Varianz zwischen Kamerabewegung und Schnitt als vorbildliche Lösung bezeichnet werden. Und inhaltlich? Ach ja: ›Werkzeug‹ Swann. Er ist mindestens das zweite Opfer dieses Films und kann einem beinahe leidtun. »Smart, aren't you?«, entfährt es ihm dann auch, als Wendice seine lückenlosen Rechercheergebnisse vorlegt und ihn mit diabolischer Intelligenz von seiner Gefangenschaft überzeugt. Klug, raffiniert und gewitzt ist aber auch die Anlage dieser Szene, die man vielleicht als den Kern des Films betrachten kann und die in ihrer raumpsychologischen Gestaltung die große Kunstfertigkeit der Akteure hinter der Kamera widerspiegelt.

Gleich im nächsten Film kommt es dann zum Abschluss der Bühneninszenierungen oder zur Quintessenz jener besonderen Kammerspiele. Ist in LIFEBOAT noch die außergewöhnliche Raumbeschränkung der alleinige Motivator, wird jene Urzelle in ROPE bereits um die Reduktion der filmsprachlichen Mittel erweitert und dies dann wiederum in DIAL M FOR MURDER zurückgenommen und durch den dreidimensionalen Projektionseffekt noch weiter ausgebaut. Man kann also sagen, dass ausgehend von LIFEBOAT die Räume dieser Kammerspiele zwar immer größer, zugleich aber die Distanzen der Zuschauer zu diesen Räumen durchweg geringer wurden. Die Einladung des Publikums in den Film hinein nimmt zu, und der letzte Schritt in diesem Themenfeld kann somit nur aus der direkten Teilnahme des Betrachters im Geschehen bestehen. Ein interaktiver Film quasi als individuelles Spielprojekt für jeden Einzelnen? Solches ist 1954 noch Science Fiction. Aber, sagen wir, mit den damaligen Mitteln ist REAR WINDOW tatsächlich ein stimmiges Endprodukt nach 10-jährigem Trial-Error-Verfahren. Der Hauptdarsteller als Zuschauer und beinahe durchgehender Perspektivengeber ist letztlich nichts anderes als die Kinosituation, die im Film selbst ausgestellt wird: Kino im Kino mit dem Zuschauer im Text. Das kann man möglicherweise als die perfekte Form der Zelle bezeichnen, die Hitchcock bei seinen Bühnenexperimenten immer im Sinn gehabt haben mag. Darin liegen große Freiheiten bei extremer Abhängigkeit. Selbst- und fremdbestimmt zugleich landet der Zuschauer endgültig in der Falle des eigenen Begehrens und windet sich brünstig. Mrs. Cotten machte das vor, und kommende Generationen taten es ihr gleich. Sie alle riefen in einem geschlossenen und sicheren Raum (zumindest innerlich) um Hilfe. REAR WINDOW ist nicht umsonst der letzte Bühnenfilm: Eine Steigerung war in diesem Feld nicht mehr möglich.

Über diesen Film könnte man nun manches schreiben (und wurde auch bereits viel geschrieben): über die Besetzung, die Story-Anlage, das Setting, John Michael Hayes' spritzige Dialoge, das darin behandelte Nebenthema der Ehe, manches ästhetische Kabinettstückchen, phallische Beobachtungsobjekte, Voyeurismus als (Kino-)Phänomen, vielsagende Kameraerzählungen und Kuleshow-Effekte in Reihe. Man könnte ... und träfe doch nie auf Mrs. Cotten. Dieser Film, Endstufe der Bühnenexperimente Hitchcocks, muss einfach gesehen, erlebt, durchlitten werden. Vielleicht ja deshalb, damit man auch weiterhin – ganz im Gegenteil zu L. B. Jeffries, bei dem Krankenpflegerin Stella dies in Frage stellt – dazu in der Lage ist, eine »Petting-Party von einem Zivildienstexamen« zu unterscheiden.

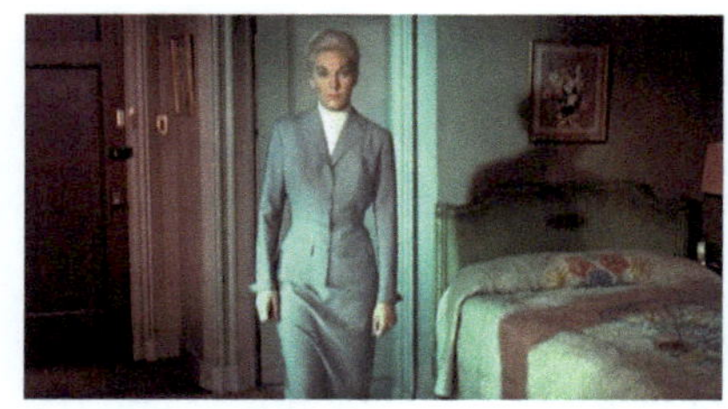
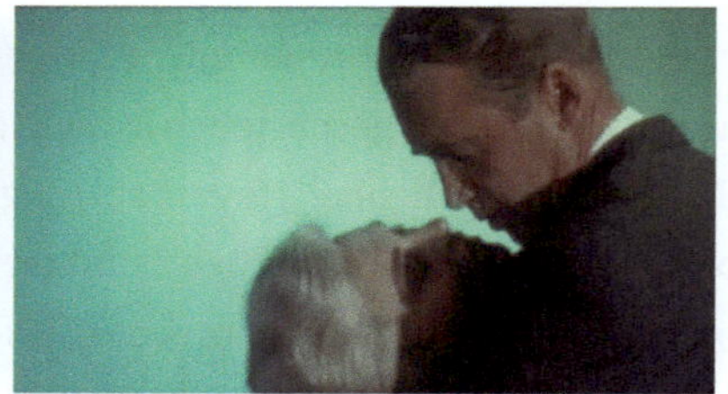

VERTIGO, 1958

I don't care anymore about me

Arme Judy! Sie will geliebt werden. Und das ausgerechnet von einem Mann, den sie betrogen und in einen traumatischen Schuldkomplex gestürzt hat. Denn Judy ist für Scotties manische Fixierung auf eine blonde Frau im grauen Kostüm verantwortlich. Sie selbst verkörperte diese, als sie – engagiert von einem Mann namens Elster, um dessen Frau zu spielen – den Detektiv Scottie Ferguson Schritt für Schritt darauf abgerichtet hatte, sie zu begehren. Damals nannte sie sich »Madeleine«. Und Madeleine war perfekt: rätselhaft, hilflos, ein bisschen schizophren und dabei natürlich bildschön. Selbstverständlich ging Scottie ihr auf den Leim. Aus seiner auftragsgemäßen Schutzmotivation wird nach und nach Liebe, vielleicht auch nur Lust; es scheint so, dass der mit Höhenangst geschlagene Detektiv dem Sog der enigmatischen Madeleine auch deshalb nicht entkommen kann, weil dieser Strudel den eigenen Höhenschwindel widerspiegelt, gewissermaßen eine vergleichbare Fallhöhe besitzt. Das fordert den schwächelnden, irgendwie impotenten Scottie wohl besonders heraus. Allerdings entgeht ihm der entscheidende dritte Schwindel: Auftraggeber Elster will ja nur mal eben seine wirkliche Frau, die echte Madeleine ermorden, dafür perfide Scotties Höhenangst ausnutzen und das Erbe seiner vermögenden Gattin straffrei einstreichen. Das ist der kuriose Plan, den man als Zuschauer hinnehmen muss. Warum nicht? Spielen wir mit. Denn es kommt, wie es kommen muss. Scottie kann den scheinbaren Selbstmord Madeleines durch Sprung von einem Turm nicht verhindern und empfindet tiefe Schuld. Er verliert sich, wird depressiv und lebensmüde.

Bis er Judy sieht, ihr wie fremdgesteuert folgt, um sie kennenzulernen und zu verwandeln. Vielleicht ist das ja so mit triebhaft fixierten Männern: Sie passen die Frauen an, machen sie ihrem Bild der einen Frau gleich und organisieren so auch zielstrebig eine Verpuppung zur quasi nekrophilen Nutzung. Und Judy? Eigentlich müsste sie fliehen. Sie erwägt das zwar kurz, bleibt dann aber doch da. Aus Verantwortungsbewusstsein? Schlechtem Gewissen? Liebe? Wohl eher aus einer filmischen Notwendigkeit heraus, denn ihr Opfergang ist durch ihr Bleiben besiegelt. Keinen Augenblick zögert Scottie damit, sie umzuwandeln, was sie freilich spürt und ängstlich beweint. Aber es nützt ja nichts. Sie ist gefangen. Wird noch einmal zur Projektionsfläche männlicher Gelüste und gibt dann auch auf. Sie interessiere sich nicht mehr für sich selbst, sagt Judy – Scottie kann jubilieren. Schritt für Schritt wird sie nun zu Madeleine gemacht (für Scottie) bzw. rückverwandelt (für den Zuschauer) – eine Tote wird erweckt oder erneut geschaffen, eine gerade noch so Lebende vorsätzlich getötet. VERTIGO ist ein dunkler, eigentlich tiefschwarzer und dabei sehr ›menschlicher‹ Film. Man erschrickt über die Abgründe der eigenen Gattung und erkennt sie doch wieder. Das hat sie nun davon, die Arme, Schöne, Begehrenswerte … Ihre Dressur Scotties fällt auf sie zurück.

Wie filmt man denn so etwas? In Grün, mit Tristanakkord und als sexuellen Höhepunkt! Grün ist bei Hitchcock immer schon die Farbe der Illusion oder des unwirklich Gespensterhaften. In den Shakespeare-Aufführungen seiner Jugend seien die Geisterdarsteller stets grün beleuchtet worden, was eindeutig die andere Seinsebene der Inszenierung markiert habe. Das hat seine Deutung wohl geprägt, und bei genauer Betrachtung seiner Farbfilme ist dann auch kaum überraschend, dass da viel Grün existiert, vornehmlich bei der Ausstattung seiner kühlen Blondinen. In der prometheischen Schöpfungsszene von VERTIGO aber ist es ein grüner Schleier, der beim Auftritt der wiedererweckten Madeleine so auffällig vor der Kamera platziert ist, dass ein weiterer Kommentar sich erübrigt. Dieser Schleier muss überwunden werden. Langsam nur tastet sich die Judy-Darstellerin Kim Novak durch das diffuse Nebelgrün in Richtung Kamera, erhält erst mit Verzögerung Konturen, eine Art von ›Leben‹ und schreitet dann in Richtung Scottie, der von grüner Neonreklame umgeben seine Erregung kaum verbergen kann. Sinfonisch jubilieren die Geigen in deutlicher Liebestod-Anspielung – Brangänes Trank ist längst geleert, man erkennt sich (wieder) und sinkt einander in die Arme. Mit dem folgenden Kuss wird die Kamera in Bewegung gesetzt, eine Kreisfahrt (ein Strudel) mit irritierenden Zeit- und Raumsprüngen beginnt (Scotties Trauma illustrierend) und eliminiert jegliche Grünfärbung. Aber nur für den Moment. Denn letztlich, zurück im Hotelzimmer, sinkt ›Madeleine‹ vor giftgrün beleuchtetem Vorhang in Scotties auffangbereite Arme, wirft ihren Kopf zurück und schließt unter seinem begehrenden Blick die Augen. Abblende.

Es gibt sie also doch: Zombies im Mainstream-Melodram! Hitchcock hat aus dem nekrophilen Moment insbesondere dieser Szene nie einen Hehl gemacht. Indem Scottie Judy ankleide und herrichte, zöge er sie eigentlich aus. Das sei Sex mit einer Toten. Und in der Tat ist Judy tot, nur mehr Fetisch anstelle einer vermeintlich Gestorbenen, zum Identitätswechsel gezwungen von ihrem Opfer und durch ihre eigene Spielschuld. Die schuldige Frau als Männerobjekt, Laura Mulvey hat das fokussiert, ist hier nun wirklich nicht mehr zu übersehen. Andererseits aber auch nicht die tiefe menschliche Tragik jenes Dressuraktes, die dafür sorgt, dass keiner der Beteiligten (auch der Zuschauer nicht) diesen Film ohne Wunde verlässt.

Dressur

REBECCA (1940)
SUSPICION (1941)
NOTORIOUS (1946)
VERTIGO (1958)
MARNIE (1964)

Ist Hitchcock nicht eigentlich ein Frauenregisseur? Zieht man einmal Norman Bates ab, der aber mit einem Teil seiner Existenz Frauenkleider bevorzugt, so sind die (echten) Frauen in seinen Filmen immer die interessanteren Rollen. Es ist schon auffällig, dass die weiblichen Hauptfiguren zumeist reicher ausgestattet oder komplexer charakterisiert werden als ihre männlichen Gegenstücke. Auch ist eine wirkliche tragische Entwicklung bei ganz wenigen Ausnahmen eigentlich nur den Hauptdarstellerinnen erlaubt. Während bei den männlichen Charakteren ein gewisser Leichtsinn, eine Spielermentalität prägend und kaum zu übersehen ist, was sich wohl ein wenig hemmend über die Identifikationsbemühungen des Betrachters legt, liegt der Fall bei vielen weiblichen Figuren anders. Zugegeben, auch die spielen, tragen Masken und sind nicht aufrichtig in ihrem Tun. Aber oft nicht aus eigenem Antrieb. Eher werden sie aus irgendeinem Grund zum Spiel genötigt, sind fremdbestimmt, von Männern in eine bestimmte Rolle gedrängt und bleiben demnach nie so ganz bei sich. Solches hat eine andere Fallhöhe als die des leichtsinnigen Muttersöhnchens: Die tragische Entwicklung der Frauenfiguren ist oft genug eine abzusehende Folge jener Konditionierung von außen. Da kann man schon auch mitleiden – mit den Damen, denen Hitchcock so viel Aufmerksamkeit schenkte.

Natürlich ist dieses Interesse ein männlich geprägtes – also ein besonderer Blick, der immer angstlüstern getrieben und sicherlich, sieht man das mit dem Wissen von heute, schon auch politisch inkorrekt gezeichnet ist. Hitchcock selbst hat sich ja nicht gerade zurückgehalten, wenn er, gefragt nach seiner Idealheldin, zotig antwortete, dass er wirkliche Damen brauche, »die dann im Schlafzimmer zu Nutten werden«; oder wenn er von Taxifahrten träumte, bei denen auf dem Rücksitz eine junge Engländerin ihr Lehrerinnenimage durchaus ablegen und dem neben ihr sitzenden Herrn überraschend in die Hose greifen könne. Das Funktionsbild der *leading ladies* in den Hitchcockfilmen ist also ein lebendiger *plot point,* ein Wendepunkt mit ›Entdeckungspotential‹ und unerwarteter Pointe. Gerade die ikonischen Hitchcock-Blondinen stellen jenen urplötzlichen Nähe-Distanz-Wechsel immer wieder aus und fesseln so das Publikum nachhaltig. Das sind wohlige Schocks, erzielt durch unterhaltsame Form-Inhalt-Gegensätze und demnach, aber nicht nur, erotisch-aufgeladene Fluchten.

Als Laura Mulvey in den 1970ern ihren für die feministische Theorie bahnbrechenden Aufsatz über *Visual Pleasure and Narrative Cinema* vorbereitete, musste sie zur Unterstreichung ihrer Thesen nicht lange nach einem vorzeigbaren Regisseur suchen. Hitchcock bot sich an. Insbesondere VERTIGO! »Die Frau als Bild, der Mann als Träger des Blickes« – der männliche Blick (*male gaze*), das war ja nun hier nicht nur inhaltlich, sondern auch formal das Grundprinzip des Thrills. An Kim Novak und schließlich sogar mit ihr sollte sich der Blick des Betrachters durchaus genrekonform verirren. Gleichwohl kann man darauf feministisch aufbauen. Und, da Genrebezüge (wie überhaupt filmästhetische Überlegungen) bei Mulvey keine Rolle spielen, ist die Argumentation in ihrem Interessenfeld klar, stimmig – und wenig überraschend. Was hier bei VERTIGO und auch MARNIE[16] noch problemlos gelingt, wird allerdings, wenn man andere Hitchcockfilme zu Rate zieht, schon sehr viel komplizierter. Denn ganz unabhängig von dem Haupteinwand gegenüber Mulveys Thesen, dass man im Kino doch auch von einem weiblichen Blick (durchaus auf Männerkörper bzw. das Bild davon) ausgehen muss, ist zu fragen, ob Hitchcock – Taxirücksitz hin oder her – mit den patriarchalisch unterdrückten Frauen nicht auch insgeheim mitleidet. Da ist offenkundig Empathie im Dressurblick, insbesondere dann, wenn es die Hauptdarstellerin ist, die der Kamera die Perspektive weist und damit den Blick des Films weitgehend alleine trägt.

16 Nicht so sehr bei REAR WINDOW, den Mulvey zum dritten Hitchcock-Beispielfilm bestimmt.

Zweimal verkörpert Joan Fontaine diese Perspektivenfigur – in Rebecca und Suspicion überzeugt sie durch ihre Darstellung von Unsicherheit und Angst. Auch das ist ein Einfühlungsmotiv für den Zuschauer, darüber hinaus ein damals noch gerne gewähltes (zugegeben: weibliches) Rollenklischee – das der Hysterikerin – und schließlich eine für den Thriller ideale Identifikationsfigur: ein Mensch bei der Suche nach Orientierung und Klarheit. So leidet Fontaine als namenlose junge Frau in Rebecca inständig an allem Möglichen – ihrem unvorbereiteten sozialen Sprung, ihrem durchaus harschen und mysteriösen Ehemann, der strengen Haushälterin, Mrs. Danvers, des bedrückenden Traumschlosses »Manderley« und nicht zuletzt an ihrer toten Vorgängerin, der sagenhaften Rebecca de Winter. Immer leicht gebückt und mit hochgezogenen Schultern schleicht Fontaine durch den Landsitz, fortwährend sich verirrend, räumlich und zwischenmenschlich. Da sie von ihrem egozentrischen Mann in keines seiner vielen Geheimnisse eingeweiht wird, ist sie jeglicher Intrige schutzlos ausgeliefert und darbt dahin. Man hält das kaum aus. Ständig will man ihr Mrs. Cottens Satz entgegenwerfen, doch nun endlich mal zu handeln und nicht nur zu reagieren, weil ihr unsteter Blick, diese Permanenz der Ohnmacht nicht zu ertragen ist. Aber was hilft das schon? Man ist lange Zeit ausschließlich an ihre Perspektive gekettet, ereifert sich und erreicht natürlich nichts. Liegt hier eine ›weibliche‹ Form der Spannung vor? Vielleicht. Die Dressur der Hauptfigur durch die Bedingungen ist jedenfalls zugleich die Dressur des Zuschauers, der durch monoperspektivisches Erzählen und damit eine Fülle an fehlenden Informationen gefesselt wird.

Das gleiche Prinzip kommt im kurz darauf entstandenen Suspicion zur Anwendung und wird dort auf die Spitze getrieben. Während nämlich im letzten Drittel von Rebecca die Frauenperspektive um die des irgendwie geläuterten Maxim de Winter erweitert wird, gibt es in Suspicion eine solche Lösung nicht. Bis zum Schluss hängt man an der Frau namens Lina, die ihrem Mann John nicht traut. Verständlicherweise, denn dieser Luftikus ist wohl zu allem fähig. Nun könnte man sich fragen, warum die gute Lina ihn dann überhaupt geheiratet hat. Dieser Handlungsengpass ist lose genug um einen Vaterkomplex herum motiviert, einen Vater, der doch tatsächlich die mögliche Zukunft seiner Tochter als »alte Jungfer« belobigt. Dagegen muss sofort etwas unternommen werden. Vielleicht heiratet sie den »Taugenichts« aber auch nur, weil er Cary Grant ist oder wie dieser aussieht. Jedenfalls tritt Grant hier erstmals in den Hitchcock-Kosmos ein und gibt einen undurchsichtigen Lebenskünstler und Spieler, dem kein Wort zu glauben ist. Leichten Fußes setzt er sich ins finanziell gemachte Nest seiner Frau und wird von ihr – wie auch von uns – den ganzen Film über argwöhnisch beäugt. Das ist er schon, der kuriose Plot! Letztlich braucht es doch wenig, um das Publikum zur Teilnahme zu sabotieren.

Da ist z. B. diese merkwürdige kleine Szene, die schon recht früh im Film die Haltung des Publikums prägt. Lina und John wollen eigentlich in die Kirche gehen, aber John gibt dann doch den Vorsatz auf und drängt Lina zu einem Spaziergang. Urplötzlich springt die Kamera zurück und filmt die beiden weit entfernt in einer Totalen. Auf einem Hügel scheinen sie miteinander zu kämpfen. Lina wird von John brachial geschüttelt, grob angegangen, ihr Hut fliegt davon, ihr Mantel fällt in den Dreck, und auch die begleitende Musik lässt keinen Zweifel daran aufkommen, dass hier etwas Unerhörtes stattfindet. Die folgende Auflösung ist dann beinahe eine kleine Enttäuschung. Nach Ransprung in die Halbnahe wird nämlich der zwar willensstarke, aber doch harmlose Flirt Johns aufgedeckt: Der Kampf wird zum Liebesgerangel, die existenzielle Notsituation Linas zum kleinen erotisch angehauchten Spiel, bei dem die Bedrängte aber die Lage jederzeit im Griff behält.

Diese Hügelszene ist eine jener internen Ambivalenzoffenbarungen, die der Saboteur Hitchcock gar nicht so selten in seine Filme integriert. Denn offenkundig wird hier ein ›falsches Spiel‹ betrieben und zugleich mitgeteilt, dass ein zweiter Blick auf das Wahrgenommene absolut notwendig ist. Zwar vergisst der Zuschauer schnell wieder den vorgelegten Offenbarungseid – wenn er ihn denn überhaupt so wahrnimmt –, aber es wurde doch gezeigt, dass die formale Entscheidung den Wirkungsgrad des Inhalts nachhaltig bestimmt. Ist es hier noch die Distanz, die den Trugschluss forciert, so wird es im weiteren Verlauf die monoperspektivische Nähe zu Lina sein, die den Betrachter verunsichert und deshalb den Hügelkämpfer John mit allen möglichen Unmöglichkeiten aufladen lässt.

Da wird kein *Fleck* ausgelassen. Hitchcock zieht in diesem Kammerspiel sämtliche Filmregister, um Cary Grant ins Zwielicht zu rücken: Grant nennt seine Frau durchgehend »monkeyface«, wird auch mal grob mit ihr, führt sie nicht selten vor, lügt quasi permanent, bekommt dabei zunehmend einen Schatten direkt ins Gesicht gezaubert, schleicht sich schon mal überraschend in die Einstellung und serviert ihr schließlich ein leuchtendes Glas Milch, das unmöglich ohne Gift sein kann. SUSPICION heißt das Programm, und diese Verdächtigung ist stetig neu zu füttern. Schuld oder Unschuld ist eine Frage der Perspektive und Linas Perspektive, also die Erzählhaltung des Films, ist die des Zweifels. Wieder läuft Fontaine – sie hat da durchaus eine besondere Begabung – unschlüssig und unstet, gleichsam tastend durch Räumlichkeiten, die expressionistisch beleuchtet einem Spinnennetz gleichen; erneut blickt sie gebrochen und verängstigt und sieht so ständig ihren Mann in ungünstigem Licht. Wenn dieser dann ganz am Schluss das auf ihn projizierte Böse nicht erfüllt, ist es wie bei einem dieser düsteren Hitchcock-Witze: zwar aufklärend und entlarvend, aber doch auch (und nicht nur ein bisschen) auf Kosten des *dressierten* Zuschauers. Eigentlich könnte Joan Fontaine am Filmende wie Anthony Perkins 19 Jahre später in die Kamera lächeln; sie tut dies aber im Jahr 1941 aus guten Gründen noch nicht.

In REBECCA und SUSPICION ist die Dressur also ein Perspektivenphänomen, das den beschränkten Wissensstand der weiblichen Hauptfigur mit dem des Zuschauers vereint und auf diese Weise einen unterhaltsamen Rätselplot der Unsicherheit vorlegt. Das wird sich ändern. Schon in NOTORIOUS weiß man mehr, sind die Geheimnisse sowohl streng limitiert als auch zeitlich diszipliniert, sieht man (und vermutet nicht nur) die Fallstricke rund um die Hauptdarstellerin und bangt um ihre Gesundheit. Der besondere Hitchcock-Suspense hält nun Einzug, und das bedeutet auch, dass der wissende Zuschauer mehr Einsichten erhält und den Dressurakt aus nächster Nähe verfolgen kann. Dabei gibt es eine durchaus außergewöhnliche Parallele zwischen NOTORIOUS und dem letzten Film in diesem Themenfeld: MARNIE. Hier wie dort geht es um eine Art erzwungenen Beischlaf.

Beischlafzwang? Unbedingt! Der eine ist die kuriose Sühneleistung Alicias (Ingrid Bergman) und zugleich ein grotesker Akt nationaler Sicherheitsbestrebungen der USA. Der andere die lüsterne Inbesitznahme Marnies (Tippi Hedren) infolge sexueller Erpressung. Zwei Dressurakte der besonderen Art: Sex für Uncle Sam, auch als familiärer Reinigungsakt, gegenüber Sex mit einer Diebin als – ja, was eigentlich? – vielleicht: Bestrafung. Man wundert sich, will das kaum glauben, irgendwie vielleicht auch ausblenden, was in Bezug auf den tatsächlichen Vollzug in NOTORIOUS noch funktioniert, da keine intime Aktivität im Bild zu sehen ist. In MARNIE aber kommt man nicht aus der Identifikationsfalle heraus. Die Vergewaltigungsszene Marnies durch Mark (Sean Connery) – nach Donald Spoto der einzige Grund, warum Hitchcock diesen Film überhaupt machen wollte – ist vielleicht die gewagteste Szene in Hitchcocks Werk und steht damit noch vor den anderen Wagnissen: der Duschszene (PSYCHO), der Ermordung Gromeks (TORN CURTAIN) und der Strangulierung einer Heiratsvermittlerin (FRENZY). Gewagt ist nicht so sehr das, was wir zu sehen bekommen. Die Inszenierung selbst ist zurückhaltend, beinahe sublim. Gewagt sind vielmehr Absicht und Tat an sich und die dahinter verborgene Gefahr, dass der Zuschauer diese Täterfigur nicht mehr sehen möchte. Solches kostete Hitchcock zwei schreibunwillige Drehbuchautoren, außerdem Bond-Darsteller und ›Womanizer‹ Sean Connery sowie schließlich die zurückhaltende, vorsichtige Inszenierung. Zuschauer betrachten den Übergriff möglicherweise als ›Ausrutscher‹ eines wirklichen Kümmerers, obwohl sie ganz sicher wissen, dass es ein bisschen Missbrauch nicht geben kann. Connerys Mark ist ein Vergewaltiger und bleibt es bis zum Ende.

MARNIE ist mit diesem Schritt hin zur sexuellen Erniedrigung der sadistische Schlusspunkt jener weiblichen Dressurakte und so auch konsequenterweise der letzte Film Hitchcocks, der sich mit diesem Thema beschäftigt. Und was ist das doch für ein erstaunliches, an Absurditäten reiches

Finale: Küchenpsychologie erster Klasse mit dem Alleskönner Connery, der zähmt, dressiert, vergewaltigt und zwischendurch auch noch psychoanalytische Assoziationsspiele mit seiner zur Heirat erpressten Frau durchführt. Die ist zweifelsohne schwer gestört, sehnt sich nach Mutterliebe, die sie nicht bekommen kann, und leidet unter einem traumatisch bedingten Männerhass, der sich über eine kleptomanische Karriere und somit ständige Identitätswechselspiele ein Fluchtventil verschafft. Wer aber flieht, verarbeitet nicht, weshalb immer wieder die Farbe Rot bei ihr unmittelbar für einen psychotischen Schub sorgt, ebenso ein Klopfen an der Wand, insbesondere dann, wenn es draußen blitzt und donnert. Sie ist schon arg mit sich im Unklaren und muss, so will es der Film, auch gegen ihren Willen von ihrer verdrängten Mordtat als Kind erkenntnisbefreit werden. Dressur hin zum Guten? Wohl eher nicht. Die Tragik bleibt auch hier. »Oh Mark, I don't want to go to jail. I'd rather stay with you.« Da gibt es keine Alternativen mehr – sie bleibt gefangen und eingesperrt.

Rainer Werner Fassbinder, der das filmische Melodram liebte und einige Regisseure dieser *Thrillers of Passion* zu seinen Vorbildern zählte, meinte in Bezug auf MARNIE, dass er so einen Film nie erzählen könne. Dazu fehle ihm der Mut, mit einer solchen Naivität zu operieren und dann auch noch dem Schluss »durch so ein Ding, so eine Aufklärung zu geben.« Tatsächlich braucht es schon (Über-)Mut für einen solchen Plot oder eben »einen Sinn für das Absurde«! Hitchcock tischt hier, was Wissenschaft und Wirklichkeitsnähe anlangt, einen Cocktail der Fragwürdigkeiten auf. Auch geht er ein wenig sorglos mit einigen Rückprojektionen und motivationalen Anschlüssen um und das alles blieb den Zuschauern und Filmkritikern damals natürlich nicht verborgen. Man konnte manches bemängeln und tat es auch, was dann dazu führte, dass die Kritik diesen Film einhellig verriss und, da die Gelegenheit günstig war, den Autor desselben gleich mit. MARNIE wurde auch finanziell nach mehreren einträglichen Glanzleistungen der erste wirkliche Misserfolg und fortan immer wieder – exemplarisch soll hier Žižek zu Wort kommen – als »Nachfilm« des Briten, als Film einer »Zerfallsperiode« stigmatisiert.

Das ist dann doch nicht einzusehen! Erinnerten sich die Aburteiler denn nicht mehr an ihre ratlose erste PSYCHO-Sichtung oder ihre frustrierte Reaktion wegen der Nichtauflösung am Ende von THE BIRDS? Wie viele Unwahrscheinlichkeiten und Willkürakte waren ihnen denn dort begegnet? Welchen wissenschaftlichen Beleg gab es dabei zu bestaunen und überhaupt: Was hatte Hitchcock mit Wirklichkeitsnähe zu schaffen? MARNIE ist reiner Hitchcock: d. h. ein bisschen unwahrscheinlich, vielleicht sogar weit hergeholt, durchsetzt mit willkürlichen Entscheidungen und doch wirkungssicher und unterhaltsam aufbereitet. *This is not a slice of life but a piece of cake!* Man muss sein Credo hin und wieder erwähnen. Auch die hier noch einmal kräftig angewandte Stummfilmästhetik in Farbe: MARNIE enthält einige so eindrückliche Lektionen in *pure cinema*, dass man in Hitchcocks Werk selbst und darüber hinaus lange suchen muss, um Gleichwertiges zu finden.

Inzwischen gilt der Film dann auch als einer der großen Hitchcocks; man ist fasziniert von der »intimen und seltsamen Anziehungskraft, die in seinem Werk einzigartig ist [...], [erkennt] die traumhafte, fast halluzinatorische Beschaffenheit des Films« (Donald Spoto) und geht sogar so weit, festzustellen, dass man Hitchcock und das Kino nur dann wirklich liebe, wenn man MARNIE liebt (Robin Wood). Warum eigentlich nicht? Hatte doch auch Fassbinder beinahe wehmütig festgestellt, dass es Mut brauche, um solches zu verwirklichen. Ein bisschen Trauer klingt da schon auch mit. Aber gut, es kann schließlich nicht jeder ein Hitchcock sein und sich entsprechende Freiheiten nehmen. Fassbinders MARNIE- und SUSPICION-Referenz in *Martha* (1973) setzt dann trotz offenkundigem Verweis andere Schwerpunkte.

Mit MARNIE ist der Kulminationspunkt der Hitchcockfilme um eine *leading lady* erreicht. Wollte man nicht in explizitere, am subversiven kultigen Rand der Zuschauerpflege gelegene Genres investieren, dann war diesem Dressurgedanken nichts wirklich Neues hinzuzufügen. Eine weitere Auseinandersetzung fand dann auch nicht mehr statt. Möglicherweise aus Gründen der wahrgenommenen gesellschaftlichen Entwicklung der späten 1960ern mit all den bürgerlichen Emanzipationsbewegungen weltweit?

Vielleicht auch, weil Hitchcock sich einer Debatte über die politisch korrekte Darstellung der Frau im Film entziehen wollte? Ganz sicher indes, um einen erneuten finanziellen Misserfolg zu vermeiden. Traf also diese Zähmungs- und Ausbeutungsgeschichte mit der subtilen Ausleuchtung weiblicher Tragik nicht mehr den Nerv der Zeit? Das kann schon sein. Jedenfalls sind die noch folgenden Filme Hitchcocks in der vertrauten Sicherheit seiner Bewegungsplots (Torn Curtain, Topaz, Family Plot) platziert, und der kleine Ausflug in Psycho-ähnliche Publikumszumutungen (Frenzy) ist da zwar schon so etwas wie eine besonders eindrückliche Ausnahme, aber auch hier kein Schritt auf (scheinbar) vermintes Gelände. Einen tieferen Blick in weibliche Identitäten wagte der Brite nicht mehr.

Halten wir uns also an die älteren Texte. Zum Beispiel an Notorious. Darin verliebt sich Ingrid Bergman alias Alicia Huberman in Cary Grant (T. R. Devlin [!]) und lässt sich von ihm, da er für den amerikanischen Geheimdienst arbeitet, als Agentin anwerben. Ausgehoben werden soll eine fünfte Kolonne der Nazis, die ihr undurchsichtiges Tun von Brasilien aus organisiert, und Alicia ist geradezu prädestiniert für diese Aufgabe, denn ihr kürzlich von einem US-Gericht verurteilter Vater gehörte dieser Gruppe an. Sie genießt also familiär bedingt das Vertrauen der Nazis, mehr noch, einer davon ist in sie verliebt. Ein Glücksfall! Denn Emotionen (also menschliche Schwächen) können missbraucht und genutzt werden, um neue Einblicke zu erhalten. Darum soll Bergmans Alicia, da gibt es von Anfang an kein Vertun, mit diesem verliebten Alexander Sebastian (Claude Rains) ins Bett steigen; dann sind alle Geheimnisse aufgebraucht, wohl auch die politisch relevanten – dann kann der US-Geheimdienst von jenem ›Liebeshandel‹ profitieren. Benennen wir das doch plakativ als das, was es ist: Ficken für den Frieden! Zugegeben, keiner hat das 1946, als der Film veröffentlicht wurde, so oder so ähnlich bezeichnet, aber letztlich läuft es darauf hinaus. Eben auf die anrüchigen Mittel der Spionage zur Wahrung der ›sauberen‹ Sicherheit: Fassade und versteckte Stützpfeiler! Als schließlich der genarrte Alexander Alicia auch noch einen Heiratsantrag macht, geht die zuerst zum Geheimdienst und fragt nach, was sie denn nun tun soll. »I didn't know, what the department might think about such a step«, zeigt sie sich befehlskettenkompatibel. Da fragt der Chef der Abteilung: »Are you willing to go this far for us?« Nun ja, wenn sie es wünschten!

Ein patriotisches Beischlafopfer und Ehegelöbnis für Uncle Sam? Möglicherweise hat dieses bereitwillige Entgegenkommen der Bergman-Figur Rohmer und Chabrol zu der Behauptung geführt, dass sie schon im Vorfeld ihrer Spionagetätigkeit als »Edelprostituierte« gearbeitet habe. Das ist aber pure Fantasie. Zwar lebt Alicia schon ein bisschen in den Tag hinein, feiert wilde Partys, trinkt mehr, als ihr gut tut, hat wohl auch wechselnde Männerbekanntschaften und flirtet kräftig mit Devlin, zur bezahlten Hure aber oder, wenn man so will: »Edelprostituierten« wird sie erst durch den Geheimdienst gemacht. Für eine höhere Sache. Natürlich. Zur Bewahrung von Frieden und Sicherheit in der Welt. Auch das. Da ist aber noch mehr. Denn Alicias Körpereinsatz ist nicht nur eine Sühneleistung für die Vergehen ihres Vaters, auch keine ausschließlich patriotische Mata-Hari-Tat, sondern tatsächlich ebenso eine Art Liebesbeweis. Sie liebt Devlin, tut das alles auch für ihn bzw. seine Organisation, und hofft darauf, dass er es irgendwie honoriert. Tut er aber nicht. Er verachtet sie für ihre horizontalen Dienste, die er ironischerweise selbst durch Verführung mit auf den Weg gebracht hat. Wahrlich ein komplexes Motivvolumen rund um die Ausbeutung einer Frau!

Es sei das alte Thema: »Liebe kontra Pflicht«, bemerkt Hitchcock, konzentriert um die Dreiecksgeschichte Grant – Bergman – Rains verleihe es dem Film das besondere Gepräge. Was da kriminalistisch sonst noch so alles zu Tage tritt, ist völlig nebensächlich. Der Uran-MacGuffin (die Deutschen machten, wie erwähnt, Rauschgift daraus), die politischen Ziele der Nazi-Kolonne, im Grunde auch die Spionagearbeit des Geheimdienstes: Das alles spielt keine Rolle, ist nur mehr Beiwerk für das Liebesmelodram und den hohen Einsatz der Aktrice. Alle Fleckendetails – Schlüssel, Champagnerflaschen, Kaffeetasse – verdeutlichen dies, und letztere Kaffeetasse, die ja bekanntlich Gift enthält, lässt dann auch erkennen, dass der Einsatz in jeder Hinsicht zu hoch gewesen ist. So bleiben schließlich die korrespondierenden Liebesdienste: eine lange (und berühmte) Kussszene von

Bergman und Grant im Vorfeld des Einsatzes und die wundersame Rettung der beinahe vergifteten Alicia durch Devlin, die Hitchcock analog zur Kussszene inszeniert. Dann erkennt Devlin Alicias Opfer an, befreit sie und gibt den verlorenen Nebenbuhler, Sebastian, den mordlüsternen Nazis preis. Ende gut, alles gut? Ja, schon, wenn man Devlins Romeo-Vorgehen bei der Prostituierung Alicias, dann seine Verachtung der nach seinem Vorschlag Handelnden und schließlich die tragische Verstrickung des einzig wirklich Liebenden, nämlich Alexander Sebastian, vergisst. Natürlich ist das kein Happy End, kann es keines sein. Wir sitzen in der Zelle eines Hitchcockfilms!

Gehen wir doch eine Tür weiter zu VERTIGO. Dieser Ausnahmefilm, der weltweit eine hohe Wertschätzung genießt, als der persönlichste Film Hitchcocks gehandelt wird und vielleicht ja wirklich so viel über Kino und das Filmerzählen preisgibt, dass man ihn zurecht als »besten Film« feiert, ist deutlich in der Dressurthematik verortet. Man könnte von einem Höhepunkt sprechen und zugleich auch von einer Ausweitung oder neuen Fokussierung. All jene Bereiche der ›Parallelfilme‹ werden in VERTIGO aufgegriffen – Zweifel und Hoffnung, Verstrickung und sexuelles Begehren, unlauteres Erzählen, (undurchsichtiges) Spiel und Zuschauermanipulation – und erweitert: um den männlichen Blick. Ist die Perspektive in den beschriebenen Referenzfilmen noch weitgehend den weiblichen Hauptfiguren vorbehalten, so ist es hier Scottie (James Stewart), der mit dem Zuschauer sieht und durch ihn reagiert. Das ist Kuleshow im Höhenschwindel, symbolisiert in jener Zoom-Fahrt-Subjektiven, die als *Vertigo-Effekt* noch heute dauerzitiert wird; das ist aber auch so etwas wie die im Film selbst vorgenommene Darstellung der Zellensituation des Zuschauers. Die vormals beinahe ausschließlichen Frauenblicke werden zum Männerblick, der gleichsam ein dressierter, abgerichteter, manipulierter ist. Missbraucht und dadurch traumatisiert wird Scottie (und der Zuschauer), mit der Folge, dass sein Heilungsprozess nur wieder über Missbrauch und Ausbeutung von Judy (Kim Novak) günstig beeinflusst werden kann. Kim Novak selbst ist hier aufgeteilt in die aktive Madeleine und die passive Judy. Da sind sie also wieder: Die beinahe vergiftete Ingrid Bergman im Bett des Feindes und die vergewaltigte Tippi Hedren beim Ausrauben allzu lüsterner Männer. Auch an Lina aus Suspicion und das Mädchen aus Rebecca kann mit Abstrichen gedacht werden. Denn in Vertigo wird der Blick *auf* die Frau zum eigentlichen Geheimnis oder zur Intrige am Zuschauer.

Es gibt da diese Urszene, eng verknüpft mit dem grünen Rausch der erfüllten Umwandlung am Ende des Films, die verdeutlicht, was hier eigentlich vorgeht: Elster lädt Scottie, der wenig begeistert vom Beschattungsauftrag ist, in Ernie's Restaurant ein, damit er Madeleine einmal ansehen kann. »You can see her there!« Nicht der Auftrag, sinnvoll oder nicht, steht also im Mittelpunkt, sondern das begehrende Sehen der Fassade. Eben die Kinosituation: Eine Dressur hin zum ›brennenden Blicken‹ und Nicht-Durchschauen! Scottie will sehen, geht zu Ernie's und sitzt dort an der Bar, als Kim Novak alias Madeleine gemeinsam mit Elster aufbricht. Hitchcock weiß freilich um die Wichtigkeit dieser Szene und überlässt dann auch nichts dem Zufall. Ernie's ist ganz in Rot eingeschlagen, Tapete, Teppich und Möbelpolster leuchten in Karmesin, dagegen tragen alle Gäste im Restaurant graue und schwarze Kleidung, so dass nur Madeleines Stola durch den kräftigen Grünton beeindrucken kann. Die Kamera fokussiert zunächst Scottie an der Bar, verlässt ihn zügig, schwenkt über die Tische und gleitet sodann gemächlich auf die Dame mit der grünen Stola zu. Die zunächst wahrnehmbaren Gespräche an den Tischen verebben langsam, werden durch die Musik mit Tristanbezug ersetzt, die sich sehnsüchtig schmeichelnd über die Szenerie legt und langsam, aber sicher an Intensität zunehmen wird. Wieder Scottie und seine Perspektive auf Elster und Madeleine, die sich von ihrem Tisch erheben und zum Aufbruch bereitmachen. Als Madeleine dem Ausgang entgegenschreitet, kommt sie auch an der Bar vorbei, bleibt dort vor dem vorsichtig über die Schulter schauenden Scottie im Profil stehen und verlässt schließlich mit Elster, an einem Spiegel (!) vorbeigehend, das Restaurant. Es ist dieser ›Augenblick‹, wenn Madeleine in der Profilansicht ein maskenhaftes Aussehen erhält und gleichzeitig durch das blitzlichtartige Aufhellen der roten Tapete im Hintergrund besonders illuminiert wird, der beim Betrachter einen nachhaltigen Eindruck hinterlässt. Kein Zweifel: Man will Madeleine noch einmal sehen, besser kennenlernen, über die Profildistanz hinausgehen und das merkwürdige Gefühl der ersten Kontaktaufnahme abstreifen.

Merkwürdig? Ja, etwas geschieht, das nur der Zuschauer sieht und das ihn möglicherweise beschäftigt. Zunächst ist auffällig, dass hier nur ein, zwei Einstellungen aus Scotties Perspektive gedreht sind. Der Blick auf Madeleine wie auch der Blick auf den reagierenden Scottie ist beinahe durchgehend ein kommentierender des Regisseurs. Aber noch etwas anderes springt ins Auge. Ein Profilschuss auf Madeleine ist deutlich erkennbar mit einem anderen Objektiv als die korrespondierenden Einstellungen aufgenommen. Während im Vor- und Nachfeld immer ein Bilderrahmen den linken Einstellungsraum schmückt, ist dieser bei jenem Zwischenschnitt wie an den Rand gedrückt. Der Aufnahmewinkel ist verkürzt, die Gäste im Hintergrund rücken näher an Novak heran, verlieren an Schärfe, auch die Beleuchtung variiert leicht und Kim Novak sieht schlanker, irgendwie anders aus, so dass durch diesen schiefen Anschluss das Rätselhafte rund um diese Frau noch verstärkt wird. Was ist hier passiert? Wenn man Hitchcocks Regieassistenten Herbert Coleman glauben möchte, ist das das Ergebnis eines notwendig gewordenen Nachdrehs, da in den Originalaufnahmen Novak direkt in die Kamera schaute und Hitchcock dies nicht haben wollte. Coleman leitete den Nachdreh, verwendete das falsche Objektiv (!) und behauptet nun steif und fest, Hitchcock sei über Jahre mit ihm deswegen ärgerlich gewesen. Also: menschliches Versagen? Zufall?

Da sind zu viele Argumentationslücken. Unbestreitbar wird ja die Nachdreheinstellung in dem Moment auf Stewart umgeschnitten, lange bevor der sich drehende Kopf Novaks an den neuralgischen Punkt gelangt. Man hätte also durchaus auf das Zusatzmaterial verzichten, Novaks Blick in die Kamera aus der Originaleinstellung entfernen und die Unterbrechung, wie im Film geschehen, durch Inserts von Stewart kaschieren können. Dann allerdings wäre auf die Auswirkung dieses ähnlichen und doch ungleichen Zwischenschnitts, jenes möglicherweise nur unterbewusst wahrgenommene Rätsel verzichtet und so die Irritation des Publikums wohl nie im gleichen Maße erzielt worden. Die Einstellungsneurose ist der wichtige *Fleck* der Inszenierung, der nur für den Zuschauer einzusehen und also für ihn gemacht ist, so dass hier schon das Schwindelmotiv sowie das traumähnliche Gestaltungsprinzip dieses Films entlarvt werden können. Vielleicht sogar entlarvt werden sollen. Ein Anschlussfehler als Inszenierungsprinzip? Selten jedenfalls war der Saboteur in Hitchcock gewagter und, Colemans Aussage hin oder her, auch genialischer. Das andere Bild im Bild bleibt bis zum Schluss im Kopf des Zuschauers, der lange die gespürte Fremdheit der Bilderfolge wie auch die Konfusion des Filminhalts nicht auflösen kann. Zum Verwicklungseinstieg erhält der Inhaltsbetrug des Films quasi sein formales Erkennungszeichen oder bedingendes Bild. Fetisch ›Madeleine‹ ist ein Fake – die Montage-und-Licht-Schöpfung eines Filmkünstlers für den begehrenden Betrachter, der durch sein filmisch angeleitetes Ausbeuten letztlich selbst ausgebeutet wird.

Mit VERTIGO erneuert Hitchcock sein eigenes Subgenre um den männlichen Blick (Scotties) mit dabei waltender doppelter Blickdressur. Zunächst selbst dressiert, auf kinotypisches Begehren reduziert, wird folglich die Blickfälschung aufgedeckt und fortan einer Strafe unterlegt oder in einem Dressurakt erneut (nun aber aktiv) gefälscht. Die Parallelen zur ausgestellten Kinosituation in REAR WINDOW und der Betrugsfabel von PSYCHO sind auffällig und, da man diese Filme als zentrale Texte Hitchcocks betrachtet und ihre ästhetischen Schwerpunkte – *pure cinema* sowie Sabotageakte – als wichtige Bedingungen seiner Kunst ansehen muss, ist VERTIGO nicht nur eine gelungene Symbiose jener Prinzipien, sondern vielleicht sogar als *der* Referenzfilm zu betrachten. Auch die hier nun wirklich zelebrierten Dubletten, die zweimalige Verwandlungsbühne, die Bewegung hin zur Visualisierung des Unsichtbaren und zurück zur Löschung menschlicher Identität, schließlich der unumgängliche Nieder- bzw. Untergang der Akteure lassen VERTIGO wie eine alle Aromen tragende Essenz des Gesamtwerks erscheinen.

Letztlich ist es aber zuerst eine zwar außergewöhnliche und besondere, nichtsdestotrotz beziehungsvertraute Gestaltung seines immer wieder aufgegriffenen Dressurthemas. Jener Geschichten also, deren faszinierende Frauengestalten nach melodramatischem Beginn vermehrt thrillereske Qualitäten erwerben und schließlich sogar männlichen Ersatz zur Seite gestellt bekommen. Es scheint beinahe so zu sein, dass Hitchcock an seinen komplexen Frauenfiguren studieren musste, wie ein differenzierter männlicher Charakter zu gestalten ist. Das war ein gutes, mutiges Studium des Frauenregisseurs – mit glanzvollen Erträgen.

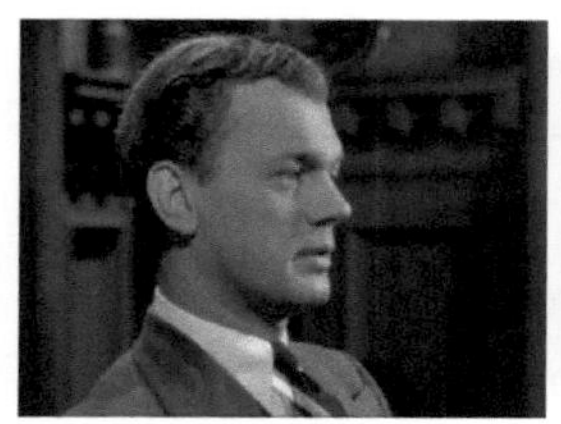 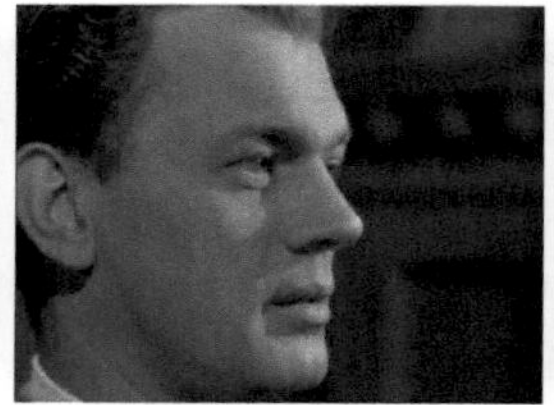 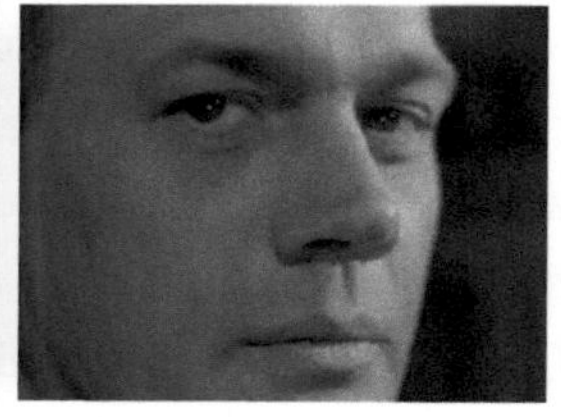

SHADOW OF A DOUBT, 1943

Are they [human beings]?

»Women keep busy in towns like this«, setzt Onkel Charlie in der guten Stube an. Das sei in den Großstädten aber anders. Die seien angefüllt mit Witwen, die das hart erarbeitete Vermögen ihrer verstorbenen Männer verprassten. Jene nutzlosen, dummen, »faded, fat, greedy women« lebten in den besten Hotels, seien stolz auf ihre Juwelen und brächten das Geld ihrer Männer durch: »drinking the money, eating the money, losing the money at Bridge, playing all day and all night, smelling of money. Horrible!« Vernichtender kann ein (Todes-)Urteil nicht formuliert werden. Aber, schreit seine Nichte, die ebenfalls Charlie gerufen wird, entsetzt, das seien doch lebendige menschliche Wesen. »Are they?«, schränkt der Onkel zweifelnd ein. Er finde doch eher, dass sie fetten Tieren glichen und deren Schicksal erleiden sollten.

Die ganze Szene – ruhig, beinahe kontemplativ gedreht – ist erstaunlich. Der vernichtende Monolog kommt daher wie ein schönes Gedicht. Onkel-Charlie-Darsteller Joseph Cotten spricht nicht, er trägt vor: sonor, rhythmisch gefügt und mit klug gewählten Pausen. Eine lyrische Predigt. Belege für unwürdiges oder scheinbar unwertes Leben werden gehortet und mit angenehm schnurrender Stimme präsentiert. Solch Formenspiel beeindruckt. Schon sieht man gruselige Witwenkarikaturen vor seinem inneren Auge, und selbst Nichte Charlies aufgebrachter Ruf nach Humanität aus dem Off weckt einen nur kurz. Denn ihr Onkel bleibt vollständig ruhig, wendet sich, indem er in die Kamera schaut, dem Zuschauer zu und fragt das längst von der Sprachmelodie verzauberte Publikum direkt, ob das denn wirklich so sei. Das ist zu viel. Man schrickt zurück und erwacht mit schlechtem Gewissen.

Langsam hat sich während der Rede die Kamera Onkel Charlie angenähert. Von der Nah- über die Groß- bis hin zur Ganz-Groß-Einstellung, in der gerade noch die Augenpartie bis zur Unterlippe zu erkennen ist, wird man an die Figur herangeführt und doch auch durch die Inszenierung entfernt gehalten. Onkel Charlie im Profil lässt eben keine wirkliche Nähe zu; die Sogwirkung der Kamerafahrt gilt noch den inhaltlich zwar verheerenden, indes schön gesprochenen Worten. Allmählich aber wird klar, wem diese Ansprache eigentlich gilt. Und Cottens Kontaktaufnahme löst endgültig auf und nimmt einem, wie erwähnt, kurzzeitig den Atem.

Es gibt in SHADOW OF A DOUBT, welchen Hitchcock mehrfach zu seinem Lieblingsfilm erklärte und den die Sekundärliteraten neben VERTIGO als den persönlichsten Film des Briten bezeichnen, keine Eindeutigkeit. Alles ist ambivalent, gespiegelt, in sich gedoppelt. So soll es auch sein, denn schmal ist die (Genre-)Grenze zwischen Hell und Dunkel, Gut und Böse: »Überall gibt es Grau«. Und manchmal kann selbst die zweiseitige Zeichenstruktur der Sprache, die Hitchcock gerne zu übersehen pflegte, dies wirkungsvoll zum Ausdruck bringen.

Das war so unklar nicht zu halten. Ein Schurke bleibt ein Schurke und muss sich auch (oder gerade) 1943 als solcher deutlich entpuppen. So ist dann die Inszenierung des zweiten Monologs erheblich eindeutiger gestaltet und leitet den Verlust von Teilsympathien für die Onkelfigur konsequent ein. Dabei schließt dieser zweite große Auftritt unmittelbar an das ›Gedicht‹ an. Nichte Charlie, von der ganzen morbiden Atmosphäre daheim angewidert, verlässt Hals über Kopf das Haus, worauf ihr Onkel einen Geheimnisverrat wittert und ihr flugs nachläuft. In einer schmierigen Kneipe kommt es dann zur Aussprache und endgültigen Schwarzfärbung des Witwenmörders. Was wisse sie denn schon, fährt der Onkel die Nichte an, sie sei gewöhnlich, träume einfältig und lebe ahnungslos. Die Welt sei aber ein stinkender Schweinestall, die Menschen darin folglich Schweine und überhaupt alles eine Hölle. Was kümmere es sie also, was in dieser Hölle geschehe. »Wake up, Charlie. Use your wits. Learn something!« Wenig souverän und wohlklingend bringt dies Onkel Charlie vor: Die vormalige Ambivalenz ist aufgebraucht. Grob setzt er seine Nichte unter Druck und entlarvt sich dabei als besessener Triebtäter oder gemeingefährlicher Soziopath. Innerhalb von Minuten ist das ›Verführerische‹ der Figur verflogen und das Publikum kann sich nun der verbleibenden moralischen Instanz anschließen.

So könnte man meinen. Aber auch Nichte Charlie verliert hier ihren Glorienschein der Naivität. Nicht mehr lange und sie wird ihrem Onkel ankündigen, dass sie ihn töte, wenn er nicht verschwinde, und in gewisser Weise wird das dann auch passieren. Am Ende ist die nette Charlie eine (zugegeben: genötigte) Totschlägerin, die zwar vom Arm des Gesetzes (ihrem »gewöhnlichen« Liebhaber) beschützt wird, aber ihre Funktion als sittliche Orientierungsgröße natürlich verliert. Ein bisschen SABOTAGE schadet nie. Die bunte Charlie-Dopplung von SHADOW OF A DOUBT findet konsequent ihren Weg zurück zur Graugrundierung der Hitchcock'schen Farbenpalette.

Dopplung

SHADOW OF A DOUBT (1943)
STRANGERS ON A TRAIN (1951)
VERTIGO (1958)
FRENZY (1971)

Menschliche Doubletten oder *Doppelgänger* geistern von jeher durch die Literatur. Das Motiv der Neu- oder Gegenbildung des Einen ist ein grausig-komisches Wirkungselement, das manche Entwicklung ermöglicht und zugleich eine interessante Daseinsdeutung anbietet. Textschöpfer der letzten Jahrhunderte griffen denn auch gar nicht so selten auf diese einfache Grundform des Zwei-aus-Einem zurück. Mit großem Filmecho. Denn das universelle Spaltungsmotiv ist ein ganz und gar dem Medium entsprechendes: Dem literarischen Doppelgänger wohnt ein audiovisueller Zauber inne, der zur filmischen Gestaltung regelrecht einlädt. Ob nun der (wispernde) andere *William Wilson, Dr. Jekylls* inwendig versteckter Partner oder *Dorian Grays* Wandelportrait, sie alle wollen mindestens gesehen (und eigentlich auch gehört) werden. Selbst *Gregor Samsas* Krabbeleien – ein, wenn man so will, Dopplungseffekt als Kopfgeburt – verlangen eigentlich einen Top-Shot oder mindestens eine objektive Halbtotale. Das Unerhörte dieser Geschichten läuft den Wirklichkeitsillusionen der Kinowelt leichtfüßig entgegen, und fraglos ist die in der Doppelgängerei zum Ausdruck kommende Identitätsproblematik eine Essenz des Thrillers. Man kann somit in Hitchcocks Kino mit Duplizitäten verschiedenster Art rechnen und findet sie auch in mancher Form.[17]

---

17 Z. B. in den bereits erwähnten kleinen Auftritten des Regisseurs im eigenen Film. Dieser Hitchcock-Doppelgänger, der im Bild auf sein Hinter-dem-Bild-Sein aufmerksam macht, ist ja die (vorübergehende) Vernichtung des Illusionsraums, eine erheiternde Formung des Formlosen mit der Sprengkraft der paradoxen Neuregelung. Und diese neue Regel wird in gewisser Weise zur eigentlichen Bedingung der noch folgenden Betrachtung! Aus dem Spiel geworfen kehrt man dennoch ins Spiel zurück – neu justiert. Auch das kann eine Art des Umgangs mit dem Dopplungsmotiv sein, möglicherweise sogar eine, die Hitchcock ganz besonders liegt: uneigentlich, komisch, desillusionierend – ein Einfühlungselement in Distanz.

So etwas könne keine Literatur auch nur in Ansätzen, erkennt Béla Balázs bereits in den frühen 1920er Jahren: eine »sichtbare Ähnlichkeit« zur bewiesenen und auch noch »spannenden Realität« werden zu lassen, also die Doppelgängermotivik konkret ins erzählende Bild zu setzen. Solches schaffe nur der Film mit seinen wie dafür geschaffenen »wunderbaren technische[n] Möglichkeiten«. Was die Literatur nur behauptet, führt der Film vor Augen, was dort allenfalls geglaubt werden muss, wird hier detailfreudig belegt. Darin liege, so Balázs, »die Möglichkeit tiefster Psychologie«; das aufgezeigte Identitätsproblem der gespaltenen Figur, ihr Wer-bin-ich oder Wer-will-ich-eigentlich-Sein, wird eingehend untersucht. Lässt man nun die im Motiv schlummernden komischen Wirkungsmöglichkeiten einmal beiseite, dann bleibt das Verwirrung stiftende Double, das Unheimliche, das die »Ich-Verdopplung, Ich-Teilung, Ich-Vertauschung« umweht und, wie Freud meint, deshalb zum Schreckbild geworden ist, da »die Götter nach dem Sturz ihrer Religion zu Dämonen werden«. Die vormals positiv betrachteten Doppelgänger geraten unheilvoll, gruselig, sie stiften eine Ahnung des psychischen und physischen Todes des Einen, Ungeteilten, Individuellen! Spätestens mit der Aufklärung irritiert solches den *homo rationale* und setzt ihn in Furcht und Schrecken. Man verliert sich an den Bedingungen, dem Konkurrenten, am Selbstzweifel und nicht jeder hat die Spielernatur, dem etwas Inszeniertes entgegenzusetzen.

Nun ist aber bei Hitchcock nicht nur das Spiel eine gesetzte Größe, sondern selbst das Auftreten des Doppelgängers, sagen wir, sublimiert. Die Gruseleffekte, die den Doubletten entspringen können, werden von ihm kaum verfolgt und wenn doch, wie ansatzweise in REBECCA und PSYCHO, dann eher aufgrund der literarischen Vorgabe oder einer kuriosen Massenpsychose und ›Publikumsbeschimpfung‹. Eigentlich geht es Hitchcock um die Einfühlungsoption des Identitätsverlusts mit folgenreichen Verwicklungen für den Zuschauer, weshalb die psychologischen Einblicke nie besonders tief geraten und das Mitleiden des Betrachters auf das Fiktionsspiel und dessen Gelingen überführt wird. Dopplungen verweisen hier auf die Gebrochenheit des Daseins, somit auf das poetische Feld des Thrillers, wo Uneigentliches und Eigentliches, Fassade und Wirklichkeit, Fälschung und Original ganz nah beieinander stehen. Gelegentlich so nah, dass die Differenz nicht zu erkennen, die Trennung sogar über das Filmende hinaus nicht zu vollziehen ist. In dieser »Kunst der Oberfläche« werden auch die großen psychologischen Fragen zum wirkungsstiftenden Formelement.

Wenn wir im Folgenden die besonders kreative Spaltung des Norman Bates in Psycho noch vernachlässigen, dann bleibt als einziger konkreter Doppelgänger in der Hitchcock'schen Filmwelt eine Frau übrig. Die Madeleine-Judy-Spielvariante in Vertigo ist allerdings, wie geschildert, die platzierte falsche Fährte und somit ein hinterhältiges Genrephänomen. Der Doppelgänger wird dort zum Stolperstein und ›Therapieobjekt‹ zugleich – nun, Objekt ohnehin – und so zum Genreplotgebilde der besonderen Art: für einen anderen. Denn nicht die Doublettenfigur soll erforscht werden, nicht sie macht eine wie auch immer geartete Wandlung durch, sondern der von ihr Betrogene (oder: die Betrogenen, ist doch das Publikum immer mitzudenken). Die Kim-Novak-Figuren selbst bleiben Objekt und müssen das auch, damit die Zuschreibungen ihrer Betrachter wild und üppig ins Kraut schießen können. Also ist Vertigo ein Projektionsabenteuer ohne festgelegte Lösung: Man wird hineingezogen und muss den Weg hinaus ganz alleine wiederfinden. Manch eine(r) sucht ihn wohl noch heute.

Dabei erhält die formale Ausbeutung des Doppelgängers in Vertigo manchen Stempel der Ambivalenz. Hitchcock kreiert um die Figur der Madeleine einen eigenen Mythos mit den bekannten fleckenhaften Details für einen (hoffentlich!) kreativen Zuschauer. Zwar ist die Dopplung auch hier wichtig, aber letztlich doch nur ein Verwirrungsdetail zur Herbeiführung der entscheidenden Dressurthematik und Vergeltungslust. In anderen Hitchcockfilmen ist das Motiv stärker gewichtet, indem der Fokus gerade weg vom Verkleidungsspiel einer Figur auf zwei ganz und gar unterschiedliche Akteure gezogen wird, die entgegengesetzte Pole der Sittlichkeitsskala verdeutlichen und doch irgendwie zu einer Figur werden. Diese Jekyll-und-Hyde-Spaltung der Welt an sich, das Wissen um ein passgenaues Gegenstück jedes Einzelnen im Malstrom der Gesellschaften ist das eigentliche Dopplungsthema. Und eine Besonderheit der Ausführung Hitchcocks besteht vielleicht darin, dass Hyde immer stärker und interessanter ist als Jekyll, dass die Hyde-Figuren dieser Texte als Komplizen viel tauglicher erscheinen als die moralinsauren Jekylls – kurz: dass das Leben eines Psychopathen mehr zu bieten hat als dasjenige all der braven, treuen und herzgegürteten Heinriche dieser Welt.

Nun sind ja Dopplungen, Spiegelungen oder, vielleicht besser: zwittrige Blüten immer schon in diesem Werk aufzufinden gewesen und gehören quasi zur poetischen Grundsubstanz des Hitchcock-Genres. Die Wandlung des neutralen Objektes, des monochromen Dings zum flirrenden Gegenstand und Fleck ist ein besonderer Moment in jedem Hitchcockfilm – der Zuschauer wird eingesogen in den Text, nimmt verunsichert teil, gestaltet mit. Erst 1943 macht Hitchcock aber das Doubleprinzip selbst zum eigentlichen Thema eines Films. Und da er en détail mit verschiedenen Reflektoren fast 20 Jahre geübt hatte, geschieht die Nutzung in SHADOW OF A DOUBT mit großem leitmotivischem Reichtum und erzählerischer Brillanz. Dieser Film, erkennt Truffaut, basiere doch eindeutig auf der Zahl Zwei. Alles besitzt einen formalen Wiedergänger, einen Partner seiner selbst: Das Paar wird zum Prinzip, zur Gestalt des inhaltlichen Antriebs. Im Zentrum steht dabei die Charlie-Verdopplung. Onkel (Joseph Cotten) und Nichte (Teresa Wright), Witwenmörder und naive Spätjugendliche, Weltabgrund und Kleinstadtidyll treffen mit telepathischer Zielstrebigkeit aufeinander und ›heiraten‹ inzestuös in der Küche. Dort nämlich steckt Onkel Charlie seiner Nichte eine Mordbeute an den Finger: den Ring einer getöteten Witwe. Leider hat er im Vorfeld die Gravur an der Ringinnenseite übersehen, weshalb das Requisit seine Entlarvung beschleunigen wird – ein Fest für alle Wahrscheinlichkeitskrämer –, aber im Moment soll nur die große Gemeinschaft der beiden ausgestellt werden. »But we're sort of … like twins, don't you see?«, fragt die schwärmende Nichte ihren Onkel, und der scheint das durchaus zu sehen und auch zu verstehen. Sekunden später summt sie schon die Melodie, die ihm durch den Kopf gehen mag, den Ballsirenen-Walzer aus Lehárs *Die lustige Witwe*. Telepathische Verbindungen sind halt auch gefährlich für einen, der viel zu verbergen hat.

Für diese zentrale Dopplung nimmt sich Hitchcock viel Zeit. Die Vorstellung der Akteure, beide auf einem Bett liegend, ist filmtechnisch identisch inszeniert, und ihre Darstellung im Verlauf der erkaltenden Beziehung findet ständig die ästhetische Entsprechung im anderen. Sogar Einstellungsgrößen, Perspektiven, Achsenverhältnisse und Kamerabewegungen gehen identisch den eingeschlagenen Weg von Charlie zu Charlie, so dass es angesichts jener formalen Spiegelung keinen Zweifel mehr geben kann: Hier trifft eine Persönlichkeitsspaltung in zwei Figuren aufeinander. Der flüchtende Psychopath und charmante Mörderonkel begegnet der thrillsuchenden, sich im kleinstädtischen Alltag langweilenden, braven Nichte. Beide werden sich ihre unvollkommenen Weltsichten vorstellen – er seine tiefschwarze, sie eine naive, herzliche, weiße –, das Ergebnis kann nur grau sein oder: der Mensch, die Welt! Es geht also auch um eine Entwicklung, eine Initiation der Nichte oder um eine in der Tat brutale Entjungferung. Indem sie nämlich den grundlegenden Makel des Universums erkenne, also das Problem des Bösen, meinen Rohmer und Chabrol, verliere die Unschuldige auf einen Schlag selbst ihre Unschuld. Eben noch jugendlich verspielt und gutgläubig wird Nichte Charlie schon bald ihre Unbekümmertheit ablegen, einen eigenhändigen Mord am Onkel ankündigen und schließlich einen Totschlag an ihm begehen. Das wird dann wiederum verschwiegen, als Unfall gemeldet, so dass der Onkel als würdiger Bürger und großmütiger Menschenfreund beerdigt werden kann, während die Nichte, gebunden an den mitwissenden Kriminalbeamten, einem langweiligen und Schuld belasteten Leben entgegengeht. Ein Hitchcockschluss. Gewiss. Indes wurde im Film selten der Untergang eines Idylls (der Kindheit, Kleinstadt, Familie) so konsequent und hinterhältig betrieben wie hier. Die Störung steckt im System, im Konzept Mensch von Anfang an drin. Mag man das nun Erbsünde oder Schuldübertragung nennen, fest steht, dass keiner so herauskommt, wie er hineingegangen ist.

Hitchcocks Analyse solcher Menschwerdung gerät dabei für einen Film von 1943 recht dokumentarisch. Da drängt sich nur selten Filmmusik in den Erzählraum, redet das Filmpersonal oft und wild durcheinander, sind auch für einen Hitchcockfilm außergewöhnlich viele Aufnahmen vor Ort, im Unwägbaren der Wirklichkeit produziert. Außerdem ist auffällig, dass die mörderische Vergangenheit des Onkels zwar durch einige Zeichen dem Zuschauer als Verknüpfung nahegelegt, aber niemals filmisch gezeigt wird. Das einzige Requisit, das die Täterwahrscheinlichkeit Cottens erhöht, ist der Smaragdring, den er leichtsinnigerweise an die Nichte weitergibt. Mehr braucht es nicht. Gewaltausbrüche des charmanten Schurken sind nicht zu befürchten. Sie wären auch kontraproduktiv, denn der von Joseph Cotten gegebene Onkel Charlie ist ja schließlich so etwas wie der Held des Films – ein *Fleck*enheld! Es fällt schon auf, dass hier nicht nur eine unterhaltsame Geschichte erzählt wird, sondern eine explosiv-thrillereske Weltpoesie in Wort und Bild. Die verbitterte Sicht des Onkels auf den »Schweinestall Welt« mit allzu vielen, Geld verprassenden Witwen darin ist eine (pathologische) Betrachtung der Dinge, die leutselige, fröhliche und vertraulich naive seiner Nichte das andere (haltlose) Extrem. Die Wahrheit muss wohl dazwischenliegen. Im Grau des Kompromisses.

Als sieben Jahre und Filme später Hitchcock ein bestimmter Roman in die Hände geriet, musste ihm zwangsläufig die dort verhandelte Thematik von SHADOW OF A DOUBT ins Auge fallen, und man kann sich gut vorstellen, dass er Passagen wie:

> »Alles Gute und alles Böse war bei jedem vorhanden. [...] Allen Dingen war ihr Gegenstück beigestellt [...]. Die Dualität kennzeichnete alles in der Natur [...]. ›Zwei Menschen in jedem von uns. Es gibt jemanden, der genau das Gegenteil von Ihnen ist, als wäre er ein unsichtbarer Teil von Ihnen, und irgendwo auf der Welt liegt er im Hinterhalt und wartet auf Sie‹«,

mit großer Wiederentdeckungsfreude zur Kenntnis nahm. Patricia Highsmiths Erstling *Strangers on a Train* war nun wirklich ein Text nach seinem Geschmack, und die in ihrer antimoralischen Haltung außergewöhnliche Autorin scheint ihm zumindest nicht unsympathisch gewesen zu sein. In ihrer ästhetischen Haltung! Denn getroffen haben sich die scheuen Weltbürger nie. Indes spürt Hitchcock sofort: »Das war ein guter Stoff für mich.« Lässt sich doch das Dopplungsexperiment von SHADOW OF A DOUBT in neuem Gewand wiederholen und zugleich das kriminalistische Element seines erfolgreichen Bewegungsplots spannungsleitend integrieren. »Stoff« heißt freilich: Material für notwendige Anpassungen. Highsmiths tiefenpsychologische Einblicke in menschliche Abgründe interessierten Hitchcock kaum bzw. nur so weit, als er sie nutzen konnte für seine Wirkungslektionen. Das übliche Vorgehen also. Ihm ging es darum, das perfekte Verbrechen, das hier in der interessanten Variation des Tauschgeschäftes vorlag, in zeichenhaft reduzierter, beinahe abstrakter Form auf die Leinwand zu bringen.[18]

Im Kern von STRANGERS ON A TRAIN steht eine gleichsam neue wie banale Idee. »Swap murders«, die Abmachung zweier sich gänzlich Unbekannten, dass jeder den anvisierten Mord des anderen begeht. Guy (Farley Granger) benötigt eine Scheidung von seiner untreuen Frau, die diese sabotiert; Bruno (Robert Walker) will seinen ihn drangsalierenden Vater loswerden. Jener Tausch der jeweils für den Partner profitablen Taten ist eine Variante des Themas »perfekter Mord«, die der psychopathische Lebemann Bruno vorschlägt und der Tennisspieler mit Politikambitionen

18 Amüsiert bemerkte dann auch Raymond Chandler, den Hitchcock für das Drehbuch von STRANGERS ON A TRAIN gewinnen konnte, dass Hitchcock ohne jegliche Kenntnis der Story den Film bereits im Kopf inszeniert habe. Auch wären seine Vorstellungen vom Personal recht primitiv, Schablonen eben, aber es sei nett, sich mit ihm zu kabbeln. Kurzzeitig. Denn Chandlers literarischer Stilwille ließ sich mit Hitchcocks visuellem Denken nicht vereinen. Die Auseinandersetzungen wurden härter, und am Ende blieb Chandler zwar als bankable name im Vorspann des Films erhalten, eigentlich aber übernahmen gesichtslose Drehbuch-Profis den Highsmith-Fall. Es ist das alte Lied: Dialoge sind nicht wirkungsrelevant, Charaktere eher Ambivalenzflecken denn differenziert gestaltete Individuen – Hitchcocks Stil ist filmisch pur und keine Literatur.

Guy nicht ernst nimmt. Allerdings nur so lange, bis Bruno seinen Teil der ›Abmachung‹ erfüllt und von Guy die Gegenleistung einfordert. »Criss-cross«! Das ist der visuelle Ankerpunkt jenes Doublespiels, der Hitchcock bei der Lektüre fasziniert haben mag und woraus er seine Inszenierungsideen schöpft: das Dopplungsmuster als nötigendes Handlungsprinzip. Wieder also die Zahl Zwei. Aber anders als noch in SHADOW OF A DOUBT wird hier das Personal zu Stichwortgebern und Trägern grober Gegensätze degradiert – die wirklichen Hauptdarsteller sind mehr denn je die Objekte, Handlungsdetails und einige Handlungsräume. »Ist es nicht ein faszinierendes Muster?«, schwärmt Hitchcock noch Jahre danach in Richtung Truffaut, »man könnte es stundenlang anschauen.« Ja, meint der Franzose, und vergleicht den Film mit einer Situationsgrafik voller »algebraische[r] Figuren«.

Das ist gut beobachtet. Denn, wenn auch klar ist, dass Hitchcocks Oberflächenkunst zwangsläufig abstrakt gestaltet werden muss, ist doch anzuerkennen, dass STRANGERS ON A TRAIN gerade hier eine neue Qualitätsstufe erklimmt. In gewisser Weise ist dies der erste pure Ideenfilm Hitchcocks und damit der vorläufige Endpunkt seiner Suche nach größtmöglicher Wirkung ökonomisch gehandhabter Erzählmittel. Über schlampigen Figurenskizzen gestaltet er ein Dopplungsgemälde, legt eine Handlungsstudie der Form vor, oder, vielleicht am besten: einen Dingfilm. Objekte treiben die Handlung voran, und die Figuren werden darüber beinahe unsichtbar.

Früh schon beginnt das. Zwei Taxis erreichen den Bahnhof, zwei Paar Schuhe laufen aufeinander zu – zuerst im Bahnhof, dann im Zugabteil –, Schienen trennen sich, die Schuhe berühren einander. Erst jetzt sehen wir ihre Träger. Und kennen sie schon. Den Exzentriker (mit Zweifarbenschuhen) und den (blassen) Tennisspieler, den Aufdringlichen und den Zurückhaltenden: die beiden Täter des einen Willens. Aktionsrichtungen des Films sind damit bekanntgegeben, Spiegelungen als Erzählprinzip auch, und nur noch wenige Requisiten werden benötigt, um die Filmbewegung aufrechtzuerhalten: Feuerzeug (Guys, das Bruno an sich nimmt), Brille (des ersten Opfers), Schlüssel und Pistole (zur Tötung des zweiten). Montiert wird ab sofort im Crisscross-Verfahren vom einen Schuh zum anderen, und so ist auch jeder betretene Handlungsort in irgendeiner Weise dem spielerischen Quasi verpflichtet. Von den deutlichen Spielräumen wie dem Tenniscourt und Rummelplatz bis hin zu den eher versteckten, die man etwa im Museum, im Jefferson Memorial und im Haus des Senators erkennen kann. Um diese Formlinie herum findet das Dopplungsspiel statt und ist, trotzdem so viel gesprochen wird, auch ohne Ton durchaus verständlich. Ambivalente Details und Reflexionsmontagen weisen dem Zuschauer den Weg. STRANGERS ON A TRAIN kann, bis knapp neun Jahre später mit PSYCHO eine Ablösung erfolgen wird, durchaus als der Hitchcockfilm bezeichnet werden, der am ehesten das Ideal der reinen Zeichennarration repräsentiert.

Alles strebt hier, von den Requisiten geführt, voran. Die Dinge tragen die Handlung, zwingen sie den Figuren und dem Zuschauer auf und werden zum Hauptdarsteller des Films. Vielleicht ist es das, was Hitchcock in seinem frühen Text *Films we could make* vor Augen hatte, als er 1927 schreibt, dass man »die filmischen Nomen und Verben so geschickt« benutzen müsse, man also »unsere kleinen Stücke in einer bestimmten Geschwindigkeit, einem bestimmten Tempo« ablaufen lasse, um Stimmungen und Effekte beim Publikum zu erzielen. Diese »Totalität formbare[r] Film-Wirklichkeit« (Daniel Kothenschulte) gelingt, ist schmutzig klar, geschlossen und doch auch geöffnet, abstrakt konkretisiert, somit modern. Mit STRANGERS ON A TRAIN gelingt ein Dingfilm im formalisierten Dopplungs- oder Spaltungswahn. Mit einer Schlüsselszene.

Jene bittersüße Gestaltung des (im Unterschied zum Buch) einzigen Mordes – Bruno tötet Guys untreue Ehefrau Miriam – ist nämlich der schönste Bildmoment des Films und zugleich ein zentraler Hinweis auf die Bedeutung der Requisiten. Aus Untersicht gefilmt, im konkaven Glas der zu Boden gefallenen Opferbrille gespiegelt, erscheint die brutale Tat des Miriam würgenden Brunos beinahe wie eine zärtliche Liebeshandlung, wird das Würgen durchaus überdeckt und ein Kuss als Folgehandlung möglich. Langsam gleitet Miriam zu Boden (»float to the ground«, soll die Anweisung Hitchcocks an die Schauspielerin gewesen sein), zu

Boden der »Liebesinsel«! Das ist ein grausig-poetischer Moment im ansonsten zügig erzählten Kriminalplot, nach Robin Wood »one of the cinema's most powerful images of perverted sexuality«, fraglos eine Zumutung von erhabener Schönheit und ein Leitmotiv für viele noch folgende Filme. Von nun an werden die Morde (oder Mordversuche) in Hitchcockfilmen anders erzählt werden, eine Ästhetisierung des Schreckens hält ab sofort Einzug, ob auf Basis von technischer Montagezerstückelung (z.B. in REAR WINDOW, PSYCHO, THE BIRDS, TORN CURTAIN, FRENZY) oder in Bezug auf die poetische Bildkomposition (THE MAN WHO KNEW TOO MUCH, TOPAZ).

STRANGERS ON A TRAIN ist somit eine Zäsur hinsichtlich der formelhaften Zuschauerverstrickung. Dass nämlich hier der Zwiespalt zwischen Tat und Darstellung beim Betrachter besondere Wirkung erzielt, liegt auch an der negativen Charakterisierung Miriams, ganz sicher aber an den Requisiten, die die Szene (und den Film) tragen. »Is your name Miriam?«, fragt Bruno kurz vor der Tat und beleuchtet mit dem *Feuerzeug* Miriams Gesicht im Close-up. Ein kleines Detail, so scheint es – Bruno muss ja sichergehen, dass er nicht die falsche Frau erwürgt –, aber eben auch ein spezielles. Eines, das den Besitzer des Feuerzeugs, Guy, repräsentiert, ihn vor Ort zieht, so dass er beim Folgenden irgendwie auch mithandelt. Schon bald wird die *Brille*, die das alles aufzeichnet, in seine Hände gelangen. Als Zeichen seiner ›Freiheit‹ und Mitschuld. Denn, nachdem Miriam so ›schön‹ getötet wurde, konzentriert sich die Kamera nicht sofort auf die Flucht des Täters, sondern stellt zuerst die eigentlichen Handlungsträger in den Fokus: Man sieht Brunos Hand, die zwei Dinge im Detailschuss an sich nimmt: Brille und Feuerzeug. Gleich wird er auf Guy treffen und ihm die Brille geben. Das Feuerzeug behält er. Das Dopplungsabenteuer der Dinge kann weitergehen.

Nach SHADOW OF A DOUBT und STRANGERS ON A TRAIN (auch nach PSYCHO) greift Hitchcock noch einmal recht auffällig auf das Doppelgänger-Prinzip zurück. Sein vorletzter Film, FRENZY, der nach drei doch eher kritisch beurteilten Versuchen als die späte Wiedergeburt des *Master of Suspense* gilt, ist dann auch eine doppelte Heimkehr. Hitchcock drehte wieder in London und inszenierte dort mit 72 Jahren vielleicht so etwas wie eine Gesamtschau seines Künstlerlebens. In FRENZY entnimmt er seinem ersten großen Erfolg, THE LODGER, das Thema (Frauen-Massenmörder), seinen großen Bewegungsfilmen sowohl das Motiv (unschuldig Beschuldigter) als auch die Motivation (auf der Flucht) und den amerikanischen Meisterwerken VERTIGO und PSYCHO den Twist der Erzählung (*roter Hering*), lädt dies mit ein wenig Humor und viel Suspense auf und führt letztlich alles gekonnt zusammen. Beeindruckt sprach Truffaut nach Ansicht von FRENZY vom Werk eines »jungen Mannes« und erwähnte nicht die darin vorgelegte kalte Sicht auf die Gattung Mensch, die wohl nur ein erfahrener (und mindestens auch ein Gran bitterer) älterer Mensch haben konnte. Wie dem auch sei, technisch von jugendlichem Wagemut und inhaltlich vielleicht von den Erfahrungen seines Schöpfers zehrend ist FRENZY noch einmal ein Versuch im Dopplungsfeld und zugleich eine Art Abgesang auf dieses in den 1970er Jahren irgendwie miefig gewordene romantische Motiv.

Brunos Nachfolger, Bob Rusk (Barry Foster), ist dabei lange Zeit der einzige Sympathikus des Films: leger, scheinbar hilfsbereit, vielleicht ein wenig verschroben. Im Moment aber, wenn er nach ungefähr 30 Minuten zu ›Bruno‹ wird und alle Masken ablegt, so dass der reine pathologische Trieb als sein Motor erkannt werden kann, mildert keine Poesie (wie noch bei seinem Vorgänger) die mörderische Tat. In einer bei Hitchcock bis dato nicht gesehenen brutalen Deutlichkeit wird dem Zuschauer die Aktion der Vergewaltigung und Strangulierung der Heiratsvermittlerin Brenda Blaney (Barbara Leigh-Hunt) aufgezwungen. Dabei wechseln sich kurze Blitzlichtschnitte im PSYCHO-Stil mit längeren Einstellungen der Figurenperspektiven von Täter und Opfer ab, was selbst heute kaum zu ertragen ist. Man will das ja eigentlich nicht sehen, bekommt es trotzdem über nahezu fünf Minuten in vielen Details vorgeführt und fügt sich unangenehm fasziniert. Vielleicht ist solche Genauigkeit ja eine bewusst gesetzte Sühneleistung für den Betrachter. Der hat nämlich lange Zeit dem Falschen Beachtung geschenkt und wird so nun im Moment der Offenbarung besonders kalt erwischt oder: für seine Gedanken bestraft.

Rot ist der *Hering* nämlich auch hier. Anders als in PSYCHO geht es nun allerdings nicht um ein Objekt, das Schuldgefühle bei der Figur und so Mitgefühl beim Zuschauer auslöst, sondern um die Einschätzung der Hauptfigur durch den Zuschauer selbst. FRENZYS falsche Fährte zielt auf die Vorverurteilung des Guy-Wiedergängers Richard Blaney (Jon Finch) ab. Nur er kann der gesuchte »Krawattenmörder« sein, die Indizien sind eindeutig. Unmittelbar nach der zu Beginn aus der Themse gefischten, mit einer Krawatte strangulierten Frau bindet sich Blaney just jene Krawatte um, die Zeitung mit der Krawattenmörder-Headline wird sofort von ihm gekauft, zwei Barbesucher verhandeln den Fall des Massenmörders und Blaney ist, obwohl nicht am Gespräch beteiligt, gut sichtbar im Bild platziert. Weitere Hinweise lassen sich finden, so dass eine Verbindung des einen mit dem anderen nahe liegt. Wenn sich dann Rusk demaskiert und damit Blaneys Unschuld beweist, wartet auf den missgeleiteten Zuschauer die zum Bild geronnene Strafe der Erniedrigung und Vernichtung von Blaneys Ex-Frau Brenda, die eine der wenigen positiv gezeichneten Figuren in diesem Film ist. Das Blickgefängnis ist wieder da, man orientiert sich neu und fühlt sich nicht wohl dabei. Denn Blaney ist nun wirklich kein Typ wie Guy. War jener bei aller Zagheit doch immer ein Mann mit Haltung und sozial verträglichen Umgangsformen, so ist dieser der Sammelpunkt aller möglichen Unzulänglichkeiten und Charakterschwächen. Ein Verlierer. Einer, der trotz ruhmreicher Vergangenheit in der Royal Air Force als Zivilist kein Bein auf den Boden bekommt, sich selbst in einer Tour bemitleidet, frustriert, unreif selbstgerecht und jähzornig ist und jeden, der ihm in die Quere kommt, ohne jegliche Verhältnismäßigkeit attackiert. Nie zuvor hat Hitchcock den positiven Helden so negativ gezeichnet. Der unschuldig Beschuldigte wird zum um sich schlagenden Ekelpaket – eine Identifikation mit ihm ist nicht möglich.

So endet das Doubleszenario Hitchcocks mit FRENZY genau dort, wo es einst behauptend begonnen hat: im schwarzen Feld des Onkel Charlie. Endgültig übermalt wird nun das Hitchcockgrau, die Kompromissidee mit einer Welt, die der (Vor-)Hölle näher ist, als man wahrhaben möchte. In FRENZY betritt man einen gottverlassenen Ort und lässt schnell alle Hoffnung fahren. Das ist kein Spiel mehr, sondern ein Abgesang, und darüber kann man sich nun empören, dem zynischen Blick auf die »Armseligkeit des Daseins« mit einem »schalen Gefühl, ja fast Ekel« begegnen (Eva Rieger) oder jene kühle Darbietung des Menschen als wahrscheinlich korrekt und realistisch begrüßen (Thilo Wydra) – zweifellos aber ist der Doppplungsplot mit FRENZY an einem toten Punkt angekommen.

Die Aufhebung der Charlie-Differenz, das Nur-Dunkle von FRENZY ist kein echter Hitchcockfilm mehr oder, wie Raymond Durgnat schreibt, ein »Hitchcock in Hammerland«. Zwar wird hier reichlich das vorgeführt, was das umfangreiche Werk des Regisseurs zu bieten hat, jedoch mit dem eigenartigen Ergebnis, dass aus der Summe der Zitate keine Weiterführung, sondern etwas anderes resultiert. Der beinahe mitleidlose Blick von FRENZY ist einzigartig in Hitchcocks Schaffen, wo doch sonst bei allen Verstrickungstricks dem Publikum immer auch eine (Teil-)Katharsis ermöglicht wurde. Jetzt nicht mehr. Die Doppelgänger hier unterscheiden sich kaum noch, sie lassen Furcht oder Mitleid nicht mehr zu, ermöglichen nur mehr irritierte Distanz. Es ist ein Schlusspunkt der Angleichung oder Aufhebung. Vielleicht reagierte Hitchcock ja auf die Vorwürfe, die ihm ob seiner Vorgängerprojekte gemacht wurden, indem er den funktionalen Hitchcock-Stil mit New-Hollywood-Pessimismus anreicherte. Ganz gleich. FRENZY ist ein legitimer und interessanter Versuch, der sich allein schon dann gelohnt hätte, wenn als Ergebnis nur die Kamerafahrt rückwärts während des zweiten Mordes von Rusk bliebe.

Was für eine großartige Lücke zur frostigen Publikumsbeteiligung! Als Rusk mit Babs (Anna Massey) die Treppen hinauf zu seiner Wohnung geht und den ihn verändernden Hyde-Satz »You're my type of woman!« ausspricht, zieht sich die Kamera sofort zurück, verlässt das Treppenhaus, fährt rückwärts durch die Haustüre hinaus auf die Straße und hinein in den jeden Todesschrei übertönenden Verkehrslärm. Genau nach diesem Rusk-Satz kam es rund 30 Minuten vorher zur Strangulierung von Brenda Blaney. Man ahnt also, was Babs nun geschehen wird. Man weiß es eigentlich. Entwirft ein Double des bereits Geschauten: einen Doppelgänger im eigenen Kopf.

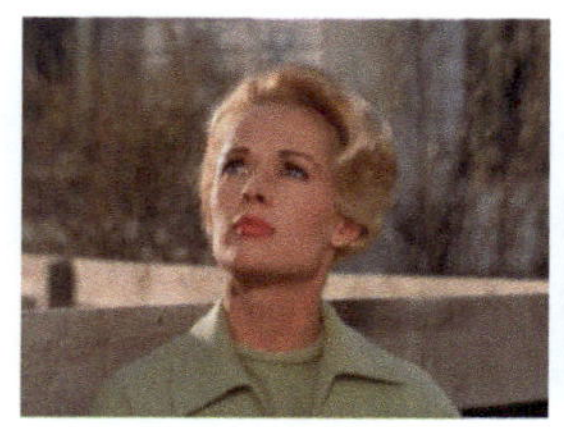 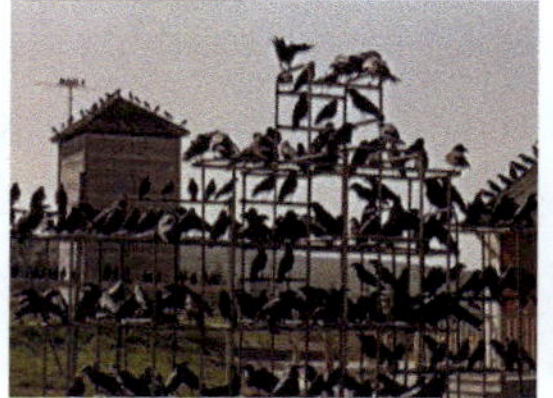 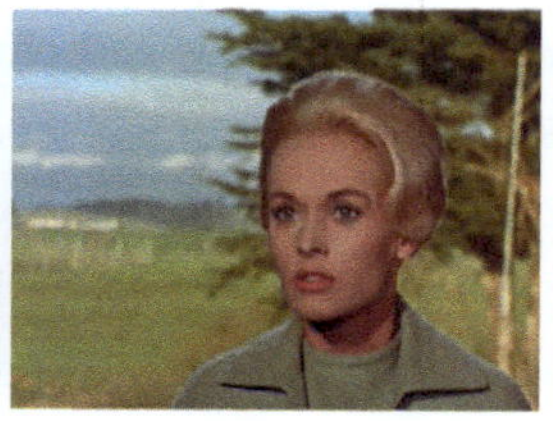

THE BIRDS, 1963

Risseldy, Rosseldy, now, now, now

Musik gehört zur emotionalen Grundausstattung des cineastischen Erlebnisraums. Sie prägt die Aufnahme des Textangebots, ist eine wichtige Wirkungsbotschaft, auf die ein Bilderschöpfer eigentlich nicht verzichten kann. Erst recht nicht, wenn er dem Publikum unterhaltsame Angstneurosen zur Verfügung stellt. Also setzte Hitchcock in seinen Filmen immer auf Musik als kongenialen Massenhypnose-Partner. Mit einer Ausnahme: In THE BIRDS *gibt es keinen Score im herkömmlichen Sinn.*

Allerdings existiert dort schon auch eine Tonkunst, die man vielleicht als inszenierten ›natürlichen‹ Tonraum bezeichnen könnte. Dazu brauchte es Berliner Hilfe und ein orgelähnliches Instrument: das »Trautonium« (von Friedrich Trautwein und Oskar Sala), mit dem Tierlaute elektronisch erzeugt werden konnten. Solches war neu. Man staunte und überließ im Übrigen den Wahrscheinlichkeitskrämern die Beantwortung der Frage, ob denn nun eine musikalische oder geräuschspezifische Vertonung vorliege. Dabei kommen auch in THE BIRDS *herkömmliche Musikstücke vor. Zum Trautonium-Sound gesellen sich ein kurzes Klavierstück und Chorgesang. Letzteres in einer Szene des Films. Einer besonderen!*

Blicken wir zunächst hin: Melanie Daniels, diese kecke, selbständige Frau, die dafür am Filmende noch existenzbedrohende Prügel einstecken wird, sitzt nach ungefähr der Hälfte des Films auf einer Bank vor der Schule in Bodega Bay. Tippi Hedren spielt sie im grünen (!) Kostüm und vor einem Klettergerüst, das vermutlich den Pausenhof der Schule ziert. Melanie ist nervös. Was ist nur mit den Vögeln los? Vereinzelte Attacken auf Menschen kamen bereits vor, einmal war sie selbst das leidtragende Opfer, und keiner kann erklären, was nicht zu erklären ist. Warum greifen die Vögel an? Man wüsste das schon gerne. Aber es wird keine Erläuterung geben – es gibt ja auch keine Löwen in den schottischen Highlands –, und im Moment reicht vollkommen aus, dass der Zuschauer Vögel als gefährlich interpretiert. Alle Arten von Vögeln. Federträger werden zum neuen weißen Wal: Call me Melanie.

Melanie sitzt also auf der Bank, sinniert und raucht eine Zigarette, während sich hinter ihr langsam die Krähen sammeln. Lautlos landet eine auf dem Klettergerüst, die nächste kommt hinzu und Melanie schaut in Richtung Kamera und bemerkt von alldem nichts. Der Zuschauer aber schon, denn zu Beginn sieht man das in einer Einstellung: Melanie am rechten Bildrand, wenige Krähen bereits hinter ihr. Dann aber segmentiert die Montage: Melanie mit Zigarette / das Klettergerüst mit vier, fünf Krähen. Schließlich verschwindet das Klettergerüst gänzlich. In einer unverschämten Einstellung von einer halben Minute Länge sehen wir allein Melanie beim Rauchen zu. Im Close-up. Kussbereit. Das geht doch nicht! Wo bleiben die Krähen? Nervös harrt man der Dinge, bis Melanie zufällig links aus dem Bild schaut / eine Krähe im Flug sieht / erstarrt und den fliegenden Vogel verfolgt / der im Anflug auf das Klettergerüst ist, dort landet und offenbart, dass sich in der Zwischenzeit eine Hundertschaft von Krähen hier niedergelassen hat. Das Areal ist fortan gefiedert. Melanie erkennt die bedrohliche Situation, ringt nach Luft und mit ihr der Zuschauer. Hätte man sich doch auch denken können. Wer sich einem Erzähler wie Hitchcock ausliefert, muss mit Überraschungen rechnen.

Diese Lektion in pure cinema ist beeindruckend komponiert. »Mit jedem Umschnitt wird die Spannungsspirale höhergeschraubt«, stellt Brigitte Desalm fest und, dass dem Blick hier eigentlich doch ein Stück Macht über das Leben der anderen zugeschrieben werde. Das liegt in der Natur der Sache selbst: Zu Beginn ist es die klassische Suspense-Mehrinformation des Zuschauers, die dann dem Verbergen des gewünschten Inhalts und damit der Vorbereitung auf den schockähnlichen Surprise-Moment weicht. Der wird wiederum mit einer subjektiven Blickmontage identifikatorisch verstärkt oder erst möglich gemacht. Ein Rädchen greift ins andere. Die Hitchcock-Maschine läuft in kürzester Zeit auf Hochtouren: ermöglichtes und vorenthaltenes

Wissen, Intensivierung der Figurenbindung, pointierte Schlusswendung. Das Spiel mit dem Zuschauer ist in gerade mal zweieinhalb Minuten in seiner Regelhaftigkeit einzusehen.

Jene Sammlung der Krähen aus The Birds *zählt mit zu den ikonischen Momenten der Filmgeschichte und ist eine der vier, fünf Szenen im Hitchcock-Kosmos, die man nicht mehr vergisst. Vielleicht auch deswegen, weil die Szene so leise oder akustisch beinahe gemütlich daherkommt. Denn hier wird gesungen! Mit Engelszungen! Schulkinder säuseln im Hintergrund ein wenig Unsinnspoesie mit Zungenbrechertendenz: Risseldy, rosseldy, / Heyjohnny dosselty, / Nickety, nackety, / Rustical quality, / Willickey, wallackey, / now, now, now. Monoton prasselt der Nonsens-Kehrreim in den Spannungsraum. Immer wieder. Den Bericht von einer traurigen Frau umrahmend, die beim Kämmen in Tränen ausbricht, Butter herstellt und vor der der Käse davonläuft. Risseldy, rosseldy.*

Warum also, könnte man fragen, kommt in einem Geräuschfilm echte Musik vor und weshalb gerade dieses Lied? Ist es das Beruhigende der monotonen Melodie, das Unsinnige des Textinhaltes (analog zum Inhalt des Films) oder das Spiel mit der Sprache im Moment allgegenwärtiger Sprachlosigkeit? Es wird von alldem etwas dabei sein: einlullender Hörkontrast bei stetig steigernder Sehanspannung, Absurditäten auf allen Wahrnehmungskanälen und, natürlich, Spielerisches: ein Kinderspiel oder a piece of cake. *Das ist ja Unsinnspoesie immer: Spiel mit Sprachmaterial. Ein Kuchenextra zum reinen Vergnügen unter Verwendung von puren, bedeutungsgelösten Zeichen. Dies ist kreativ und (zweck-)frei, orientiert sich an den Regeln und geht zugleich gegen sie vor. Latent anarchisch und ein bisschen Erwartungssabotage – es scheint so, als habe Hitchcock seinen sprachlichen Partner gefunden. Und zugleich eine stimmige Begleitung für den in Szene gesetzten Untergang der Menschheit. Denn was wäre schon der richtige Tonraum zur Untermalung der Apokalypse? Ein Requiem? Walzer? Meditationsklänge? Nein, diesem großen Spaß kommt wohl nur ein Nonsens-Song bei.*

Untergang

THE WRONG MAN (1956)
THE BIRDS (1963)

Wohin sollen wir uns wenden, wenn alles vor die Hunde geht? Schauen wir doch ins Kino, denn dort werden die endgültigen Katastrophen schon in friedlichen Zeiten feilgeboten. Es gibt in der über hundertjährigen Filmgeschichte kaum ein Jahrzehnt ohne mindestens einen eindrücklichen Katastrophenfilm, der im Entertainmentkostüm zeigt, was zu tun ist, wenn die vier Reiter am Horizont auftauchen. Dann gilt es, Ruhe zu bewahren, zuversichtlich zu bleiben und auf einen Helden zu warten, der das ganze Schlamassel irgendwie auflösen wird. Ein Held muss es sein, das leuchtet ein. Wer sonst sollte sich dem Unberechenbaren entgegenstellen? Das kann nur eine Maske, ein Klischee aus den alten Mähren jener Zeit feudaler Herrschaftssysteme und sagenhafter Landgewinnung. Also sind in unseren rational beherrschten, von Elfen, Drachen und leider auch persönlicher Verantwortungsübernahme weitgehend befreiten Tagen solche Heldentaten nur noch auf der Leinwand zu bestaunen: in actionhaltigen und utopischen Was-wäre-wenn-Spielen für den Nervenkitzel der Zuschauermassen. Vielleicht ist das ja auch gut so. Wer will schon den unberechenbaren Siegfried von Xanten zum Freund?

Zu allen Zeiten waren Untergangsvisionen wirkungsvolle Angstapparate zur sozialen Befriedung der Masse Mensch. Zum verdrängten, aber sicheren Sterben des Einzelnen kam die mögliche vorzeitige Auslöschung, die aus ganz unterschiedlichen Gründen zu erwarten war und erwartet werden sollte. Man erfasse doch, meint Gryphius inmitten einer Krisenzeit, das Ewige und stelle das vergänglich Irdische hintan. Sterblich ist der Mensch, und manchmal kommt der Tod früher als gedacht. Das heißt, man muss gewappnet sein, die Eventualität des plötzlichen Endes miteinkalkulieren und eine Entscheidung treffen durch Gefühl oder Verstand. Entweder *heiß oder kalt* sein, niemals lau! Das ist der Moment des Auftritts von John Wayne, Bruce Willis oder Dwayne Johnson. Ein Moment für die Kinohelden. Heiß oder kalt, opferbereit und handlungsüberzeugt:

die Verkörperung des Sturm-und-Drang-Genies im Film bei freilich minimalisierter Argumentationsbasis. Gott selbst spielt dann, ganz im Gegensatz zu den religiösen Apokalypsen, keine Rolle mehr. Die Auslöschung wird der Schöpfungskrone von irgendetwas anderem aufgezwungen und dem zu widerstehen ist die einzig mögliche Handlungsoption. Weltuntergang auf der Leinwand: Es gibt nichts, das dem gleichkäme an Spannung, Spaß und Vorhersagbarkeit. Solches genießt man schmunzelnd mit (heißem) Popcorn und (kaltem) Bier.

Nun wurde aber John Wayne nie von Alfred Hitchcock besetzt. Auch findet man keinen Siegfried, kein nur den inneren Regeln gehorchendes Genie oder irgendeinen opferbereiten Lebensmüden in seinen Filmen. Ganz im Gegenteil wollen die Helden bei Hitchcock einfach nur so weiterleben wie zuvor – oder weiterspielen, wenn man es genauer fassen möchte. Alles soll so bleiben wie gehabt. Keine Experimente, noch einmal von vorne, bitte! Und dies, obwohl Untergänge im Kosmos des Briten gesetzte Größen sind. Die Identitätsverwirrung jedes Hitchcock-Protagonisten geht ja immer mit einem Würdeverlust, Exildasein und einer versuchten Vernichtung des Individuums einher, was in der Folge manches versteckte Talent des Ausgestoßenen zu Tage befördert. Man kann als Grundlage des Thrillers grundsätzlich eine gewisse Endzeitstimmung, ein Immer-noch-schlimmer-Werden ausmachen, wenn auch gerade bei Hitchcock das Temporäre der Situation und insgeheim die komödiantische Grundnote kaum zu übersehen sind. Indes geht er zweimal über diese Milderung hinweg und einen Schritt weiter bis hin zur Auslöschung der Akteure. Das fällt auf, ist etwas Besonderes und rechtfertigt einen genaueren Blick.

Federico Fellini soll einen Film Hitchcocks ganz besonders geliebt haben. Ja, sagt er in einem Interview, THE BIRDS sei sein Lieblingsfilm von Hitchcock, sei »überhaupt eines der bedeutendsten cinematographischen Kunstwerke«, denn immerhin könne man doch kaum übersehen, dass hier »ein apokalyptisches Gedicht« vorliege. Das ist interessant: Hitchcocks Film als Untergangsgedicht, als Epitaph, gebunden aus schönen Tonbildern! Zwar ist der Apokalypsevergleich meist nicht weit, wenn THE BIRDS diskutiert wird – dem Unerklärlichen der aufstehenden Natur kommt auf der Sprachebene wohl nur noch das Strafgericht bei –, die formale Makellosigkeit dieses Gedichts zu erkennen, war jedoch das Vorrecht Fellinis. Und blieb es, denn kaum ein Rezensent versäumt die Nennung der kleinen Sentenz, die doch eigentlich nichts anderes konzentriert als das für Hitchcock wesentliche Ambivalenzprinzip. Dann allerdings präzisieren die Zitierenden: THE BIRDS sei »eine perverse Ode an die sexuelle Anziehungskraft der Frau« (Camille Paglia), »eine transzendente Zustandsbeschreibung des verlorenen Menschen in einer kafkaesken Welt« (Thilo Wydra), »eine Art Vision des Jüngsten Gerichts« (Peter Bogdanovic), »eine Antwort der Natur auf die vielen Atombombenversuche« (Claudia Lenssen), »die [unsichtbare] Atombombe« selbst (François Truffaut) oder »eine Verkörperung der Willkür und Unberechenbarkeit im Leben bzw. im menschlichen Zusammenleben und zugleich vielleicht der Hinweis auf die Absurdität des Daseins überhaupt« (Robin Wood). Was für ein Segen doch nicht vollständig ausgedeutete Zeichen sind! Sie lassen Platz für alle möglichen Lesarten, wobei jeder das, was er sehen will, schon ganz alleine findet.

Die Vögel sind somit sicherlich kein *MacGuffin*. Die Betrachter wollen schon dahinter kommen und erkennen doch stets etwas ganz Eigenes, Persönliches. Man sieht halt immer wieder nur sich selbst. Und was es auch sei, mag es um sexuell aktive Frauen, kafkaeske Verstrickungen, Atomspaltung (eine Bombe!), allgemein das Absurdistan hienieden oder ganz andere Dinge gehen: Der Zuschauer hat recht! Hitchcocks Vögel sind der perfekte Zwischenschnitt in Kuleshows berühmtem Experiment. Sie kommen, zerstören und der Zuschauer begründet dies. Eine bessere Arbeitsteilung ist nicht vorstellbar. Zugleich markiert dieses Zuschreibungsmodul natürlich Abstieg und Erniedrigung der Schöpfungskrone selbst. Die Film-Vögel machen Schluss mit der Hybris des Menschen. Sie stellen ihn in Frage.

Schon in der kurzen Erzählung von Daphne du Maurier kommen sie aus dem Nichts und überfallen einen Küstenort in Schüben, was am Beispiel der Figur *Nat Hocken* und seiner Familie verdeutlicht wird. Nach notdürftig abgewehrten Angriffen sitzt die kleine Gruppe am Ende in ihrer Hausfestung und erwartet den Weltuntergang. Hitchcock besaß die Rechte und schritt mit Drehbuchautor Evan Hunter zur (bekannten) radikalen Anpassung, was hier eigentlich vollständige Veränderung bedeutete. Die dürftigen Reste Mauriers im fertigen Film sind die groteske Antagonistenidee und die eine Situation des Belagerungszustands. Alles andere ist neu, anders oder vertrautes Hitchcock-Terrain: Mutter und Sohn, Blondine und Brünette, Stadt und Land, Suspense und Überraschung, letztlich sogar schuldige und unschuldige Vögel. Man könnte beinahe von einem Originaldrehbuch sprechen.

Dabei gibt es eine nicht unwesentliche Verbindungslinie zwischen Literatur und Film, die man vielleicht als eine Art zusammenfassende Bildidee bezeichnen könnte. Bei der Lektüre der Maurier-Story, so Production Designer Robert Boyle, habe er immer an Edvard Munchs Gemälde *Der Schrei* denken müssen und hie und da in seine Skizzen stilistische Parallelen eingezeichnet. Tatsächlich lässt sich im Film eine Bezugnahme auf den norwegischen Maler nicht leugnen. Und begründen! Denn Munchs Schädelgesicht, das mit mindestens einem Auge den Kontakt zum Betrachter herstellt, sich selbst dabei die Ohren verschließt oder den Kopf ob des »Geschreis durch die Natur« ungläubig mit den Händen hält, besitzt die notwendige groteske Qualität für das Hitchcock'sche Lustgefängnis. Seine recht wilde gestalterische Ausführung, diese scheinbar disziplinlosen Linien und ›schreienden‹ Farben vermitteln wiederum Wahn, Angst und Apokalypse, die einen koordinierten Angriff der Vögel auf Menschen wohl begleiten mögen.

Was die Malerei indes nur andeuten kann, wird Hitchcock audiovisuell konkretisieren. Munchs Thema erhält gewissermaßen Flügel! Seine Schreie werden filmisch reproduziert: jene der Natur wie auch die des Menschen. Immer wieder erscheint dieser ikonische Schädel im Film, wird er von Frauen zitiert: So schreit z.B. Lydia Brenner (Jessica Tandy) panisch lautlos, kurz nach dem Anblick ihres Nachbarn mit ausgehackten Augen –, handelt genauso, mit Blick in die Kamera und Händen an den Wangen, die hysterische Mutter im Restaurant (Doreen Lang liefert das wohl deutlichste Munch-Zitat des Films), nachdem sie von Melanie eine Ohrfeige erhalten hat –, und schreit freilich am häufigsten Melanie (Tippi Hedren) selbst diesen stillen Protest ungläubigen Staunens. Einmal sogar, als sie im Bodega-Bay-Restaurant den Weg des brennenden Benzins zurück zur Tanksäule verfolgt, macht Hitchcock den Bezug so deutlich, dass er nicht mehr übersehen werden kann. Denn, obwohl um Melanie herum alles filmisch in Bewegung ist, bleibt sie selbst ›malerisch‹ eingefroren, statisch, in ihrem vorahnenden Schrei gefangen und wird so zur fixierten Malerei in vier beweglichen Einstellungen. Wenn endlich die Tanksäule vom Feuer erfasst wird und explodiert, ›darf‹ auch Melanie sich wieder bewegen und tut dies, indem sie sich mit beiden Händen zur *Schrei-Geste* an die Wangen fasst.

Dann, direkt im Anschluss an dieses Zitat, springt die Kamera per Schnitt weit weg, geht hoch in die Luft, konkret in die Vogelperspektive, und zeigt das Chaos in Bodega Bay aus dem Blickfeld der Angreifer. Es dauert auch nicht lange, bis die Blickgeber selbst ins Bild kommen. Einige Möwen gleiten in die statische Einstellung, beobachten ruhig ihr Zwischenergebnis und bereiten sich auf den Sturzflug vor, worauf die Kamera per Montage wieder auf der Erde landet. Aufsichten oder Vogelperspektiven sind in Hitchcockfilmen ja niemals pure Variation oder Dreingabe. Dieses Mittel setzt er häufig ein, um das Eingeschlossen-Sein des gerahmten Objekts, seine Gefangenschaft im Frame, in der Zelle filmischer Anpassung zu verdeutlichen. Es ist also eine besondere Akzentuierung der Raum- und Figurengrenzen und so eine Gefahr verheißende Damokles-Perspektive. Solches existiert in jedem seiner Filme und kann zu den filmsprachlichen Chiffren des Regisseurs gerechnet werden. Allerdings ist eine dermaßen große Distanzüberwindung dann doch eine Seltenheit und inmitten eines Spannungsablaufs eigentlich nie gesehen. Der Blick auf Bodega Bay kommt im Moment höchster Anspannung für nahezu 24 Sekunden über den Zuschauer und wird ihn nach kurzer ›Erholung‹ auch wieder direkt hinein in das apokalyptische Treiben führen.

Dieses Bild genießt in Hitchcocks Werk einen Sonderstatus. Er wird einen solch absurden Perspektivenwechsel nicht mehr durchführen. Dabei ist die Einstellung im dualen Erzählrhythmus unbedingt funktional: Der Zuschauer ist auch hier Opfer und Täter zugleich, ist mehrperspektivisch involviert und aktiv, wenn man die nicht unerhebliche Schwierigkeit einer Identifikation mit gefiederten Akteuren einmal beiseitelässt. Selbstverständlich war Hitchcock die Besonderheit des Vorgehens klar, und so gibt er dem fragenden Truffaut einige Hinweise, warum der Sprung durchgeführt werden musste: Aus Gründen der Spannung (Anflug der Möwen), Orientierung (Topographie von Bodega Bay) und Ökonomie (Umgehen der uninteressanten Feuerwehrmaßnahmen am Boden) hätte er den Schnitt gewagt. Distanzierung sei ja ohnehin immer eine kluge Lösung, wenn man langweilige Details vor Ort umgehen wolle. Truffaut nickt das ab. Klingt ja auch gut, erklärt manches, allerdings die Funktion der Vogelperspektivenwahl nur zum Teil. Wozu, fragt man sich erstens, braucht der Zuschauer einen topographischen Überblick? Er ist doch über die Lage des Ortes durch die bisherige Erzählung ausreichend informiert. Weshalb muss zweitens der Anflug der Möwen gezeigt werden? Das Organisationsphänomen der Spezies ist dem Zuschauer bekannt, die davon ausgehende Gefahr längst geschluckt. Sind es tatsächlich nur die ökonomischen Erzählinteressen, die Hitchcock zu dieser Perspektive geführt haben? Man kann das anzweifeln. Der Zuschauer will ja den Angriff! Um jeden Preis. Demnach sollte er das in all seinen Auswirkungen auch unmittelbar erfahren. Nah dran: mitschwebend. Mögen die Sehenden ob dieser Nähe zur wilden Natur ruhig erschrecken, bald schon werden sie schnell und vorfreudig mit den Möwen in die Tiefe stürzen. Und dann? Dann gilt es, das Schizophrene der Kinosituation hinzunehmen, denn der Zuschauer greift sich ja selbst an. Der eben noch flugerfahrene, latent aggressive Betrachter wird hurtig an seinesgleichen zurückgebunden. Die Leidensschraube wird wieder enger gezogen, und dies bei einer Erzählspirale, die langsam, aber sicher ins Bodenlose fällt.

Untergänge, wohin man sieht. Diese Menschen! Vernunftbegabt, wie man sagt, sind sie doch nichts anderes als selbstbezogene Einzelgänger und Unterdrücker. Mütter wollen ihre Söhne behalten, Söhne dagegen möglichst viele Frauen sammeln, und die Frauen selbst vor der Zeit Mutterrechte, also natürliche Besitzansprüche an den »big boys«, anmelden. Das ist ein Spiel mit implantierten Zerstörungstendenzen. Denn jede Figur bestimmt hier ihr eigenes Spielfeld, gehorcht persönlichen Regeln, die keine gleichberechtigten Mitspieler, nur willfährige Marionetten oder Schiebesteine kennen. Kann man da noch gewinnen? Wenn das Spiel zum Spiegelbild des einen Spielers wird, verlieren letztlich alle, auch der gespiegelte ›Sieger‹ selbst. Die schwierige Kommunikation im Menschenzoo, jene Herkulesaufgabe, sich aus den vielen Ich-Interessen, Manipulationen und Intrigen einen Reim zu machen, wird in THE BIRDS zum Handlungsfaden, der direkt zu den geflügelten Störfaktoren führt. Die Vögel erscheinen im Film nämlich gerade in jenen Momenten besonders aggressiv, wenn sich die Menschen auf ihren verschiedenen Spielbrettern verlaufen haben, sich gegenseitig so stören, dass eine leidliche Zusammenarbeit nicht mehr möglich ist. Dann kommen die Vögel und zerstören physisch, was psychisch ohnehin darnieder liegt.

So ist das auch in der dem Angriff unmittelbar vorausgehenden Szene. Als nämlich Melanie im Restaurant von der erlebten Vogelattacke an der Schule erzählt, widerspricht ihr die Hobby-Ornithologin mit wissenschaftlicher Logik, will ein anderer Gast gar alle Vögel der Welt abschießen, spricht der Betrunkene an der Bar bibelfest von »It's the end of the world«, moniert die Kellnerin, dass noch immer die »Bloody Marys« fehlten[19], und will eine Mutter ihre Kinder in Sicherheit bringen, wobei man ihr den Weg aus der Stadt schon zeigen müsse. Alle reden aneinander vorbei oder verfolgen ganz eigene Ziele – mal mehr, mal weniger panisch. Zur schweigenden und solidarischen Zusammenarbeit braucht es ganz offensichtlich einen Vogelangriff. Als der dann kommt – mit dem mitfliegenden Zuschauer im Gepäck –, geht es auch kurz gut mit den Menschen;

19 Tatsächlich machte die deutsche Synchronisation daraus geheimnisvolle »Blutgeschwüre«!

man kooperiert, steht füreinander ein. Danach aber folgt wie gewohnt die Gegnerschaft, werden verwirrt Erklärungen gesucht und gefunden in der wohlvertrauten Aburteilung und Schuldigsprechung eines anderen. Die Vögel decken den Schlamassel auf: Der Mensch ist, was er ist, und auf Dauer nicht zu ändern: It's always the end of the world!

Weltenden? Aber ja! Untergangsszenarien gehören, wie erwähnt, bei Hitchcock einfach mit dazu. Genreideal, Zellensituation und die thematisch zentralen zwischenmenschlichen Störungen machen die Katastrophe zur tendenziellen Größe seines Werks. Das wird in The Birds sicherlich weiter gedacht als zuvor. Allerdings hatte Hitchcock bereits sieben Jahre früher einen ähnlichen Impakt thematisiert, wenn auch ganz anders gestaltet. Gemeint ist der oft übersehene und zweifellos unterschätzte The Wrong Man – ein Film, der deutlich aus dem Hitchcock'schen Werkraster herausfällt. Hier wird nun wirklich gar nichts mehr verschoben, humorvoll gebrochen oder allegorisch überhöht. Der ansonsten fantasievolle Hitchcock gerät urplötzlich zum Realisten und formuliert eine Ausnahme mit nie gesehener tonaler Entfärbung. Trotzdem ist das freilich ein Hitchcockfilm. Schuld und Unschuld, Verstrickung und Befreiung, Zufall und Ordnung werden auch in diesem Film der fehltrittlosen Sühne verhandelt, in dem es um den vielleicht gruseligsten Alptraum geht, den man sich vorstellen kann: um die gesellschaftlich forcierte Vernichtung einer Vorzeigefamilie.

Man habe es hier, so die Interpreten, mit dem Dokumentarfilm Hitchcocks zu tun oder, weil halt nicht im vollen Gattungssinn zutreffend, mit mindestens einem dokumentarischen Ansatz. Irgendwie passt das auch, denn die erzählte Geschichte ist keine originale Autorenidee, sondern eine Reproduktion wirklicher Ereignisse. *Christopher Emmanuel Balestrero*, ein Musiker aus New York, war 1951 fälschlicherweise an den Pranger gestellt worden. Man glaubte, in ihm den verantwortlichen Mann für mehrere bewaffnete Raubüberfälle gefunden zu haben, weshalb er in der Folge all die demütigenden Erfahrungen eines zu Unrecht Beschuldigten, inklusive Untersuchungshaft, durchlief. Seine Frau, Rose, zerbrach an diesem Schicksalsschlag, wurde psychisch krank und erholte sich nur langsam und letztlich nie ganz davon. Um 1953 kam Hitchcock diese vertraute Erzählung unter die Augen, als sie im *Life*-Magazin unter dem ansprechenden Titel »A Case of Identity« publiziert wurde, und man kann sich vorstellen, dass er den faktischen Beweis seiner Fiktionsthemen mit einigem Interesse aufnahm. Auch das Leben kennt spannende Geschichten, manchmal schreibt es sogar Hitchcock-Texte! Darauf konnte sich der Regisseur berufen und verkündete dann in einer Art Cameo-Vorspann dem Publikum: »This is a true story, every word of it!«

Muss man das glauben? Sicherlich nicht. Denn, Story hin oder her, auch hier ist es unbedingt die »Form, die sich ihren Inhalt schafft«. Das ist beileibe kein Dokumentarfilm, auch keine x-beliebige fiktionale Dokumentation des Balestrero-Falls. Hitchcock bemächtigt sich der Realität – das Ergebnis kann nur ein Hitchcockfilm sein. Schnell wird das deutlich gemacht. In einer meisterlich-kargen Exposition platziert Hitchcock seine Fingerabdrücke, lässt das Publikum den Blutspakt mit der Hauptfigur früh vollziehen und über Formen des *pure cinema* auch ein bisschen mitgestalten. Henry Fonda spielt ›Manny‹ Balestrero, und der ist ein glücklicher Familienvater mit Sorgen ob seiner finanziellen Situation und wohl einer kleinen Leidenschaft für Pferderennen. Drei Blickmontagen von Fonda zu seiner Zeitungslektüre *(Pferderennquoten – eine Autowerbung mit der Schlagzeile »Familienspaß« – eine Bankanzeige, die eine Extra-Dividende verspricht)* machen dies dem Publikum klar. Bleibt nun die Rennleidenschaft noch Randerscheinung, so sind die anderen Blickpunkte zentrale Handlungsdetails. Die prekäre Finanzsituation der Familie wird Fonda schließlich zur Versicherungsagentur und damit in die Zufallsfalle führen, die Familie wiederum ist sein Lebensglück, und deren Fall gerät zum tragischen Moment dieses Films.

Es muss Hitchcock klar gewesen sein, dass sein persönlicher Angstfokus – die Zelle – in diesem dokumentarischen Spiel nicht ausreichen würde, um das Publikum zu Mitleidsprojektionen zu führen. Die Auswirkungen des Identitätsverlustes mussten also aufgeblasen werden, noch mehr Unbescholtene betreffen, wie es ja der Originalfall auch vorgibt. So kommt es dann in diesem Film zu einer absolut solitären Erscheinung in

Hitchcocks Kino: zur völlig ironiefreien, beinahe zärtlichen Darstellung der Familie als heimeligem Hort des Glücks und Lebenssinns. Manny und Rose (Vera Miles) verbinden Zuneigung, Vertrauen, letztlich geliebte Kinder. Ein Idealbild – klug und glaubwürdig inszeniert – mit einem seiner Frau beim Abwasch helfenden Manny. Richtig gelesen! Man sieht das, was doch laut Hitchcock keiner sehen wolle und er darum nie filmen würde. Hier ist die regelbestätigende Ausnahme! Familienwert als emotionale Zelle für den Zuschauer benötigt eben auch den Abwasch im Bild sowie den *pater familias,* der wie selbstverständlich zum Handtuch greift. Wenn dann der Zufall gnadenlos auf diese Familie eindrischt und deren Untergang in die Wege leitet, erinnert man sich vielleicht an den gemeinsamen Abwasch und wünscht sich möglicherweise einen willkürlichen Vogelangriff, um diesen realitätsnahen Spuk durch einen absurden Akt wenigstens ein bisschen zu mildern. Indes: Das wird nicht geschehen!

Schritt für Schritt wird nun mit kaltblütiger Logik das Idyll zerstört. Die Angestellten, die Fonda aufsucht, um die Versicherungspolice seiner Frau zu beleihen, erkennen im harmlosen Manny den Dieb, der ihre Agentur kürzlich überfallen hatte, alarmieren die Polizei, die Manny kurzerhand festnimmt, verhört, zu einigen Gegenüberstellungen nötigt, als Indizienfall erkennungsdienstlich erfasst und schließlich in einer Zelle unterbringt. Keiner handelt hier aus Böswilligkeit. Es ist eher die Angst der ehemals Überfallenen oder die professionelle Distanz der Vernehmungsbeamten, die das Unerhörte in die Tat umsetzt. Alle handeln pflichtgemäß, sind höflich, beinahe freundlich. Manny hat keine Chance. Und schämt sich. Vor dem Gefängnis, den Mitgefangenen, seinem erzwungenen gesellschaftlichen Austritt. Dieser Würdeverlust durch Identitätsdopplung wird von Fonda ausgezeichnet gespielt und von der Kamera als Gefühlsoption direkt an das Publikum weitergeleitet. Ab einem gewissen Zeitpunkt ist die Erniedrigung *des falschen Mannes* so weit gediehen, dass er nicht mehr aufzublicken wagt. Sein Blick fällt teilnahmslos auf den Boden, und mit subjektiver Unerbittlichkeit nimmt die Kamera diese Sicht auf und schickt sie zu den Zuschauern: Schuhe, Handschellen, Asphalt. Die Welt hat ihre Schönheit verloren – man ist gefesselt, willenlos, fremdbewegt!

Wo endet das? Natürlich in einer Gefängniszelle! Als Fondas Manny dort ankommt, ist der Moment der Hitchcock'schen Urszene erreicht und kommt das Trauma des Thrillererfinders konkret ins Bild. Einfachste Mittel der Raumbeschreibung und ein kleiner Bewegungseffekt markieren diesen Unort dann auch als das Ende der Welt. Zunächst nimmt Manny die Grenzen des Raumes wahr, sieht er in manche Ecken der Zelle und wir subjektiv mit ihm. Dann misst er den Raum schreitend aus, was wir bei objektiver Kamera nachvollziehen. Schließlich setzt er sich vernichtet nieder, worauf die kommentierende Kamera mit uns um seinen Kopf herum zu kreisen beginnt, immer schneller wird, bis der Bewegungssog die Figurenkonturen und eine Abblende den Gefühlsschwindel selbst aufhebt. Was kann man da noch tun? Auch Mrs. Cotten schweigt angesichts dieser verlorenen Existenz. Angst ohne Gelächter. Jammer und Schauder – keine Katharsis.

Noch lange nicht. Auch wenn Manny bald schon auf Kaution freigesetzt wird, werden seine Probleme stetig größer. Entlastungszeugen sind urplötzlich verstorben, seine Gerichtsverhandlung gerät mehr und mehr zum Routinespiel rund um einen Schuldigen, schließlich verliert auch seine Frau den Verstand und schlägt enthemmt auf ihn ein. Die zwei Kinder werden schon gar nicht mehr im Bild gezeigt, und irgendwie ist der Zuschauer dafür dankbar, leidet man doch schon genug mit den beiden Familiengründern. Gerade der Niedergang von Mannys Frau kann dabei als der absolute Tiefpunkt dieses Familienabstiegs bezeichnet werden, als ein mächtiger Schlag, indes nicht als Wendepunkt! Kurzerhand wird man in dieser Talsenke des Leids zurückgelassen. Trauernd. Vera Miles spielt den schrittweisen Zusammenbruch stimmig und anrührend, man erinnere sich, so Tom Tykwer, noch lange nach Filmschluss an sie. Erinnert sich verzweifelt. Denn hier sieht man die Scottie-Depression (VERTIGO) ohne eine Bewältigungs-Judy, MARNIES Trauma ohne kleptomanische Zwischenlösung oder Melanies Kampf auf dem Dachboden gegen DIE VÖGEL ohne

Mitchs rettendes Eingreifen. Man sieht also eine im Hitchcock-Kosmos halbe Sache und damit die bitterste Figurenentwicklung in seinem Werk. Und, obwohl Fondas Balestrero am Ende per Zufall seine Unschuld beweisen kann, bleibt er zwangsläufig ein gebrochener Mann. Denn, ganz gleich, was die schriftliche Schlusstafel auch immer an Restauration versprechen mag, sein Lebensglück, seine Familie ist zerstört.

Was hat man da nun eigentlich gesehen? Unechten oder abgründigen Hitchcock? Den wahren Hitchcock vielleicht? Als sicher kann jedenfalls gelten, dass THE WRONG MAN der einzige Hitchcockfilm ist, in dem manche Zuschauer(-innen) eine Träne verdrücken müssen. Viele Interpreten hatten also ihre Schwierigkeiten mit diesem Film. Natürlich, meint Raymond Durgnat, habe DER FALSCHE MANN reichlich Qualitäten, die nicht zu bewundern unmöglich sei, aber der passive Held wäre doch langweilig und Hitchcocks dramatischer Ansatz, jene düstere Würde des Untergangs, staubtrocken. Nicht Fisch, nicht Fleisch, keine Dokumentation und kaum Hitchcockfilm, weder historisch echt noch verspielt ironisch. THE WRONG MAN sei ein komischer Zwitter, von dem möglicherweise nichts anderes zurück bleibe als eine »lähmende, depressive Empfindung« (Eva Rieger), die »gewisse Düsterkeit« der Geschichte (Georg Seeßlen), so dass man alles in allem von kaum mehr »als ein[em] rasch in Schwarzweiß heruntergedrehte[n] Intermezzo« vor dem nächsten Film, VERTIGO, reden könne (John R. Taylor). Selbst der ansonsten in der Besprechung mit seinem Idol durchweg hymnische François Truffaut wagt bei der Behandlung dieses Films offenherzig Kritik und stellt fest, dass Hitchcocks Stil einfach im Widerspruch zum reinen Dokumentarfilm stehe. Das geht sogar so weit, dass er dem ein wenig konsternierten Altmeister hie und da konkrete Inszenierungsalternativen vorschlägt; eine absolute Ausnahme in diesem salbungsvollen Interviewbuch.

Vielleicht muss man das ja so sehen. Irgendwie findet hier der britische Katholik in seinem ureigenen Themenfeld keinen agnostischen Schalter, um die reine Tragik der Figuren zu mildern und das Publikum zu umschmeicheln. Und wenn schon Kafka – vornehmlich den *Prozeß*-Kafka sieht hier quasi jeder Kritiker am Werk –, dann doch bitte mit einem zwar grotesken, aber doch wenigstens aufbegehrenden Herrn K. und nicht mit solch bravem Hiob-Manny der würdevollen Entwürdigung. Falsch am *falschen Mann,* fasst Slavoj Žižek zusammen, sei also die fehlende Metasprache oder die nicht vollzogene Hitchcock-Allegorie, die eben stets ein Spiel des Autors mit seinem Publikum ist. Hier spielt er einfach nicht spielfreudig genug, weshalb die Quasi-Realität des Films unter dem Hinkebein der Tatsachenprägung leidet. Man könnte auch sagen: Die vom Publikum erwartete Hitchcock-Torte wird durch Knäckebrot ersetzt.

Eigenartig! Hitchcock präsentiert einen puristischen Versuch der Streichung, Zurücknahme und persönlichen Verleugnung: *A slice of life with some dull bits in it.* Ein widersprüchliches Werk! Und doch ist The Wrong Man ein besonderer Film. Hiermit legt er die Verfilmung seines Urtraumas beinahe ohne Schminke vor und hebt den gesetzten Schrecken nicht auf. Er führt den Zuschauer in seine Zelle und lässt die Türe verschlossen. Keine Befreiung, keine Lösung vom Alpdruck dieses Films ist in Sicht: Man nimmt das ungute Gefühl mit nach Hause, vom Autor auf halber Strecke zurückgelassen worden zu sein. Zwar sind all die Themenfelder des Werks vorhanden – eine durch falsche *Dopplung* erzwungene *Bewegung* des staatlich *Dressierten* auf der Justiz*bühne*, die immer eine besondere Inszenierung der Weltbühne darstellt – und doch eröffnet sich keine Spielfläche für den teilnahmebereiten Zuschauer. Diese in Hitchcocks Werk einzige Tragödie ist purer Untergang, reines Mitleiden und so auch, das kann ja nicht geleugnet werden, echtes Kinoerleben. *It's a movie*! Und unbewegt bleibt hier keiner.

The Wrong Man macht auf diese Weise klar, viel deutlicher als The Birds, dass, wenn der Ironiker auf dem Regiestuhl schweigt oder den Komiker in sich fesselt, nichts weiter auf der Leinwand zu sehen ist als ein gedemütigter Mensch im irdischen Jammertal. Der verdient durch seine Leidensfähigkeit zwar Achtung, tauschen möchte aber keiner mehr mit ihm. Das ist kein fantastischer Spaß, kein (Ersatz-)Abenteuer, das ist vielmehr das Ende der Welt, zumindest der, die man zu kennen glaubt. Immer aber sind Hitchcocks Kino-Untergänge Werkmomente von besonders eindringlicher Schönheit und Effizienz: Kunstballaden rund um Abstieg und Zerstörung. Mal durch Nonsens gemildert, mal elegisch verhärtet. Heiß oder kalt. Nie lau!

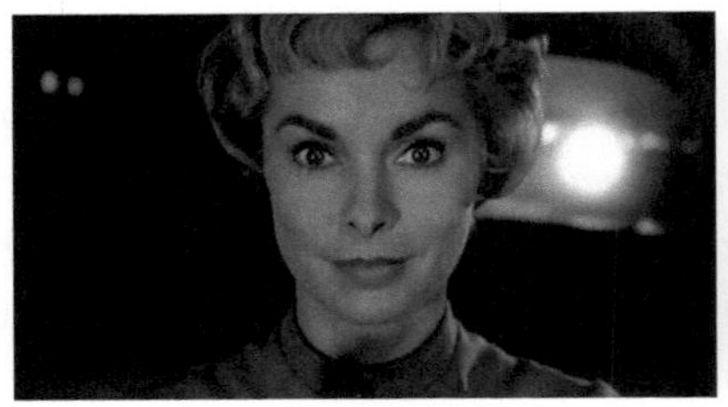

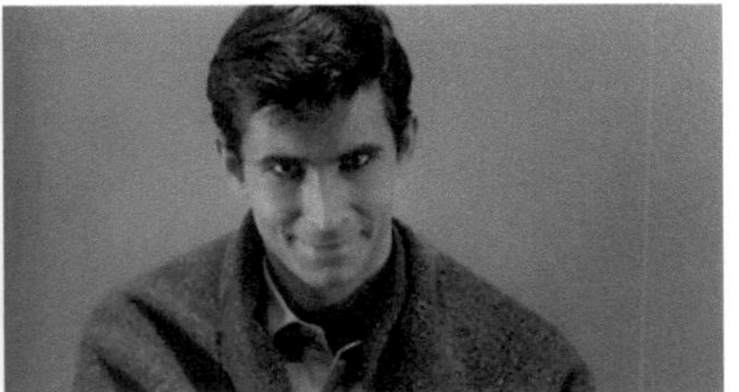

PSYCHO, 1960

Thank you, Norman

»We all go a little mad sometimes«, meint Norman Bates – Besitzer eines Motels fernab der Hauptstraße – zu seinem einzigen Übernachtungsgast. Gerade noch hatte er sich über einen Einwurf dieser ›Marie Samuels‹ (es ging um seine Mutter) sekundenschnell erregt, aber inzwischen ist das schon wieder abgeflaut. Ruhiger, indes mit Nachdruck, legitimiert er die kleinen Verrücktheiten des Lebens, nickt sich dabei innerlich zu und beglaubigt die These alleine und faktenlos. Allerdings könnte eine beifällige Unterstützung durch die hübsche Dame – die eigentlich Marion Crane heißt, momentan aber aus Gründen eines Gesetzesübertritts unter Pseudonym reist – nicht wirklich schaden. Also fragt er sie freundlich, ob es ihr denn nicht auch schon einmal so ergangen sei. Ja, meint Marion nachdenklich und plaudert zwanghaft weiter: »Sometimes just one time can be enough!« Für eine Bekanntschaft von gerademal 20 Minuten enthält das viel Bekenntnis. Somit beschließt Marion ihren Rückzug und bedankt sich höflich bei ihrem Gastgeber – für den kleinen Snack, das Gespräch mit ihm, seine Offenheit, möglicherweise auch für den letzten Anstoß zur Wiedergutmachung der eigenen ›Verrücktheit‹. »Thank you!« Heiter präzisiert der Motelbesitzer: »Thank you, Norman!«, was Marion dann auch akzeptiert.

Da sitzen sie beieinander. Zwei Berühmtheiten der Filmgeschichte: Norman Bates und Marion Crane. Der eine ist sicherlich die bekannteste und auswirkungsstärkste Filmfigur aller Zeiten. Ein Name, der Geflügelte-Wort-Qualitäten besitzt und im Moment seines Auftretens schon jegliche Unschuld verloren hat. Die andere kann da zwar mithalten, allerdings in der eher passiven Rolle eines unvergesslichen Zelluloidopfers. Hier, in ihrem

Ausgangstext lernen sich die ›Unsterblichen‹ kennen und sprechen über jene Dinge, die diesem Film seine merkwürdige Aura verleihen: ausgestopfte Vögel, kranke Mütter, Fallen des Lebens, Irrenhäuser – eben all die kleinen Verrücktheiten, die auch den Zuschauer Schritt für Schritt verrücken, verrückt machen, seiner Selbstsicherheit entledigen. Noch verläuft alles ganz ordentlich und vertraut. Beide verstehen sich, passen (nicht nur namentlich) gut zusammen und kommen dann auch nicht mehr voneinander los.

Denn schon Minuten später steht das nächste und letzte Zusammentreffen an: unter der Dusche. Jedem, der die folgende Blitzmontage zum ersten Mal sieht, sei's gesagt, dass er in diesem Moment heiligen Kinogrund betritt. Es ist die Prägungsszene für Generationen von Kinogängern, zugleich eine Abstraktionsorgie der besonderen Art, zweifellos einzigartig in Hitchcocks Werk und ganz nebenbei ein Quantensprung des Spielfilms hinein in die Moderne. Die Bewegung der Psycho*-Erzählung hin zur Duschszene – und damit paradoxerweise zu ihrem Ende, obwohl der Film noch eine ganze Weile weitergeht – ist aber auch so etwas wie ein Schluss- oder Höhepunkt des Hitchcock'schen Schnittmusters, das ausgehend von* Sabotage *über all die Jahre erweitert und verfeinert wurde.* Psycho *kann als sein finaler Musterschnitt bezeichnet werden: eine zwar immer wieder angekündigte, aber doch wohl nicht so überwältigend erwartete Spielvariante des Thrills für die Zuschauer. Denn das ist eine Form, deren Erzählmaschinerie die gar nicht schmeichelhafte Entlarvung mancher Publikumsbegierde im Text offenlegt, weshalb man eventuell von einem ironischen Reflexionswerk des Autors, einem bösen Scherz oder großen labyrinthischen Unterhaltungsspaß mit dem konditionierten Publikum ausgehen sollte. Der* Psycho*-Zuschauer gelangt in eine neue Zelle der Kinoerfahrung, wird darin, wie Norman sagt, ein bisschen verrückt und verlässt die zentrale Duschszene wohl kaum unberührt, vielleicht sogar dauerhaft geschädigt. Da sollen, so heißt es, doch tatsächlich manche Zuschauer im Anschluss an das Kinoerlebnis monatelang ihre Dusche gemieden haben. Der Hygieneort hatte mit diesem Film seine Reinheit eingebüßt.*

Und es bleibt schmutzig in Psycho*. Schmutzig und klar. Oder aufklärend. Denn gleichsam verrückt ist da noch ein anderes Detail der Erzählung. Die Kinosituation selbst! Denn die Hauptfiguren sehen urplötzlich das Publikum direkt an. Nicht kurz und zufällig, sondern lange, konzentriert und lächelnd.*

Bedeutsam. Erschreckend! Zuerst handelt Marion gegen den üblichen Inszenierungsweg. Lange sieht sie, während man auf der Tonebene ihre Gedanken hört, ins Publikum. Da kommen dann all jene Figuren ihres Vorlebens zu Wort, die sie mit der Geldunterschlagung vor den Kopf gestoßen hat. Insbesondere der letztlich bestohlene Klient ihres Arbeitgebers, der chauvinistische Ölmann Cassidy, will ihr verbal an ihr »fine, soft flesh«. Das wird ihm allerdings nicht mehr gelingen. Flink lächelt sie sardonisch ins Publikum. Und Norman? Der lässt sich Zeit für seinen großen Publikumsdurchbruch. Bis zum Ende des Films. Dann aber schaut er, begleitet von der Mutterstimme aus dem Off (die offenbar seine ist), in die Kamera und lächelt ob seiner Maskerade überlegen und selbstbewusst dem Zuschauer entgegen. Kurz darauf endet der Film.

Hauptakteure sehen ihr Publikum. Sie sehen und lächeln, scheinen zu erkennen und zu verweisen. Und sie handeln im Jahr 1960 recht spektakulär, denn im Illusionsraum Spielfilm ist solche Kontaktaufnahme durchaus unüblich. Warum also? Zum Hinweis auf Rollen und deren Durchbrechung? Auf das Kinosehen selbst, jenes begehrliche Träumen im Dunkel des Saals? Vielleicht auch nur zur Übermittlung des Spotts ihres Regisseurs, der die Darsteller natürlich zu dieser Spielart aufgefordert haben muss? Fest steht, dass hier etwas Verräterisches in den Film einkehrt, eine Form der Spielauflösung oder neuen Regelkunde für den Betrachter durch die Hauptfiguren. Seht her, scheinen die zu sagen, das ist nicht so ernst zu nehmen, das ist vielleicht sogar eine verkappte Komödie, ein Spiel im Spiel und eigentümlicher ›Putsch‹ gegen alle Genreerwartungen.

Bizarr ist das schon. Nennen wir es doch ein Experiment, das zwar im Thriller-Regelspiel platziert ist, dieses aber gleichsam zu zerstören scheint. Psycho ist ein Versuch mit und rund um die Funktions- und Ambivalenzträger des Genres: die Hauptfiguren, die für und gegen uns zu spielen scheinen, letztlich mit uns spielen und die uns damit – böse oder nicht böse, hinterhältig oder offenbarend – unterhaltsam demaskieren. Dafür Dank, Norman; thank you, Marion.

Musterschnitt | Psycho (1960)

Rund 25 Jahre nach Sabotage fertigte Hitchcock mit Psycho sein Meisterstück und feierte damit auch noch einen unerwartet großen Erfolg. Den größten seiner Karriere. Dieser Film erschreckte die Welt, erschütterte Kinobesucher rund um den Globus so nachhaltig, dass man sich das heute, in medienkompetenteren Zeiten, kaum noch vorstellen kann. Dabei ist es nicht mal so sehr der *Master of Suspense*, der hier in nie gesehene Gefilde vordringt; in Psycho wird so sparsam mit diesen wissenden Zuschauerohnmachten umgegangen, dass man fast von einem *Non-Suspense-Movie* sprechen kann. Hier bestimmen vielmehr der Saboteur, Svengali bzw. Hitchcock der Orgelspieler das Spiel: das Spiel mit dem Zuschauer.

In einer Beweisführung *on screen* werden alle Regeln Hitchcocks erfüllt und gleichzeitig außer Kraft gesetzt, wird dem Publikum ein Musterschnitt zur Überflutung aller Kontrollschleusen bis hin zur orientierungslosen Selbstaufgabe vorgelegt. Denn der unschuldig Beschuldigte, der in so vielen Hitchcockfilmen das Teilnahmeangebot war, ist in Psycho nicht auf der Leinwand anzutreffen, sondern im Publikum. »The characters of *Psycho* are *one* character, and that character […] is us« (Robin Wood). Der Zuschauer selbst wird zur Figur, zur wichtigsten des Films. Für und gegen ihn ist dieser Text gestaltet, der dann auch manche Not und Pein beim Weggesperrten erzielt, aber auch eine Art Ausweg ermöglicht. Gilt es doch, in Psycho mindestens zwei Augenblicke zu erkennen, in denen vieles, wenn nicht alles aufgedeckt wird. Dann wird sie einsehbar, die wahre Funktion der Spielgegenstände, die Zuschauerrolle oder die Grundidee des Experiments: *It's a Fun-Picture with the object of alarming a group of persons or inspiring public uneasiness.*

Der erste Moment dieser Regelkunde erfolgt unmittelbar nach der wohl berühmtesten Szene des Films, vielleicht sogar der Filmgeschichte. Sekunden nach dem schockierenden Duschmord fährt die Kamera ins Nebenzimmer auf das dort liegende *Geldpaket* zu, verweilt kurz und schwenkt zum Fenster, man sieht die Villa und hört Norman schreien:

»Mother! Oh God, Mother! Blood, Blood!« Rund 50 Minuten später dann der zweite Moment, in dem gerade diese *Mutter* im Bild erscheint, dabei für einen Frontalschuss durch die Kamera perfekt eingedreht wird, worauf Norman wild grinsend in Frauenkleidern und bewaffnet den Keller betritt. Beide Objekte, *Geld* und *Mutter*, sind leblos, dabei besondere Sabotageakte gegen das Zuschauerverstehen und gewissermaßen eine neue Art von *MacGuffin*, da nämlich vormals bedeutsame Requisiten urplötzlich zum unwichtigen Nullzeichen erklärt werden. In diesem schmutzigsten aller Hitchcockfilme weisen die Objekte den Weg: sowohl denjenigen hin zum Schrecken als auch den zurück zur komischen Erkenntnis.

Wie gelingt eine solche (Kurzzeit-)Psychose? Beinahe klassisch und doch ganz neu. Marion Crane (Janet Leigh) ist verliebt und will geheiratet werden. Ihr Auserwählter, Sam (John Gavin), sagt zwar nicht wirklich nein, kann aber nicht (oder glaubt nicht zu können), da ihn die Schulden seines Vaters und die Finanzierung seiner geschiedenen Frau niederdrücken. Er möchte seiner zukünftigen Frau schon mehr als nur Hypotheken bieten. Also soll sie sich noch zwei Jahre gedulden und in der Zwischenzeit mit ihm in Stundenhotels schon mal den Ernstfall üben. Sex statt Sicherheit. Immerhin!

Doch so einfach ist das nicht. Wer heute nur auf die Bedingungen und Probleme des Pärchens achtet, übersieht den unerhörten Regelbruch, den Hitchcock mit dieser Exposition begangen hat. In prüden Zeiten und bei einer Selbstverpflichtung der Filmbranche zur ›sauberen Leinwand‹ (Hays-Code) ist die Darstellung zweier unverheirateter Menschen halbnackt auf einem Bett ein Wagnis, irgendwie beschämend und doch auch immer interessant. Man wird also moralisch fragwürdig verstrickt. Von Beginn an. Schnell konfrontiert Hitchcock den Betrachter mit Privatem, Anrüchigem, wenngleich Erregendem, macht so den Zuschauer zum leichtsinnigen Voyeur und implantiert diesen ›brennenden Blick‹ auf seine Hauptfigur vor der Leinwand. Zügig kommt dabei die Kamera zur Sache, schwenkt und zoomt nach dem Titelvorspann über Phoenix, nähert sich einem Hotel und dringt durchs Fenster in das Zimmer von Marion und Sam ein. Deren Beischlaf ist bereits beendet. Sam trocknet die Reste seiner Erregung mit dem Handtuch, während Marion in weißer Unterwäsche auf dem Bett döst. Innerhalb von Sekunden ist man mittendrin im Allzumenschlichen und windet sich vor kitzliger Erregung. Nie wieder, meint William Rothman, werde Hitchcock die Natur oder den natürlichen Appetit der Kamera so stimmig und reflexiv präsentieren wie in PSYCHO. Die Kamera hat zu zeigen, zu verführen, hungrig zu machen. Also wird hier mal nicht weggeschwenkt oder ausgeschnitten, sondern in einer für 1960 gewagten Offenheit gezeigt, was man insgeheim sehen will.

In der Folge wechselt Marion nicht nur die Unterwäsche (von weiß zu schwarz), sondern beendet auch ihre abwartende Haltung. Sie wird sich nun das nehmen, was sie braucht, um endlich die Stundenhotels dieser Welt verlassen zu können. 40.000 $ sind ein guter Anfang, deren Besitzer, einem chauvinistischen Klienten ihres Bosses, geschieht das ganz recht, und der brave Sam wird ihr kriminelles Tun hoffentlich gutheißen. Es ist eine absurde Logik oder eigentlich: gar keine. Aber wer will das in einem Film der Verführungspermanenz schon wissen? Mit dem *Geldbündel* (40.000 $) platziert Hitchcock nämlich jenes Requisit in den Film, das Schuld und Lösung reflektieren, Bewegung in den Plot bringen und sich letztlich als ein großer Betrug herausstellen wird. Ein Ankerpunkt und Nullzeichen: ein *roter Hering*! Beinahe klassisch oder pur *berichtet* zunächst die *Kamera*. Die schwarz gewandete Marion blickt auf ihr Bett, sieht etwas, wendet sich ab, worauf die Kamera sich langsam durch Schwenk und Fahrt auf das bis dahin unsichtbare Geldbündel zubewegt und es im Detailschuss fokussiert. Der folgende Schwenk führt zu einem Koffer, der für eine bevorstehende Reise gepackt wird. Blitzschnell ist das *mentale Bild* gezeichnet. Der Zuschauer erkennt den anvisierten Gesetzesbruch der Figur, seiner Figur, und muss nun diesen nur noch mit ihr formulieren. Also wechselt die Inszenierung vom Bericht zur *Blickmontage*, folgt Marions Blick auf das Geld und den Koffer und verlangt so dem Zuschauer eine Entscheidung ab. Die ist schnell getroffen, denn man will ihn durchaus, den Übertritt in die Gefängniszelle auf Zeit und darf dann auch einsitzen. Vorübergehend. Denn Marion greift zu, flieht und wird fortan von ihrem schlechten Gewissen geplagt. All die folgenden Entlarvungsengpässe – der Polizist, der Gebrauchtwagenhändler, Marions innere Stimmen – sind klassische *Thriller*grundsätze, die vom Geld*fleck* genährt schrittweise die Einfühlung des Zuschauers in die Figur verstärken.

Natürlich weiß Hitchcock, dass der Logikfaden dieser Story damoklesdünn gewebt ist und deshalb dem Unterschlagungsmotiv eine bedeutende (Ablenkungs-)Rolle zukommt. Also unternimmt er manches, um das Geld immer wieder im Bewusstsein des Publikums zu halten. Von der ersten Großaufnahme an wird jede Positionsveränderung des Bündels, jede Geldentnahme im Detail abgebildet. Man weiß im Verlauf des Films durchgehend, wo sich das Geld befindet, in welcher Schutzverkleidung es sich gerade verbirgt, auch, wie hoch die jeweilige Geldsumme ist. Damit aber nicht genug, denn zur zweifelsfreien Memorierung bekommt das Geldbündel auch noch ein eigenes *musikalisches Leitmotiv*, das immer dann erklingt, wenn das Objekt im Mittelpunkt der Erzählung steht. Hier wird wirklich an alles gedacht: Ein ›bedeutendes‹ Objekt treibt die Geschichte und das Publikum an, bis es seine Schuldigkeit getan hat und Hitchcock dem ganzen Szenario unter der Dusche ein gewaltsames Ende bereitet. Wenn Marion nämlich unter der Brause zerfetzt wird, verliert das Geld unmittelbar seine Bedeutung. Zunächst das musikalische Leitmotiv und schließlich die Präsenz im Bild, denn der aufräumende Norman wirft das Bündel in den Kofferraum des Wagens, den er alsbald im Moor versenken wird. Der Dreh- und Angelpunkt des bisherigen Films verschwindet einfach aus dem Blickfeld des Zuschauers, und das sei so »unglaublich beiläufig erzählt«, dass Lars Penning nur mehr einen »bösen Witz Hitchcocks« erkennen kann.

Ja, ein Toilettenwitz, ein kranker, trauriger Schabernack von schlechtestem Geschmack, meint Raymond Durgnat und ahnt doch, dass hier auch eine Verständigung über das Attraktionskino und seine Funktionsweise stattfindet. Marions grinsender Blick ins Publikum, als in ihrem Kopf die Gewissensstimmen rasen, ist ein erster Hinweis auf Kommendes. Das im Anschluss an den Duschmord leitmotivlose Geld ein deutlicher zweiter. Man ist in eine Falle geraten, hat sich ködern, verstricken lassen und hat dies immer auch selbst gewollt. So geht das also. Um möglichst weit entfernt von der Dusche gehalten zu werden, brauchte es die 40.000 $. Gelungene Sabotage! Und ein bisschen ist das Geld in PSYCHO ja auch wirklich wie Stevies Filmdosen aus SABOTAGE. Die Bombe, hier die Messerattacke, soll verdeckt werden. Indes: *The Birds will sing!* Aus diesem Grund hatte Hitchcock Robert Blochs Roman ausgewählt, »der unerwartete Mord unter der Dusche. Das ist ganz unvermittelt, und deshalb hat es mich interessiert«.[20] Singende unsichtbare Vögel! Dass man jenen Gesang nun aber ohne Suspense erlebt und also nicht kommen sieht, ersparte dem Saboteur höchstwahrscheinlich eine erneute Regenschirmattacke. Den unbarmherzigen Betrug dieses Films zu erkennen, brauchte Zeit und mindestens einen zweiten Blick.

Die *Überraschung* des Duschmordes aus dem Nichts ist somit der Eingriff, der den *roten Hering*, den falschen *MacGuffin* des Geldes entlarvt. Deshalb fährt die Kamera nach der Tat zum Geldbündel und verharrt dort kurz im stillen, leitmotivlosen Raum. In gewisser Weise wird also dem Publikum die Fähigkeit zum Orwell'schen *Doppeldenk* abverlangt: Eben noch entscheidend, ist das Geldbündel nun schon eine unwesentliche Altlast, wird so die Vergangenheit des Films sichtbar umgeschrieben, oder, vielleicht besser, neu bedeutet. Und das Ergebnis solch stärkender Unwissenheit kann nur eine Form des ›kontrollierten Wahnsinns‹ im Publikum sein.

---

20 Robert Blochs Roman wurde für eine Hitchcock-Adaption erstaunlich textnah verfilmt. Allerdings änderten Hitchcock und sein Drehbuchschreiber, Joseph Stefano, den Beginn des Textes und gestalteten die männliche Hauptfigur gegen den von Bloch vorgegebenen Klischeestrich. Die gesamte Marion-Crane-Story, die Bloch erst im zweiten Kapitel und bereits auf der Flucht dem vorgestellten Psychopathen Bates in die Arme treibt, wurde von Hitchcock/ Stefano nach vorne gestellt, ausgebaut und mit dem Geldobjekt bedeutsam aufgeladen. Zusätzlich kam mit Marion-Darstellerin Janet Leigh der einzige Star in den Film, was diese Rolle, anders als bei Bloch, in eine besondere Publikumsfunktion stellte und so leicht falsche Hoffnungen bezüglich der Plotentwicklung wecken konnte. Schließlich änderten die Filmautoren noch das literarische Angebot der Figur Norman Bates radikal. Aus dem bei Bloch 40-jährigen, dicken und unsympathischen Alkoholiker entwickelte sich durch den Besetzungscoup Anthony Perkins eine völlig andere Gestalt, mit der man zwangsläufig mitfühlen konnte (und sollte!). Blochs klassischer Genretext wurde sicherlich von Hitchcock und Stefano inhaltlich genutzt, dann aber durch die Hinwendung zum entlarvenden Spiel mit dem Zuschauer in eine andere Richtung von eigener formaler Qualität und Größe geführt.

Big Brother Hitch stellt die Weichen dieses Films neu und präsentiert das auch all jenen kompetenten Grausehern und Ironikern im Publikum. Ob es davon aber viele geben wird? Wohl eher nicht. Bei der Erstansicht (und erst recht einer im Jahr 1960) war und ist man für solchen dystopischen Scherz viel zu involviert und also schockiert. Denn nun, wenn die Orientierungsfigur tot ist, das eben durchlebte Schnittgewitter verdaut werden muss und mithin dem Publikum alle Genre- und Autorensicherheit genommen wurde, gelangt das Experiment mit dem Zuschauer in die entscheidende Phase. Verloren starrt das Publikum auf den ›Teleschirm‹, wird zum leeren Zeichen, zur vorübergehend flachen Hauptfigur, die neu gekleidet, beschrieben, bedeutet werden muss. Und das geschieht. Doppelt markiert in der Wendung selbst. Als sollte man den Erzählwechsel am Geschwindigkeitswandel erkennen, wird von kurz zu lang, vom chaotischen Blitzlichtfragment zur gemächlichen Erzählordnung übergeleitet. Der Film beginnt noch einmal. Und erneut mit einer Verschleierungstat.

Wie das wohl war, das Erlebnis des Duschmordes im Jahr 1960? Man kann sich das heute gar nicht mehr vorstellen. Ein schockiertes Publikum – tatsächlich ein Publikumskörper –, schreiend, sich die Hände vors Gesicht haltend, sich selbst verlierend. Ist es doch auch eine kalte Dusche, ein Weckruf aus falschen 40.000 $-Träumen für den Betrachter, den Hitchcock in 23 Sekunden mit 35 Einstellungen beschießt, von denen allein 27 unter einer Sekunde abgebildet werden. Hier liegt ein außergewöhnliches, »auf seinen Kern reduziertes Kino« (Herwig Fischer) vor, und doch auch die Paradoxie einer eindeutigen *Abstraktion*. Denn man sieht ja eigentlich nichts und muss doch alles sehen, erkennt das Wesentliche kaum und weiß doch zweifellos Bescheid. Kein einziger Messerschwung dieser verwirrenden Szene endet im Fleisch der armen Marion. Im Gegenteil: Der Angreifer verfehlt sein Opfer mehrmals sichtbar. Das Messer schwingt am Körper vorbei, sticht eher auf den Zuschauer ein, der sich dann auch im Anschluss beklagt, dass er die Wunden nicht mehr aus dem Kopf bekomme. Wie gelingt so eine Chimäre? Natürlich durch *pure cinema*! Durch das Superzeichen Film und dessen mentalen Zauberlehrling: den Zuschauer. Bei verwirrender, unscharfer und perspektivenextremer

Bildsprache wird der Ton zur bedeutungsstiftenden Größe. Man hört das Eindringen des Messers (in Melonen), hört die Rasanz der Metzelei durch die schrillen »Streicherdolche«, die Komponist Bernard Herrmann der Szene beinahe im Schnitttempo angepasst hat, hört letztlich auch um sich herum den ganzen Saal schreien und macht wohl dermaßen aufgefordert einfach mit. Der metrische Montagetanz wird durch den Ton zum grauenhaften Requiem – auf den ersten Teil des Films, die Identifikationsfigur, Genresicherheit und Unschuld des Publikums. PSYCHO ist tot.

Lang lebe PSYCHO. Denn der Film hat ja noch nicht einmal seine Hälfte erreicht. Vor den Augen des (›neuen‹) Publikums entsteht ein zweiter Film. Einer, der in einer Art Rückblende auf den ersten verweist und dann so etwas wie Lösungserkenntnis heuchelt. Dabei ist schon die Wandlung der Ereignisse pointiert und in jedem Fall ein Hinweis auf den wirklichen Hauptdarsteller und dessen Ausbeutung. Spitzbübisch wird das Schnittgewitter durch einen verfänglichen Beruhigungs*kontrast* abgelöst. Man sieht den alten *MacGuffin*, das Geld, und wird zum neuen durch die Kamera bewegt: »Mutter. Oh Gott, Mutter! Blut, Blut!« Sie, dieser Schemen, eigentlich das reine Gesprächsmotiv: *Mutter* also war's! So wird ein Trugbild durch ein anderes abgelöst, der Zuschauer dabei irgendwie spürbar vorgeführt, was er aber nicht wahrhaben will, nicht wahrhaben kann. Die Verstrickung in diese filmische Unerhörtheit ist tief. Und dauert an. Erst am Ende wird Mutter sich gemächlich und schädelgrinsend ins Publikum drehen und der letzte kurzzeitige Orientierungspunkt, Norman, wird es ihr Minuten später gleichtun. Alle Ankermotive dieses Films sind Fakes, Betrügereien auf der Suche nach der perfekten Irritation. Hat man das einmal durchschaut, ist PSYCHO erhellend und zweifellos komisch.

Wie auch die kurzzeitige Verbindung mit Norman Bates. Nachdem in der Dusche der bisherige Film zertrümmert wurde, ist ja auch die genrespezifische Einfühlungsfigur von ihrer Rolle entbunden. Der Filmstar (Janet Leigh) hat seine Schuldigkeit getan, wird schon bald filmisch versenkt werden, und das Publikum windet sich im erlittenen Badezimmerschock, verdeutlichten Geldspaß und wahrscheinlich auch ein bisschen unter dem eigenen, schlechten Gewissen. Man ist nun mit sich selbst alleine. Allerdings nur kurz und bereits vorbereitet. Denn schon vor dem Duschmord wird der Zuschauer mit Norman, der Marion beim Entkleiden durch ein Loch in der Wand anstarrt, subjektiv verbunden, folgt ihm dann hinauf in die Villa, wo er, vogelgleich und einen Apfel betrachtend, am Tisch vorerst zur Ruhe kommt. Dann erst kehrt die Kamera zu Marion zurück. Dieser erste Perspektivenwechsel ist schon eine besondere Information über den Film und das Kino im Allgemeinen. Kino ist ja grundsätzlich ein voyeuristisches Vergnügen! Im Dunkel des Saals sieht man allerhand, was man sonst nicht sehen darf, aber man sieht das in anonymisierender schwarzer Sicherheit und also mehr oder weniger für sich. Will nun aber Hitchcock dem Zuschauer, der dieses Wissen mit allerhand Ausreden zu maskieren weiß, das medial Anrüchige verdeutlichen, reicht ein kriminalistisch beobachtender James Stewart in REAR WINDOW nicht aus. Das Anzügliche der Kommunikationssituation muss direkt im Bild als das Verbotene, Unheilvolle und doch so Interessante gekennzeichnet werden. Es geht um das eindringende und private Sehen, jenen bereits erwähnten ›brennenden Blick‹, der Neugier und Scham verknüpft und so ganz besonders leicht umzuleiten oder aus der Spur zu katapultieren ist.

So auch nach dem Duschmord. Der schon ›gefühlte‹ Norman kommt zurück in Kabine Nr. 1 und ist augenscheinlich erschüttert von ›Mutters Tat‹. Schnell aber fasst er sich und räumt auf. Mit dokumentarischer Genauigkeit schildert Hitchcock die folgende Spurenbeseitigung und bringt so den Zuschauer an die Seite Normans, der doch deutlich vorhat, ein Verbrechen zu vertuschen. Badezimmerreinigung, Leichenverschleppung und Beseitigung aller Objekte werden detailliert berichtet, so dass der Zuschauer schrittweise in diesen neuerlichen Vertuschungssog gerät, der ihm ja eigentlich von der Gelderzählung schon als Verschwörungstechnik vertraut sein sollte. Was aber soll man tun? Der Identifikationsfigur schnöde beraubt und deswegen noch immer ein wenig atemlos hält sich der Zuschauer an den letzten Akteur, der wenigstens in Teilen seiner Persönlichkeit positive Andockpunkte ermöglicht. Wege lassen sich finden. Und wenn Norman vor dem Motelzimmer von einem vorbeifahrenden Lichtkegel gestreift wird und dabei erstarrt, erschrickt auch der Zuschauer. Warum nur? Aus Angst vor Entlarvung, Festnahme, Aufklärung? Es ist schon faszinierend, wie beweglich man sich verhalten kann, wenn die Bausteine der Erzählung dieser Sprunghaftigkeit den Schwingboden bereiten. Fehlorientierungen, wohin man schaut. Und momentan schaut man auf Norman, bald aber schon mit ihm.

Denn vereinzelt werden nun subjektive Blicke in Normans Aktivitäten integriert. Dann kommt es zum letzten Akt für Marion, das Geld und den gesamten ersten Teil des Films – das mit all den verratenen Objekten gefüllte Auto wird im nahe gelegenen Moor versenkt! Und, da dies streng formalisiert als Kuleshow-Bilderfolge geschieht, macht der Zuschauer bei oder in Norman konzentriert mit, löst sich so von seiner emotionalen Fehlbindung und seiner Schuld, indem er erneut schuldig wird. Eine hinterhältige Szene. Hitchcock setzt mal wieder auf das russische Experiment und eine minimale Entwicklungsunterbrechung. Wenn nämlich Norman am Moor steht und das langsame Sinken des Autos betrachtet, wird nahezu klassisch geschnitten: Der schauende Norman in Großaufnahme / sieht das mählich untergehende Auto im Moor. Das Fahrzeug mit all den Erinnerungen geht dahin, und möglicherweise schaut man dem nur grenzwertig interessiert zu. Bis zu dem Moment, als im Gegenschnitt der Sinkvorgang ins Stocken gerät, schließlich ganz zum Erliegen kommt. Das Auto ist noch immer zu gut einem Drittel zu sehen und weigert sich, weiterzusinken. Das ist ungünstig, die Sache muss erledigt werden: *Nun tu doch einer was!* Urplötzlich wird aus Hinnahme Engagement, wünscht der Zuschauer (mit Norman) den Untergang und nimmt dann auch (mit ihm) erleichtert das doch noch blubbernde Verschwinden des Wagens zur Kenntnis. Jener Eingriff in einen zeitlichen Ablauf aktiviert den von all den Zumutungen erschlafften Zuschauer zu neuer Kraft, letztlich auch zur eigenen gedanklichen Zumutung, wozu er ohne den Filmvorlauf nicht fähig wäre. Es ist so deutlich: Psycho hat sich spätestens jetzt einen besonderen Zuschauer geschaffen. Einen, der, nachdem er hilflos von einer Figur zur anderen gesprungen ist, moralinfrei mittut, und sich dabei möglicherweise gar nicht so wohl fühlen dürfte.

Dieser Film, meinte Hitchcock zu Truffaut, gehöre doch eigentlich den Filmemachern. Nicht die Handlung, keine irgendwie bedeutende Botschaft des Films, auch keine außergewöhnliche schauspielerische Leistung habe den Betrachter bewegt. Es sei vielmehr der reine Film – »eine Anordnung von Filmstücken, Fotografie, Ton, lauter technische Sachen« –, der das Publikum erschüttere und zum Schreien bringe. Entscheidend sei die Technik. Die Kamera mache die ganze (häufig stumme) Arbeit und schaffe so eine Filmkunst, die zwar von den Kritikern nicht sonderlich geliebt werde, aber dafür beim Publikum große Wirkung erziele. PSYCHO ist um dieses Zentrum – Duschmord und Beseitigung der Leiche – herum gebaut. Ein Vor- und ein Nachfilm flankieren die zentrale Spiegelstruktur, die vom Geldthriller zum abrupten Duschgemetzel führt, dann mit der Vertuschung zum Schutz der Mutter einen neuen Erzählfaden aufnimmt, der in der Folge das Handeln der Akteure bestimmt. War noch im Vorfilm jede Kamerafahrt verstrickend und unerhört offenbarend, so ist sie im Nachfilm verschleiernd. Gab es zunächst eine Identifikationsfigur, so vervielfachen sich die Akteure nun, ohne dass man ihnen besonders nah sein will. Machten die Blickmontagen vor der Duschszene ein spannungsorientiertes Hoffen und Bangen mit der Akteurin möglich, so sind sie danach eher mehrdeutig und offen, weit geöffnet für allerlei Zuschauerinteressen.

Der noch folgende ›Nachfilm‹ ist eine Organisation der Betrugsfabel rund um die *Mutter*, kaschiert als Suche nach ihr. ›Mutter‹ selbst bleibt also verborgen, manchmal durch sich entfernende, auch fliegende Kamerabewegungen so deutlich markiert, dass der Spielwille dahinter doch eigentlich auffallen müsste. Indes soll das geköderte Publikum nicht vom Gängelband des Regisseurs gelöst werden. Also gilt es, den Erregungszustand zu strecken, letztlich auch dem Publikum gelegentlich seinen ganz eigenen Film zu schenken. Wenn nämlich Lila Crane, Marions Schwester, kurz vor der Aufdeckung der Mutterlüge die Bates-Villa durchsucht, gelangt der Film zu seinem selbstreflexiven Höhepunkt. Das Publikum ist nun konditioniert genug, eigene Bedingungen zu fantasieren, so dass der Film selbst nur mehr Objekte zur Projektion präsentieren muss. Das Haus erblicke Lila, liest Slavoj Žižek diese Blickmontage dann auch doppelt subjektiv. Und irgendwie ist das schon möglich. Wird doch nun der *Fleck* zur eigenen Handlungsgröße oder zum offenen Mitspieler, denn tatsächlich sind das ja reine Spiegelsplitter für einen sich selbst erkennenden Zuschauer. Lila sieht in Mutters Schlafzimmer ein Waschbecken, einen Kamin, die Plastik übereinandergelegter Hände, die tiefe Einbuchtung in der Matratze und dazwischen sich selbst im Spiegel, wovor sie erschrickt, denn sie wird beobachtet: von uns. Dann zwei Türen weiter bei Norman blickt sie auf Puppen und andere Spielsachen, einen Hasen mit geknicktem Ohr, ein ungemachtes Bett, eine Schallplatte mit Beethovens »Eroica« und das Buch ohne Titel. Dinge also, die alles und nichts bedeuten, die das verdeutlichen, was der Zuschauer darin sehen will, und somit den Film weitertragen, indem sie ihn gewissermaßen *abstrakt* füllen. Natürlich kann man diese Objekte psychologisch deuten, Normans Jungfräulichkeit (William Rothman) genauso wie seine rückständige Entwicklung und Krankheit (Robin Wood) herauslesen. Man kann aber auch anderes entdecken. Die Lücke ist da, um das Publikum bis zum Aufdecken des zweiten Betrugs zu beschäftigen – mit den Angeboten wie auch mit sich selbst.

Damit erreicht der Film seinen Siedepunkt oder, wenn man so will, sein Ergebnis. Das Publikum gestaltet nach all den Willkürschlägen eifrig mit und hält das Spiel beinahe zwanghaft am Laufen. Man ist nun so ›frei‹, den Text im Sinne des Autors weiterzuschreiben und also endgültig reif für die Aufdeckung der Geheimnisse: Muttermumie und Normanmutter! Endlich wird der *comic relief* des Films platziert, die Überzeichnung des ganzen Texts verdeutlicht, und vielleicht spürt man das ja auch, denn erkennen kann man es (noch) nicht. Der Durchbruch zum *Fun-Picture* braucht eine zweite Filmansicht. Bei gewandelter Haltung. Dann wird die gesamte Machart um das Zentrum der doppelten Verstrickung erkennbar, die Wirkungsdramaturgie, die um die Mittelachse herum gespiegelten Erzählformen des ›reinen Films‹ können schmunzelnd genossen werden. D.h. also, dass der Zuschauer auf der Suche nach Komik Analyse betreibt und seine eigene Manipulierbarkeit durch den Film zu durchschauen lernt. Komische Distanzierung als Befreiung von einem Alpdruck zu empfinden und dabei auch noch etwas über sich selbst (im Medium Film) zu erfahren: Dieser Film besitzt, gerade weil er trickreich den Zuschauer verstrickt und ihm dies auch aufzeigt, eine Art implantierten Erkenntnishebel zur Selbstbefreiung aus fremdbestimmter Unmündigkeit. Der gefesselte Zuschauer entbindet sich, wird wieder zum mündigen Betrachter und lernt etwas dabei, vielleicht lacht er sogar. Jedenfalls lacht uns am Ende aller PSYCHO-Tage Norman Bates herausfordernd an oder besser aus. Und mit ihm seine Mutter, deren Totenschädel in einer Überblende sekundenlang seinen Kopf überlagert. Dies hat etwas Endgültiges. Sorgt für Neues, karikiert das Überkommene und nutzt es verfremdend.

PSYCHO ist ein paradigmatischer Fall, ein Wendepunkt in der Art, Geschichten im Kino zu erzählen, dabei auch eine Pointe über das Studio-System direkt aus dessen Mitte heraus gestaltet. Letztlich aber ist es ein lange vorbereiteter und nun eingelöster Musterschnitt Hitchcocks, den man als Quintessenz seines Werks betrachten kann oder vielleicht als persönliches »Willkommen und Abschied«. Denn das ist ein Abschied von mancher zuvor praktizierten Zurückhaltung und somit ein Aufbruch ins Neue, Experimentelle, Selbstreferenzielle: ein ironisch gebrochenes, aber doch so wirksames *pure cinema* der zuschauenden Selbsterfahrung. Es ist der Triumph des Saboteurs – ein Bekenntnis zum Spielraum Kino, seinen Blicklektionen und Manipulationsmaßnahmen. PSYCHO ist *der* Hitchcockfilm.

Noch einmal, in der letzten Bilderfolge des Films, zwinkert Schauspieler Anthony Perkins ins Publikum, begrüßt vertraulich seine Komplizen und macht den Weg frei für die beiden Köder, die deren Teilnahme erzwangen: Mutter und Geld! Ja, auch das Geld, denn, wenn im letzten Bild das Auto aus dem Sumpf befördert wird, wartet noch immer der erste *Fleck* auf seine Enttarnung. Zum großen Finale kehren die Trugwege also wieder und signalisieren dem Zuschauer schon auch den besonderen Nutzwert des Films: Erkenne dich unterhaltsam selbst! Dann wird – eine rahmende Rückkehr zum Vorspann – die Lektion zerschnitten.

Psycho rannte, begleitet von einer einfallsreichen Werbekampagne, um die Welt, machte seinen Schöpfer reich und ist wohl bis heute der einflussreichste Text in der Geschichte des Films geblieben. So etwas hatte man noch nicht gesehen. Selbst die zunächst kritische Presse musste nach einer Zeit der schockierten Ablehnung (und wahrscheinlich einer zweiten Ansicht) zugeben, dass hier etwas Neues, logisch Durchdachtes dem fluchtwilligen Massenpublikum vorgelegt wurde. Der Film geriet zu einer weltweiten Erfahrung, einem Werk der ›Pop-Avantgarde‹, das man kennen musste und das heute – wenn nicht direkt, dann über die unzählbaren Ableger und Kurzzitate – wohl auch jeder kennt oder irgendwie zu kennen meint.

Wie also wäre es mit einem Psycho-Tag?, mag sich der schottische Künstler Douglas Gordon 1993 gefragt haben, bevor er den knappen Zwei-Stunden-Film auf 24 Stunden dehnte und in den großen Museen der Welt erneut zur Aufführung brachte. Dazu nahm er eine handelsübliche Videocassette des Films und reduzierte die Ablaufgeschwindigkeit beinahe bis hin zum Standbild – zwei Bilder pro Sekunde anstatt der üblichen 24. Das Ergebnis dieser Drosselung wird schließlich auf eine Leinwand inmitten eines Raumes projiziert, wird zum Zeitlupenschrein, den der Besucher von allen Seiten inspiziert, dabei hie und da verharrt, um letztlich trotz ständigem Wechsel von Raumposition und Blickwinkel immer schneller zu sein. Es bleibt ihm also viel Zeit für genaue Beobachtungen, für die Suche nach all den platzierten Flecken des britischen Svengali. *Puristisches, Kontrastives, Abstrahierendes* der Gestaltung können in dieser Zeitfalle genau betrachtet, *Brüche* durchaus gefunden werden. Hitchcocks Kunst wird unter der Dehnungslupe zum Form-Doppelgänger ohne jegliche Einfühlungsablenkung, zur ästhetisch manipulierten Manipulation. Da ist es schon fast überflüssig zu sagen, dass natürlich erneut der Betrachter die Hauptfigur ist!

Man kann also durchaus Gordons Psycho-Tag als exzessive Feier dieser Filmschöpfung, des dahinter stehenden Regisseurs und des immer mitgestaltenden Zuschauers betrachten. Und das, obwohl Letzterer, weil auch Museen irgendwann ihre Pforten verriegeln, nie den ganzen (Film-)Tag erleben kann. Ein bisschen Rätsel bleibt also auch hier. Muss hier bleiben. Denn man soll ja wiederkommen, sich neu vor der Leinwand platzieren und im filmischen Raum-Zeit-Gefängnis dies und das blickend erkennen; nicht zuletzt: sich selbst. So entdeckt die gedehnte *alles sehende Zeit* den Betrachter und entlarvt ihn als das, was er im Hitchcock-Kosmos immer ist: ein angstlüstern Suchender in der Zelle. In seiner persönlichen Filmzelle. Einem Gefängnis für ein paar Stunden, einen Tag oder das ganze Leben.

Filme sind kuriose Erscheinungen.

Literatur

Aristoteles: Poetik. Übers. u. hrsg. von Manfred Fuhrmann. Stuttgart 2010.

Auiler, Dan: Vertigo. The making of a Hitchcock classic. New York 1998.

Balint, Michael: Angstlust und Regression. Mit einer Studie von Enid Balint. Aus dem Engl. von Konrad Wolff unter Mitarbeit von Alexander Mitscherlich u. Michael Balint. 5. Aufl. Stuttgart 1999.

Beier, Lars-Olav / Seeßlen, Georg (Hg.): Alfred Hitchcock. Berlin 1999.

Bliersbach, Gerhard: Hitchcocks Filme: Gelungene Träume? In: Psychologie heute. 7. Jg. H. 10 (1980). S. 64-73.

Bogdanovich, Peter: Wer hat denn den gedreht? Aus dem Amerik. von Daniel Amman u. a. Zürich 2000.

Borringo, Heinz Lothar: Spannung in Text und Film. Spannung und Suspense als Textverarbeitungsstrategien. Düsseldorf 1980.

Campbell, Joseph: Der Heros in tausend Gestalten. Aus dem Amerik. von Karl Koehne. Frankfurt a. M. u. Leipzig 1999.

Deleuze, Gilles: Das Bewegungsbild. Kino 1. Übers. von Ulrich Christians u. Ulrike Bokelmann. Frankfurt a. M. 1997.

Deleuze, Gilles: Das Zeit-Bild. Kino 2. Übers. von Klaus Englert. Frankfurt a. M. 1997.

Derry, Charles: The Suspense Thriller. Films in the Shadow of Alfred Hitchcock. Jefferson 1988.

Desalm, Brigitte: Überwachen und Strafen – Einiges über die Blicke bei Hitchcock. In: Beier / Seeßlen (Hg.) 1999. S. 39-56.

Durgnat, Raymond: The Strange Case of Alfred Hitchcock. Or: The Plain Man's Hitchcock. Cambridge 1974.

Dürrenmatt, Friedrich: Die Physiker. Zürich 1985.

Dürrenmatt, Friedrich: Theaterprobleme. In: Ders.: Gesammelte Werke. Bd. 7: Essays, Gedichte. Zürich 1996. S. 28-69.

Elsaesser, Thomas: Der Dandy in Mr. Hitchcock. Aus dem Engl. von Ulrich Kriest. In: Beier / Seeßlen (Hg.) 1999. S. 21-38.

Elsaesser, Thomas: Rainer Werner Fassbinder. Berlin 2001.

Elsaesser, Thomas: Too big and too close. Alfred Hitchcock and Fritz Lang. In: Gottlieb, Sidney / Allen, Richard (Hg.): The Hitchcock Annual Anthology. Selected Essays from Volumes 10-15. London 2009. S. 146-170.

Fischer, Herwig: Der Duschmord in Alfred Hitchcocks »Psycho«. Eine Mikroanalyse. Moosinning 1990.

Fischer, Jens Malte: Der Zuschauer als Komplice. Beobachtungen zu den Thrillern Alfred Hitchcocks. In: Ders.: Filmwissenschaft – Filmgeschichte. Studien zu Welles, Hitchcock, Polanski und Max Steiner. Tübingen 1983. S. 135-155.

Freud, Sigmund: Das Unheimliche (1919). In: Ders.: Das Unbehagen in der Kultur und andere Schriften. Frankfurt a. M. 2010. S. 1093-1121.

Göttler, Fritz: I confess (1952). In: Beier / Seeßlen (Hg.) 1999. S. 355-359.

Grafe, Frieda: Filmfarben. Mit: Die Geister, die man nicht loswird. Berlin 2002.

Heckhausen, Heinz: Entwurf einer Psychologie des Spielens. In: Ders. (Hg.): Motivationsanalysen. Berlin 1974. S. 83-100.

Hitchcock, Alfred: Close Your Eyes and Visualize! (1936) In: Gottlieb, Sidney (Hg.): Hitchcock on Hitchcock. Selected Writings and Interviews. Berkeley u. London. S. 246-249.

Hitchcock, Alfred: Films We Could Make (1927) In: Gottlieb, Sidney (Hg.): Hitchcock on Hitchcock. Selected Writings and Interviews. Berkeley u. London. S. 165-167.

Jelinek, Elfriede: Der Sieg der versiegenden Quelle (zu Alfred Hitchcocks »Vertigo«). URL: http://www.elfriedejelinek.com (Abfrage: 10.01.2019).

Kammerer, Ingo: Alfred Hitchcock, Psycho. In: Butzer, Günter / Zapf, Hubert (Hg.): Große Werke des Films. Bd. 1. Eine Ringvorlesung an der Universität Augsburg 2013/2014. Tübingen 2015. S. 105-125.

Keazor, Henry (Hg.): Hitchcock und die Künste. Marburg 2013.

Kerr, Charlotte: Die Frau im roten Mantel. 3. Aufl. München 2002.

Kleist, Heinrich von: Der zerbrochene Krug, ein Lustspiel. In: Ders.: Sämtliche Werke und Briefe. Bd. 1. Hrsg. von Roland Reuß u. Peter Staengle. München u. Frankfurt a.M. 2010. S. 163-276.

Kolker, Robert (Hg.): Alfred Hitchcock's PSYCHO. A Casebook. Oxford 2004.

Kothenschulte, Daniel: Angewandte Avantgarde. Der *Highbrow* als Populist. In: Obsessionen. Die Alptraum-Fabrik des Alfred Hitchcock. Hrsg. vom Filmmuseum Düsseldorf. Marburg 2000. S. 67-81.

Lenssen, Claudia: THE BIRDS (1962). In: Beier / Seeßlen (Hg.) 1999. S. 408-413.

Lessing, Gotthold Ephraim: Hamburgische Dramaturgie. Hrsg. u. komment. von Klaus L. Berghahn. Stuttgart 1999.

Mulvey, Laura: Visuelle Lust und narratives Kino. Aus dem Engl. von Karola Gramann. In: Albersmeier, Franz-Josef (Hg.): Texte zur Theorie des Films. 3. durchges. u. erw. Aufl. Stuttgart 1998. S. 389-408.

Paglia, Camille: DIE VÖGEL. Der Filmklassiker von Alfred Hitchcock. Aus dem Amerik. von Karlheinz Dürr. Hamburg u. Wien 2000.

Patalas, Enno: Alfred Hitchcock. München 1999.

Penning, Lars: Die Universalität des Bösen. Nicht Horror, nicht Thriller: der erste PSYCHO-Thriller. In: Schnelle, Frank (Hg.): Alfred Hitchcock's PSYCHO. Stuttgart 1993. S. 55-63.

Reinecke, Stefan: TOPAZ (1968/69). In: Beier / Seeßlen (Hg.) 1999. S. 425-427.

Rieger, Eva: Alfred Hitchcock und die Musik. Eine Untersuchung zum Verhältnis von Film, Musik und Geschlecht. Bielefeld 1996.

Rohmer, Éric / Chabrol, Claude: Hitchcock. Hrsg. und aus dem Franz. von Robert Fischer. Köln 2013.

Rosenthal, David: Dressed for a Killing. In: New York Magazine (04. August 1980). S. 25-27.

Roth, Patrick: Sechs oder sieben Dinge, die ich von ihr weiß. Aus meinem Filmtagebuch. In: die horen. Zeitschrift für Literatur, Kunst und Kritik. 60. Jg. Nr. 258 (2015). S. 25-32.

Rothman, William: Hitchcock – The Murderous Gaze. Cambridge u. London 1982.

Rüedi, Peter: Dürrenmatt. Oder: Die Ahnung vom Ganzen. Zürich 2011.

Scheuerl, Hans: Zur Begriffsbestimmung von »Spiel« und »spielen«. In: Zeitschrift für Pädagogik. 21. Jg. H. 3 (1975). S. 341-349.

Schiller, Friedrich: Über die ästhetische Erziehung des Menschen in einer Reihe von Briefen. In: Ders.: Werke in drei Bänden. Bd. 2. Hrsg. von Norbert G. Göpfert. München u. Wien 1966. S. 445-520.

Seeßlen, Georg: Thriller: Kino der Angst. Marburg 1995.

Seeßlen, Georg: Mr. Hitchcock Would Have Done It Better – Oder: Warum es keine wirkliche Nachfolge von Alfred Hitchcock gibt. In: Beier / Ders. (Hg.) 1999. S. 185-222.

Smith, Susan: Disruption, Destruction, Denial: Hitchcock as Saboteur. In: Allen, Richard / Ishii-Gonzalès, Sam (Hg.): Alfred Hitchcock. Centenary Essays. London 1999. S. 45-57.

Smith, Susan: Hitchcock. Suspense, Humour and Tone. London 2000.

Sophokles: König Ödipus. Übers. u. Nachwort von Kurt Steinmann. Stuttgart 1992.

Spoto, Donald: Alfred Hitchcock und seine Filme. Aus dem Amerik. von Adelheid Zöfel u. Christine Strüh. München 1999.

Spoto, Donald: Alfred Hitchcock. Die dunkle Seite des Genies. Aus dem Amerik. von Bodo Fründt. München 1993.

Taylor, John Russell: Die Hitchcock-Biographie. Alfred Hitchcocks Leben und Werk. Aus dem Engl. von Klaus Budzinski. München u. Wien 1980.

Theweleit, Klaus: Deutschlandfilme. Filmdenken & Gewalt. Godard – Hitchcock – Pasolini. Frankfurt a. M. u. Basel 2003.

Truffaut, François / Scott, Helen G.: Truffaut / Hitchcock. Vollständige Ausgabe. Hrsg. von Robert Fischer. Aus dem Franz. von Frieda Grafe u. Enno Patalas. München u. Zürich 1999.

Tykwer, Tom: THE WRONG MAN (1956). In: Beier / Seeßlen (Hg.) 1999. S. 382-387.

Wood, Robin: Hitchcock's Films. London u. New York 1965.

Wydra, Thilo: Alfred Hitchcock. Leben – Werk – Wirkung. Berlin 2010.

Yacowar, Maurice: Hitchcock's British Films. Hamden 1977.

Žižek, Slavoj / Dolar, Mladen u.a.: Was Sie immer schon über Lacan wissen wollten und Hitchcock nie zu fragen wagten. Aus dem Engl. von Isolde Charim u. a. Frankfurt a. M. 2002.

Žižek, Slavoj: Das präsubjektive Phänomen. Übers. von Malte Hagener. In: Hagener, Malte u.a. (Hg.): Die Spur durch den Spiegel. Der Film in der Kultur der Moderne. Berlin 2004. S. 110-121.

Abbildungsverzeichnis:

Reiner Boller:

In einer Bar in Mexiko. Auf einen Drink mit Mitchum, Bogart, Wayne, Welles, Adorf – und vielen anderen ...

280 Seiten, viele Abb.
Print: 19,90 Euro, E-Book: 14,99 Euro,

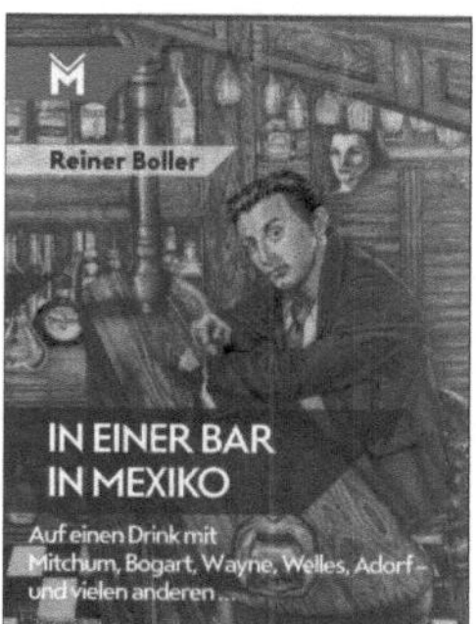

Ausgehend vom Mythos der mexikanischen Bar schildert Reiner Boller, wie Hollywood in seinen goldenen Jahren das Filmland Mexiko als Drehort nutzte und auf der Leinwand präsentierte. Auch werden mexikanische Films noir behandelt, ebenso James Bonds Abenteuer sowie die postmodernen Ausflüge eines Robert Rodriguez in die mexikanischen *cantinas*.

Moritz Rosenthal:

Das Monster im Blick. Die Repräsentation des Femininen im Horrorfilm

96 Seiten, einige Abb.
E-Book: 9,99 Euro, Print: 12,90 Euro

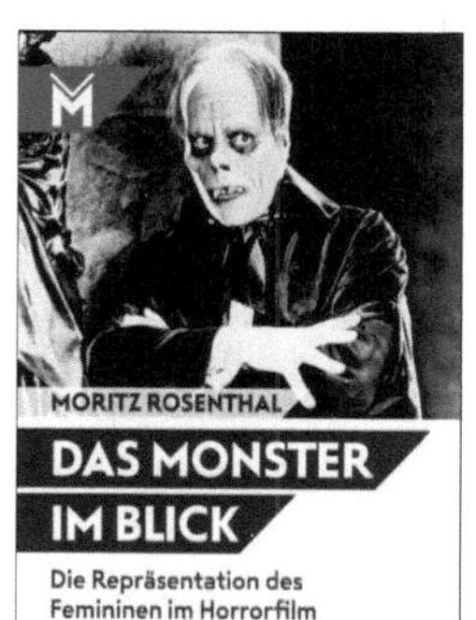

Monster bahnen sich blutige Schneisen durch weibliche Körper, die Frau muss als Leinwand für Grausamkeiten herhalten. Doch ist der Horrorfilm tatsächlich bloß ein blutiges Körperspektakel mit eindeutiger Rollenverteilung? Mit seinen Fragen nach Genre und Gender kann das Buch auch als Einführung in die Thesen von Laura Mulvey, Linda Williams, Carol J. Clover, Julia Kristeva und Barbara Creed dienen.

Weitere Infos unter www.muehlbeyer-verlag.de!

Weitere Veröffentlichungen des Verlags:

Peter Vogl:
Das große Buch des kleinen Horrors. Eine Film-Enzyklopädie
453 Seiten, 555 Abb., 1 Mio. Sarkasmen
Print: 27 Euro; E-Book: 19,99 Euro,

Das große Buch des kleinen Horrors versammelt ausnahmslos alle Filme, in denen kleine Fantasiewesen Terror verbreiten. Dabei wird vor nichts zurückgeschreckt, weder vor dem größten Trash und den tiefsten Untiefen der B-Filme und C-Filme noch vor seelenraubend schlechten Amateurproduktionen.
Es finden sich aber auch einige Kultfilme und viele hochqualitative "Tiny Terrors", die unter anderen von Hollywood-Größen wie Roland Emmerich, Spike Lee, Oliver Stone, Guillermo del Toro und Steven Spielberg produziert wurden.

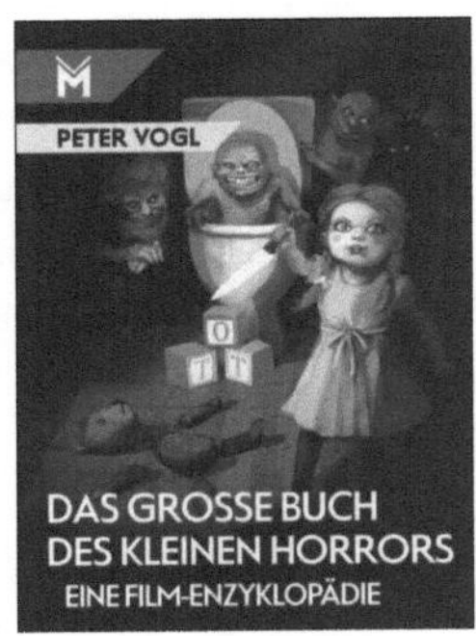

Peter Vogl:
Hollywood Justice. Selbstjustiz im amerikanischen Film 1915 - 2015
218 Seiten, viele Abb.
Print: 18,90 Euro, E-Book: 14,99 Euro,

Vigilanten: Sie sind keine bloßen Rächer, sondern vehemente Verfechter von tödlicher Selbsthilfe, die einer gerechten Sache dient. Ein Jahrhundert Selbstjustiz im amerikanischen Film: *Hollywood Justice* von Peter Vogl ist die weltweit erste Veröffentlichung, die alle wichtigen (und einige weniger wichtige) Vertreter eines besonderen Genres vereint, eines dominanten und immer wiederkehrenden Mythos der amerikanischen Kultur. Das Buch ist Nachschlagewerk, historischer Überblick und Analyse in einem. Eine Enzyklopädie filmischen Faustrechts.

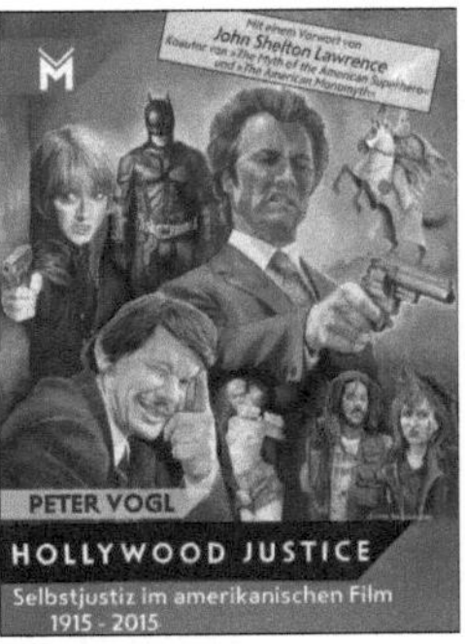